社会科学
结晶现象研究
——以CSSCI来源期刊头部
发文机构固化为例

甘 琳◎著

The Crystallization of Social Science

A Case Study of the Solidification of the Head
Publishing Organizations of CSSCI Source Journals

群言出版社
QUNYAN PRESS

·北京·

图书在版编目(CIP)数据

社会科学结晶现象研究:以CSSCI来源期刊头部发文机构固化为例/甘琳著.--北京:群言出版社,2024.4
　ISBN 978-7-5193-0927-5
　Ⅰ.①社… Ⅱ.①甘… Ⅲ.①社会科学—研究 Ⅳ.①C
中国版本图书馆CIP数据核字(2024)第054027号

责任编辑:孙平平　朱冠锌
封面设计:北京中通世奥图文设计中心

出版发行:群言出版社
地　　址:北京市东城区东厂胡同北巷1号(100006)
网　　址:www.qypublish.com(官网书城)
电子信箱:qunyancbs@126.com
联系电话:010-65267783　65263836
法律顾问:北京法政安邦律师事务所
经　　销:全国新华书店

印　　刷:北京虎彩文化传播有限公司
版　　次:2024年4月第1版
印　　次:2024年4月第1次印刷
开　　本:710mm×1000mm　1/16
印　　张:12.25 印张
字　　数:19.6 千字
书　　号:ISBN 978-7-5193-0927-5
定　　价:69.00元

【版权所有,侵权必究】

前　言

　　美国著名物理学家、科学史学家普赖斯是科学计量学的奠基者与情报科学的创始人之一，其研究兴趣广泛，涉及科学仪器、物理科学、科学政策研究、科学的指数增长、科学与技术关系等领域。基于其多年研究经验，普莱斯提出了极富洞见的"科学发展的指数型与逻辑型规律"。这一规律内涵广泛，包括科学的结晶化趋势、小科学向大科学的转变趋势、科学的病态等，向世人描绘了一幅生动的科学文明发展史画卷。这一理论为国内外学者探讨科学、技术与社会三者关系问题带来了新的视角，并催生了诸多建设性学术成果。但是，普赖斯的理论主要建基于对自然科学发展态势的观察，而此后的补充性研究也极少跳出自然科学的问题域。为补充和延伸科学发展的结晶化理论，本书则将研究范围设定至社会科学领域，并尝试论证社会科学的发展同样会出现"结晶化"趋势。在大科学建制之下，社会科学的研究范式、技术手段、科研合作模式、具体研究对象、科研经费投入都发生了巨大的变化，而以此为背景观察社会科学的发展趋势则十分必要。此外，由于加快构建中国特色哲学社会科学的时代背景、原则方向、目标任务和现实要求，以及现行学术评价惯例的影响，了解和把握社会科学发展结晶化趋势也具有重要意义。

　　基于上述理论基础与研究背景，本书以社会科学发展的结晶化现象为研究对象，以CSSCI来源期刊发文机构为研究样本，分析与阐释了社会科学发展结晶化的主要影响，并最终形成对社会科学发展结晶化的认识与反思。本书主要研究内容由以下部分组成：

　　第一部分研究了社会科学发展结晶化理论，即本书的第2章，包含了以下主要内容：阐述了普赖斯有关"科学发展结晶化"的相关概念，并参考了黛安娜·克兰的"无形学院"理论、库恩的范式理论，以描绘科学发展的不同阶段，进而明确"结晶化"现象出现于科学饱和发展阶段，并总结了科学发展结晶化的含义与特征。在此基础上，本书从内外两重路径出发，具体阐释了社会科学发展出现结晶现象的原因，及其产生的体制基础，并结合自然科学与社会科学的区别，分析并总结了社会科学发展结晶化的特点与具体表现。

　　本书的第二部分，即第3、4、5章，主要论述了CSSCI来源期刊头部发文机构固化现象、相关形成因素,以及对学科创新力的主要影响。

当社会科学发展从饱和阶段进入过饱和阶段后,"结晶化"也将逐渐转向"固化"。本书在这一部分则论述了这一现象的出现、其形成因素和影响。首先,本书通过中国知网期刊数据库数据,统计并分析了自1949至2020年社会科学各学科论文数量增长情况,发现各学科论文量增长趋势已经进入稳定的平台期,一些学科的论文量在近几年甚至出现下降趋势。同时,研究以CSSCI来源期刊百万篇论文数据为研究样本,通过测算各学科发文机构和发文量的基本特征与布拉德福常数发现,各学科发文机构论文量差异显著,呈现出头尾两部分差异巨大的帕累托分布;通过测算各学科头部发文机构净流动率发现,应用性较强的学科头部发文机构净流动率通常低于人文性、理论性较强的学科。其次,本书依照百万篇论文增加了期刊的编委、主办单位、硕博士学位授予点、所在省份信息,以及论文的被引量和下载量数据作为参照因素,从学术期刊论文发表的参与主体出发,将促使CSSCI头部发文机构固化的两大相关因素归纳为内部因素(期刊学缘因素)与外部因素(期刊编委因素、发文机构学科优势因素、期刊地缘因素、论文基金项目因素、被引和下载因素),并从实证分析和理论分析两个角度论述了这些因素对头部发文机构固化产生的积极影响。最后,通过测算学科创新力,论证了头部发文机构固化对学科创新潜力和保持力具有一定的负面影响。

第三部分即本书第6章则基于上述结论对社会科学发展结晶现象展开深入思考。从科学的内部发展逻辑和现实世界对科学发展的要求来看,社会科学结晶现象的出现有其历史必然性。社会科学发展结晶化不仅有利于提高学术资源的利用效率,也有利于带头学科、带头机构和学术带头人的发展,对其他学科和同领域其他机构、科研人员形成示范效应,为学术共同体带来更多学术资源和社会资源。但是,当社会科学结晶现象进一步发展至"固化"阶段时,学术上下层级之间的资源差异和发展差异将愈发显著,而学术下层群体则会因缺少资源支撑和学术话语权而难以实现向上流动、层级跃迁;此外,学术上下层群体数量的巨大差异和资源分布的极不均衡,将加剧学术资源的浪费并影响学术生态的持续健康发展。为避免社会科学发展从"结晶化"走向"固化",笔者从学术活动参与主体、科研管理部门和政府三个层面,就评价意识、资源配置和学术管理体制三方面提出了具体的解决策略。

目 录

第1章 绪论/001
    1.1 研究背景 ···003
    1.2 研究综述 ···009
    1.3 研究意义 ···026
    1.4 研究概述 ···028

第2章 社会科学发展结晶化的理论分析/033
    2.1 科学发展结晶化的概念 ··035
    2.2 社会科学发展结晶化现象的产生 ···································051
    2.3 社会科学发展结晶化的具体表现 ···································069

第3章 CSSCI来源期刊头部发文机构固化分析/079
    3.1 中国社会科学期刊文献量增长趋势分析 ························081
    3.2 CSSCI来源期刊发文机构文献分布的基本特征 ············085
    3.3 CSSCI来源期刊发文机构类型分析 ································089
    3.4 CSSCI来源期刊头部发文机构的固化现象 ···················095
    3.5 CSSCI来源期刊头部发文机构固化程度测度 ···············100

第4章 CSSCI来源期刊头部发文机构固化的相关因素分析/105
    4.1 期刊学缘因素分析 ···107
    4.2 期刊编委因素分析 ···112
    4.3 发文机构学科优势因素分析 ··116
    4.4 期刊地缘因素分析 ···121
    4.5 论文基金项目因素分析 ··126
    4.6 被引和下载因素分析 ···133

第5章 CSSCI来源期刊头部发文机构固化对学科创新力的影响分析/137

    5.1 基于关键词交叉率的学科创新潜力 ·················140
    5.2 基于共现词生命指数的学科创新活力 ···············143
    5.3 基于有效新词出现率的学科创新保持力 ············144
    5.4 头部发文机构固化与学科创新力的相关性分析 ·····146

第6章 社会科学发展结晶化的理性思考/149

    6.1 社会科学发展结晶化的客观分析 ·····················151
    6.2 避免社会科学发展从"结晶化"走向"固化"的策略 ···160

第7章 结语/167

    7.1 总结与思考 ···169
    7.2 局限及展望 ···174

参考文献/175

第 1 章 绪论

1.1 研究背景

1.1.1 社会科学从小科学到大科学的转变

作为一种区别于自然科学的学科体系,社会科学旨在研究特定时期社会变革的内在逻辑。伴随着中世纪大学的出现,"文科"作为一种博雅教育兴起;除以罗马法为主体的法学,社会科学几乎没有被纳入大学的体系。其时,社会科学领域的知识多有经验化、零散化的特征,并笼罩在神学的遮蔽之下[1]。16世纪晚期到17世纪,伴随着宗教改革、资产阶级主导的新经济力量兴起,以及催生了现代社会科学的"科学革命",人们开始将自然科学方法与概念运用于人类社会研究,运用理性与普遍规律对人与社会进行解释。法国大革命后,民族国家为提升治理合理性与科学性,需要更加准确的知识作为决策制定的基础,社会科学作为促进社会重组的工具之一也正式出现[2]。19世纪初,社会科学学科内部开始了自身的制度化进程。该进程意味着,学科内部展开了学术团体、学术期刊和书籍的制度、基金资助渠道、教育培训、职业化以及图书馆收藏目录等方面的建设。20世纪50年代,社会科学进入公共政策研究视野,开始"将有组织的智力用于人类事务"[3],从而成为了国家治理体系的有机组成部分。与此同时,社会科学也逐渐迈入了大科学时代。

1961年7月,美国核能物理学家阿尔文·温伯格(Alvin Weinberg)首次创用了"大科学"一词。温伯格作为橡树岭国家实验室负责人,调研了前几十年的科学研究模式,列举了大型运载火箭、高能粒子加速器、高能核反应堆等实例,指出这些大规模的科技成果是"大科学"时代已经到来的重要信号[4]。可见,在温伯格的年代,只有物理学是科学界公认的大科学。1963年,德里克·普赖斯(Derek Price)曾在《小科学,大科学》一书中深入地阐述了科学事业的

---

[1] 崔延强,段禹.新文科究竟"新"在何处——基于对人文社会科学发展史的考察[J].大学教育科学,2021(1):36-43.
[2] 罗丝.美国社会科学的起源[M].王楠,刘阳,吴莹,译.北京:生活·读书·新知三联书店,2019:23.
[3] 吴林根.繁荣社会科学必须加强制度化建设[J].唯实,2004(6):87-88.
[4] WEINBERG A M.Impact of Large-scale Science on the Untied States[J].Science,1961(3473):161-164.

发展在大科学时代和小科学时代展现出了完全不同的风貌[①]。大科学项目规模巨大,参与研究的人数众多,投资庞大,是具有相当大的社会影响的综合性科学研究[②];"小科学"研究涉及的学科较为单一,参与研究的人数较少、投入较小,更具有前沿性和创新性。

  从全球范围来看,社会科学已然具备大科学时代科学研究的明显特征。第一,社会科学文献量大幅度增加。在"不发表就出局"(publish or perish)的学术绩效考核制度影响下,国内外学者必须快速、持续地发表研究论文,以此争取职位晋升、获得研究资源、赢得学术荣誉。第二,社会科学学科交叉与融合趋势日益显著。由于人类社会发展对环境的影响日益深化,仅凭单一学科或研究机构已经无法解决愈加复杂的现实问题。因此,只有通过增加自然科学与社会科学之间的学科交叉,融合自然科学与社会科学的知识与方法,才能有效应对复杂的全球问题。第三,社会科学研究范式向"数据密集型科学发现"转变。传统社会科学研究范式已经无法应对快速发展与变革的经济社会与科学技术,而凭借大数据、人工智能等新兴技术的革命性发展,社会科学也进入了"数据密集型科学发现"的第四研究范式[③]。通过大数据研究,研究人员可以依靠先进的信息技术广泛获取或模拟产生海量数据,借用数据挖掘工具对其进行准确运算并分析研究内容。第四,针对社会科学研究的经费投入保持增长态势。以美国社会科学经费投入为例,根据《美国统计摘要》公布的数据,最近五十年美国联邦政府对社会科学的拨款额度虽有所起伏,但总体仍呈现增长态势[④]。我国在"十一五"期间也大幅加强了对人文社会科学的扶持力度,彰显了社会科学的重要地位与作用,为国家的整体进步和健康持续发展奠定了坚实基础[⑤]。第五,社会科学科研团队规模扩大化。在大科学时代,学科交叉的特征日益明显,科研课题的规模与难度不断加大,也促使着社会科学研究组织形式逐渐趋近于自然科学分工协作的研究模式[⑥]。在社会科学研究领域,科研合作是知识普及与广泛传播的重要方式之一,这一特征

---

① 普赖斯.小科学,大科学[M].宋剑耕,戴振飞,译.北京:世界科学社,1982:99.
② 朱长超.大科学与小科学要均衡发展[J].世界科学,2012(1):62-63.
③ 邓仲华,李志芳.基于情报学视角的科学研究第四范式需求分析[J].情报科学,2015,33(7):3-6+20.
④ 注:资料源自《美国统计摘要》(1997年版)。
⑤ 吴克昌.关于增加建设经费投入,促进人文社会科学繁荣发展的建议[J].中国发展,2011,11(5):88-89.
⑥ 易克信,赵国琦.社会科学情报理论与方法[M].北京:社会科学文献出版社,1992:33.

在科研全球化发展的当今世界将会更加显著[①]。第六,对社会科学研究的硬件支持更加全面有力。社会科学技术化是现代社会发展的一个重要趋势。随着社会科学研究对象愈发复杂、研究范围与规模不断扩大,以生命科学和计算机通信技术为核心的新科学技术革命也深刻影响着社会科学研究活动。不断涌现的新兴社会科学实验室成为聚集不同学科关键技术的重要载体,也成了整合政府、高校、企业和社会资源的重要平台。社会科学实验室利用高性能硬件与尖端技术,研发了许多应用性极强的产品,例如,加州大学伯克利分校为援助难民建立的信息基础设施——数字避难所项目(Digital Refuge)、北京大学语言学实验室的虚拟人发音生理模型等。

总体而言,现代社会科学已经完成从小科学向大科学的转变。学科研究对象的复杂性和规模性都显著增强,跨国家、跨地区、跨学科、跨机构科研合作已经成为一种必然。伴随着社会科学研究人员数量的指数级增长,社会科学文献量也呈指数级发展态势。但是,根据科学发展的规律,这种指数级增长难以永久保持。而正如普赖斯的预测,科学的指数级增长仅代表初始的迸发,推动科学增长的动力终将逐渐耗尽,最终达到饱和。如何避免或解决社会科学发展进入饱和状态带来的问题,已经成为研究人员需要提前关注和深入思考的问题。

1.1.2 中国特色哲学社会科学的发展呼唤更为科学的学术评价机制

当前,世界正面临百年未有之大变局,我国也开启了全面建设社会主义现代化国家新征程,中华民族伟大复兴进入关键时期。同时,我国面临的国际环境日益复杂、思想观念多元化和社会思潮纷繁激荡的局面,中国特色哲学社会科学也因此被赋予了新的时代使命和担当。百余年来,中国哲学社会科学学科体系完成了具有历史意义的转型和现代发展,在现代学科体系中独树一帜,产生了巨大的影响[②]。而放眼全球,如何进一步凸显中国哲学社会科学的特色与力量,是推动和实现其高质量发展的一项关键课题。

2016年5月17日,习近平总书记在哲学社会科学工作座谈会上提出:"着力构建中国特色哲学社会科学,在指导思想、学科体系、学术体系、话语体系

[①] 王福生,杨洪勇.作者科研合作网络模型与实证研究[J].图书情报工作,2007(10):68-71.
[②] 杨忠,王月清.加快构建新时代中国特色哲学社会科学学科体系[EB/OL].2022-04-24[2022-05-07].http://www.jyb.cn/rm-tzcg/xwy/wzxw/202204/t20220424_690407.html.

等方面充分体现中国特色、中国风格、中国气派。"①为了实现这一远大目标，我国哲学社会科学发展仍需要克服诸多短板。比如，由于我国社会发展的多元化倾向，不同利益群体之间价值冲突与话语矛盾干扰着主流价值观；由于历史和现实原因，我国哲学社会科学学术建构依赖于西方理论，缺少本土理论作为研究支撑，导致学术研究国际化成为了学术西方化的另一种表现形式②；由于现行的学术评价机制存在一定的局限性，我国也缺少能凸显中国最高学术水平的研究成果，难以形成正确引导学术研究方向的中国特色理论成果。

在众多阻碍中国特色哲学社会科学转型的因素中，现行学术评价体制带来的问题较为突出。进一步提高学术成果评价标准的明晰程度，将从根本上提升学术成果的质量与水平③。当前，我国哲学社会科学学术评价制度之所以备受讨论与关注，究其原因在于评价标准的科学性、系统性、引导性有待提高，致使学术成果、学术人才和研究机构等的真实水平难以通过评价成果清楚显现。比如，尽管中国与西方哲学社会科学在发展历史、研究内容、学术特征等方面都存在着诸多差异，然而国内的评价体系却仍是西方主导，许多标准则是借鉴甚至照搬了国外科研成果评价标准，例如，社会科学引文索引（SSCI）。这无疑严重影响了我国哲学社会科学的发展，导致学术成果的中国特色难以彰显。

此外，国内学术管理的绩效主义倾向明显，"唯"论文、职称、学历、奖项的趋势愈发极端化。2020年9月11日，习近平总书记在科学家座谈会上的讲话中提到要"坚决破除'唯论文、唯职称、唯学历、唯奖项'"④。目前，我国高校和科研机构在学术管理工作中十分流行KPI（Key Performance Indicators，关键绩效指标）考核，也就是通过量化研究人员的工作时间、完成任务、参与活动和其他业绩得出绩效工分，并以此予以奖励惩罚；并将绩效工分与评职称、评

---

① 本报评论员.加快构建中国特色哲学社会科学[N].人民日报,2016-05-20(1).
② 侯冬梅.中国特色哲学社会科学话语体系建构中的守正与创新——以人文社会科学学术期刊为视角[J].学理论,2022(3):47-49.
③ 靳方华.构建中国特色哲学社会科学学术体系几点思考[EB/OL].2021-08-02[2022-05-03].http://www.tass-tj.org.cn/page/ShowInfoPage.aspx? ID=2d8e4dec-878a-415f-b882-18e6df02b82f.
④ 习近平.在科学家座谈会上的讲话[EB/OL].2020-09-11[2022-04-30].https://baijiahao.baidu.com/s? id=1677549460006891757&wfr=spider&for=pc.

奖、评优等挂钩[1]。对于研究人员而言,高水平期刊论文发表是绩效考核的重中之重。不管是科技还是科研评价体系中,"唯论文"现象均十分明显。论文数量、被引次数、高被引论文、影响因子等因素,在项目评审、科技奖励、人才评定、绩效考核、学科评估、资源分配、学校排名等诸多方面均已成为核心指标[2]。强调量化标准的学术评价制度不仅会大大加重科研人员的压力,导致其研究成果难以实现实质性创新,还会严重影响学术评价的科学性和实效性,甚至引发学术不端等问题,阻碍学术生态的健康发展。

过度重视学术评价外在标准的另一后果便是学术资源配置的"马太效应"不断加剧。迈克尔认为,"马太效应"是一种中性现象,即当科研资源分配给水平较高的科研人员时,最有可能产出最多成果,科研资源的投入产出效率也最有概率得以实现最大化[3]。因此,科学界、科研资助机构也常常利用"马太效应"来提升学术资源配置效率[4]。但当某些学术机构或科研人员集中地、持续地积累学术评价优势,而同时学术系统内评价对象所属层级流动性又相对较弱时,"马太效应"的负面影响可能会被强化。试想,若研究人员发表的文章被打上SCI、SSCI、CSSCI等论文发表期刊层次的标签,标签越多、层次越高,那么该研究人员就更容易获得人才称号、职称、学历、奖项,其所在的机构也有更大的概率在机构专业评价中名列前茅——这便是高水平学术期刊论文对研究人员及其机构影响力和学术声誉所带来的马太效应。因此,研究机构非常重视高水平期刊的论文发表,并将其作为考核科研人员工作绩效的重要指标,因为凭借这一重要学术平台,它们可以掌握更多的学术话语权,提升学术权威和影响力。目前,"以刊取文"[5]"以刊评人"的现象在学术界十分普遍。这对学术机构的自身发展与提升学术人才的学术层级并无助益。而导致的结果便是,学术精英撰写的论文和核心期刊在学界受到越来越多的重视;而普通学者的论文、非核心期刊、没有突出优势的科研机构等则处于相对不利的地位。这种以学术成果量化评价为依据进行学术资源分配的方法,也不利于新晋学术机构和青年人才的发展。

---

[1] 李刚.智库员工考核的KPI迷思[EB/OL].2022-03-16[2022-04-30].https://mp.weixin.qq.com/s/rr6EGmm_orRboVdfEo_I_A.
[2] 任孟山.破除"唯论文"顽疾 树立正确评价导向[EB/OL].2020-02-26[2022-04-12].http://www.china.com.cn/opinion/theory/2020-02/26/content_75745486.htm.
[3] Strevens M.The Role of the Matthew Effect in Sciences[J].Studies in History and Philosophy of Science Part A,2006(2):13-19.
[4] 汲培文.国家杰出青年科学基金的"马太效应"现象分析[J].预测,2000(5):26-29.
[5] 陈于后.学术期刊评价与学术评价散论[J].四川理工学院学报(社会科学版),2010,25(5):133-136.

1.1.3 学术期刊整改加剧科研人员"发文难"的困境

改革开放之初,全国共有930种期刊。40年后,我国期刊总量业已过万,增长达10倍之多。尤其是近10年来,我国各类期刊数量实现了突破性增长,期刊品种也不断丰富[1]。但与此同时,期刊出版界也频频出现乱象,为此,从2019至2021年,国家新闻出版署和期刊数据库(中国知网、万方)等均对刊物提出了不同程度的整改要求,不仅调整了刊物的文章篇幅,还要求期刊将版面控制在一定范围内。这在一定程度上体现出国家对学术成果发表从追求"量"到追求"质"的转变;另一方面,这项整改活动也间接加深了科研人员"发文难"的困境,进一步拉大了优质期刊与普通期刊之间的发展差距。

"发文难"指的并不是论文发表困难,而是指在核心期刊发表论文十分困难。核心期刊相当于一种重要的高质量标识,其对于论文价值的体现具有重要意义,并直接影响着科研人员的绩效。这一现象的产生与学术期刊分层现象密切相关。"期刊的级别是期刊的一种属性"[2],从形式上看,期刊级别是通过不同标准设定而产生,但从根本上看,其级别划分是学术共同体成员对本专业学术刊物的质量产生了相对一致的共识。默顿认为,科学家在期刊上公开发表自己的研究成果既符合科学规范要求,也是科学家个人争取科学共同体的承认和争取科研成果优先权的行为[3]。为获得更广泛的同行承认,科研人员争相在"威望高的学术期刊"上发表成果[4]。需要注意的是,学术期刊分层和现行的期刊评价存在本质区别——前者是基于同行评议,以学术地位为评价立足点和出发点的相对主观评价,而后者则是以文献计量指标为基础的客观评价[5]。简单来说,核心期刊与非核心期刊的"桶"分类系统对学术成果分级有明显的导向作用[6]。在绩效主义导向和学术期刊整改的背景下,核心期刊提高论文发表要求时,其获得优质稿源的质与量不会受到太大的影响,可以继续朝着更好的方向发展;但反观普通学术期刊,随着其生存环境愈发不利,其考虑的首要问题必然是如何生存下去,而不是如何提高期刊质量。从另一角度来看,核心期刊、学术权威或学科头部发文机构之间的合作关系也更加紧密,形成了强关联性的合作。一方面,这种合作加快了我国一流学

---

[1] 梁徐静.新时代我国学术期刊转型发展问题研究——基于改革开放40年的思考[J].中国出版,2019(19):50-54.
[2] 吴校连,饶敏,吕鲜凤.再谈科技期刊的级别划分[J].医学情报工作,1999(6):44-46.
[3] 默顿.科学社会学:理论与经验研究[M].鲁旭东,林聚任,译.北京:商务印书馆,2003:677.
[4] 默顿.科学社会学:理论与经验研究[M].鲁旭东,林聚任,译.北京:商务印书馆,2003:546.
[5] 刘宇,叶继元,袁曦临.图书情报学期刊的分层结构:基于同行评议的实证研究[J].中国图书馆学报,2011,37(2):105-114.
[6] 胡绍君,孙玉伟,郑彦宁.高校学术成果分级目录视角下图书情报类期刊分层研究[J].图书馆工作与研究,2021(1):29-35.

术机构传播最新学术信息和发表最新研究成果的速度,有利于设计和策划专业选题、拓展研究领域、深化研究主题、开拓创新话题,对集中精力打造国内一流、国外知名的学术期刊起到了促进作用。但另一方面,这种"强强联合"也可能会挤占其他普通学术机构内优秀青年学者的论文发表机会,既不利于青年人才的未来发展,也不利于学术系统上下层级间的适当流动。

1.2 研究综述

社会科学发展结晶化的研究重点集中于三个部分:(1)了解目前学界在大科学时代背景下对科学发展结晶化的研究成果,从而确定本书的理论价值;(2)分析我国现行学术评价体系——同行评议制度产生的机制及其影响,并梳理相关研究文献与研究成果;(3)从学术期刊内部与外部两方面出发,分析与总结影响学术期刊头部发文机构形成的因素,并整理与探讨各项因素的相关研究。

1.2.1 大科学时代科学结晶现象的相关研究

1963年,美国著名科学学家、科学史家、情报科学的创始人之一普赖斯出版了一部重要著作《小科学,大科学》,而这部著作成为科学计量学的一部奠基之作[1]。普赖斯在著作中提出了科学的发展模式:首先进行指数型发展,然后进入饱和性发展,最终形成标准的逻辑斯蒂发展;同时指出,"越过指数型发展阶段,科学在很多方面都表现出一种结晶化趋势,在某种意义上,大的东西的发展总是以牺牲那些构成其母液的小东西为代价的。大的学科看起来亦是从小的学科中吸收人力和与本学科有关的东西。即使新的学科、新的部门、新的学会乃至新的国家在数量上不断增长,以往存在的几个大学科的自然发展总的来说仍能使它们保持住领导地位"[2]。换句话说,大科学是进入饱和发展状态的科学,科学发展的结晶现象便以多个方面的表征形式在此阶段出现。

在此理论基础上,国内外学者将研究中心放在小科学与大科学的含义、特征,以及两者的联系与区别上,并以此为科学建设和经济发展提供参考性建议。赵红州基于小科学体制和大科学体制的特征,为我国科学政策的转变

---

[1] 胡志刚,侯海燕.普赖斯对科学计量学的贡献和影响——基于对《小科学,大科学》一书的知识可视化分析[J].科学与管理,2014,34(3):33-39+48.

[2] 普赖斯.小科学,大科学[M].宋剑耕,戴振飞,译.北京:世界科学社,1982:48.

和产业经济的发展提供了建设性意见[1]。熊志军在探讨科学体制化发展路径的基础上,阐述了小科学与大科学的基本特征,并讨论了两者之间的辩证关系[2]。申丹娜以大科学项目为案例进行研究,梳理了大科学与小科学争论的要点,从科学自主性、科学价值和科学研究路径选择、科学家培养等角度阐述了两者间的争论[3]。黄振羽从资产专用性、治理结构与组织边界的角度阐释了大科学与小科学的组织差异性,为建设大科学工程和小科学组织模式的改造升级提供参考[4]。伊斯梅尔·拉夫尔斯等学者以小科学理论为基础,从文献计量学的角度分析了1995至2009年欧洲和美国大型制药公司科研出版物数量显著下降的现象及原因:公司内部研究工作逐渐减少与对外部研究的依赖增加相互叠加的结果[5]。玛丽亚·卡里略等人将科研部门分为小科学科研部门和大科学科研部门,研究了国家间、科研部门间科学与经济不平等的原因,以及适用于小科学和大科学科研部门的有效政策[6]。总体来看,学者们关注并探讨了小科学体制和大科学体制对科技政策、资源配置、经济发展的重要意义,研究多以小科学与大科学体制的差异作为出发点,将其带来的多方面影响作为主要研究内容,但鲜有学者对普赖斯提出的大科学时代科学发展结晶现象做出更深层次的详尽论证。

从概念上看,国内学者提出的科学结晶与普赖斯提出的科学结晶含义不同。1985年,赵红州等学者提出了有关普赖斯定律的微观分析理论,并称之为"知识结晶学"理论。这一理论认为,科学知识增长过程中的"饱和"状态与晶体"饱和现象"是同构的;该理论指出,在科学发展的"非常时期",晶体吸收的热类似于人类的治理投入——这种热的吸收不再用来提升温度,即不是用来指数型增长知识,而是用来使原来的晶体发生质变,即用来改变知识结构。因此,与晶体质变同理,知识增长也存在着饱和性[7]。有学者认为,知识结晶

---

[1] 赵红州."小科学大搞,大科学小搞"——"大科学"国策二则[J].科技导报,1995(1):38-39+45.
[2] 熊志军.试论小科学与大科学的关系[J].科学学与科学技术管理,2004(12):5-8.
[3] 申丹娜.大科学与小科学的争论评述[J].科学技术与辩证法,2009,26(1):101-107+112.
[4] 黄振羽,丁云龙.小科学与大科学组织差异性界说——资产专用性、治理结构与组织边界[J].科学学研究,2014,32(5):650-659.
[5] RAFOLS I, HOPKINS M M, HOEKMAN J, et al. Big Pharma, Little Science? A Bibliometric Perspective on Big Pharma's R&D Decline[J].Technological Forecasting & Social Change,2014,81(1):22-38.
[6] CARILLO M R, PAPAGNI E. "Little Science" and "Big Science": The institution of "Open Science" as A Cause of Scientific and Economic Inequalities among Countries[J].Economic Modelling,2014,43(12):42-56.
[7] 赵红州,蒋国华,郑文艺.科学知识的波谱结构[J].科学,1989(4):283-287+320.

学是对科学发展的一种预测,是科学发展的"分子结构论"[1]。而在理论提出后,知识结晶学理论多见于知识管理[2]、情报测度[3]、知识晶炼[4]等研究领域,而少与文献计量学研究方法相结合,以探究大科学时代科学结晶的各种表现。知识结晶学是在微观层面研究知识的结晶,而普赖斯所指的科学结晶是宏观和中观层面的,两者之间存在明显差异。此外,曹德聪在探讨科技人才群落的形成和发展过程中的有序性、协调性、流动性和重组性时,以普赖斯科学发展的结晶化趋势为基础,进一步指出结晶化的过程就是有序化的过程,赋予了科学家队伍的形成和发展结晶化以新的含义——结构合理化[5]。刘崇俊在研究科学精英的科学生产功能定位时,以默顿学派的经典理论为基础,界定了科学精英的科学生产功能,并运用普赖斯关于大科学时代科学发展结晶化趋势的结论论证了科学精英阶层整体功能的不可替代性。除了将科学结晶化与学术精英、学术人才的形成联系起来,学者们还将其运用于学术团队和科研团队的相关研究中[6]。高杰通过科学计量比较分析发现了创新研究群体的晶格结构,提出创新群体的形成与发展是一个结晶化的过程,而结晶化本身则是一个归核化的过程——围绕关键人物归核化,科研团队外围逐渐壮大,领军人物作为团队核心长期发挥引领作用[7]。邢晓昭以电动汽车领域为例研究了结构复杂的科研团队,他基于普赖斯提出科学合作表现出"归核化"与"结晶化"的演进趋势,从团队有序程度、团队合作特征和团队产出能力对不同类型团队特征进行了比较分析[8]。显然,普赖斯提出的科学发展结晶化强调的是科学发展进入饱和阶段的特征,在概念上与上述文献所阐述的科研团队或学术团队"结晶化"不同,后者强调的则是以领军人物为稳定"晶核"组建科研团队和网络。总的来说,目前学界在科学发展结晶化的理论阐述、实证研究,以及对这一现象的深层理解上仍有待深入研究。

科学发展进入饱和状态的原因之一,在于国家向科学研究活动投入的资本达到了饱和,进而造成科研创新的边际回报递减。许多国内外学者针对国

---

[1] 赵红州,蒋国华,郑文艺.知识结晶学[J].丽水师专学报,1989(S2):84.
[2] 齐秀梅.知识结晶与图书馆学[J].黑龙江社会科学,1999(6):78-79.
[3] 王宏鑫.知识论情报测度基础[J].情报科学,1994(4):38-41+74.
[4] 吴晓凤,高峰,蔡国瑞.正反冰山模型与知识晶炼理论的融合发展[J].图书馆理论与实践,2019(2):37-42.
[5] 曾德聪.论科技人才群落[J].科学学研究,1984(1):97-107.
[6] 刘崇俊.科学精英的科学生产功能定位研究[J].科学学研究,2010,28(8):1122-1127.
[7] 高杰,丁云龙.基于科学计量的创新研究群体合作网络构型可视化分析[J].科技进步与对策,2018,35(7):9-17.
[8] 邢晓昭,吕红能.基于结构复杂性的科研团队类型划分及特征分析——以电动汽车领域为例[J].中国科技资源导刊,2021,53(2):101-110.

家科技投入对科技创新产出的影响展开了研究。大多数学者肯定了财政上的科技投入对提高科技创新效率具有重要的积极作用。弗里德里克·谢勒通过研究美国企业数据得出结论，美国的R&D（Research and Development）人数与专利授予数之间存在线性相关关系[1]。雅各布·施莫克勒也发现，美国1870年到1950年的科技人员数量（主要指科学家和高级工程技术人员）与专利授予数量呈现正相关性；而且在工业领域，85%的产业在R&D支出和专利数量上存在类似的正相关[2]。利希滕贝格认为政府主导着国家科技资源的配置方式，并在很大程度上决定了科技发展的速度和方向[3]。此后，许多不同领域的学者也得出了类似的结论。例如，佩恩·阿比盖尔通过研究发现，随着公共财政投入增加，其作为研究样本的高校论文产出与专利产出也呈增加之势[4]。古德法勃·布伦特通过分析不同来源经费的高校科研产出，发现其产出量高低与科研经费来源的不同具有紧密联系[5]。但在国家公共财政向科研活动的投入不断增加的同时，资源配置机制的僵化，研究领域内垄断机构或核心圈层的出现，导致科技成果产出的边际收益反而出现递减趋势。目前相关研究已经证明，这一趋势的确存在。高延龙研究了我国科技资源使用效率问题，发现我国在科技投入的使用方面存在大量浪费。经费投入较低时，研究者的产出增速随投入的增加而增加，但当投入超过一定水平时，产出增加的速度就会减缓。其根本原因在于，研究者的边际产出会随着投入量的增加而递减；投入过剩导致科研人员承担的项目太多，其精力、时间难以集中投放，使得更多、更高水平成果的预期无法实现，产出水平降低，甚至出现负的边际产出[6]。徐志霖描述了市场结构和研发行为的互动关系，指出正向上垄断对于研发的有利作用和反向上市场加速垄断的不利作用[7]。王晓红和王雪峰在研究高校科研投入产出关系时发现，当选择一般的产出综合指标时，我国高校

---

[1] SCHERERF M. Firm Sizes, Market Structure, Opportunity and the Output of Patented Innovations[J]. American Economic Review, 1965, 55(3), 1097-1125.
[2] SCHMOOKLER J. Invention and Economic Growth[M]. Cambridge, MA: Harvard University Press, 1966: 88.
[3] LICHTENBERG F R. The Private R&D Investment Response to Federal Design and Technical Competitions[J]. The American Economic Review, 1988, 78(1): 550-559.
[4] PAYNE A A, Siow A. Does Federal Research Funding Increase University Research Output?[J]. Advances in Economic Analysis & Policy, 2003, 3(1): 1018-1019.
[5] GOLDFARB B. The Effect of Government Contracting on Academic Research: Does the Source of Funding Affect Scientific Output?[J]. Research Policy, 2008, 37(1): 41-58.
[6] 马勇, 高延龙. 科技资源使用效率研究[J]. 东北师大学报, 2002(3): 24-28.
[7] 徐志霖 中国工业产业结构与企业技术研发行为的实证分析[J]. 财经问题研究, 2006(9): 26-32.

的科研投入产出关系呈现边际收益递减或不变的特征[1]。李华君发现科技奖励过程中存在边际激励效用递减现象,激励效果难以持久,不仅影响着科学家群体的积极性,也让创新性难以被充分调动[2]。王轶利用1998至2006年我国30个省级区域面板数据研究了财政科技支出对技术创新的作用,发现财政性物质资本投入以及财政性人力资本投入能够显著促进技术创新,但财政性技术创新体系建设投入对技术创新并没有产生理论预期中应有的促进作用[3]。顾晓敏等发现,1990至2010年逐年增长的财政科技支出并没有带来全社会R&D的支出的同速增长。自2007年以来,公共财政投入所带动的R&D支出比例不再提高,这也说明财政投入呈现边际效用递减现象[4]。冯硕分析了2009至2018年30个省份研发主体的财政科技投入对创新产出的效果,发现高校和研发机构的财政科技投入对创新产出具有积极意义,其中,后者的财政科技投入对创新产出的激励效应弱于前者;企业的财政科技投入对创新产出反而具有逆向作用[5]。潘雄锋等通过检验政府R&D资助与技术创新的非线性关系发现,整体上政府R&D资助与技术创新之间存在倒"U"型曲线关系[6]。换句话说,国家公共财政投入对科学研究活动的促进作用存在"天花板",科学产出的边际效用在达到上限后则呈递减趋势。

通过分析与总结以上三方面的研究可见,科学结晶现象并未充分引起学界的广泛关注,学者们多着眼于小科学建制与大科学建制的区别,以及大科学时代小科学项目的建设与发展。虽然已经有一些学者针对科学研究活动提出了结晶化的特征,但这些研究并未基于普赖斯有关科学发展结晶化的概念对现象做出情境化的定义和解析。通过分析以财政投入与科技创新的关系为研究对象的文献可知,国家公共财政向科技创新活动的投入并不能保证科技创新产出的增速持续提高,边际报酬最终递减趋势无法避免。这一结论与普赖斯所阐述的科学发展逻辑斯蒂曲线及其实际意义相吻合。

---

[1] 王晓红,王雪峰.高校科研投入产出关系中的边际收益递增现象[J].哈尔滨工业大学学报,2006(4):589-591.

[2] 徐顽强,李华君.科技奖励边际激励效用的影响因素及其优化对策[J].华中科技大学学报(社会科学版),2009,23(1):93-98.

[3] 王轶.财政科技支出能否促进技术创新:理论阐释和实证检验[D].东北财经大学,2013.

[4] 顾晓敏,民建.改革财政科技投入方式 提高科技创新能力[J].创新科技,2014(13):14-15.

[5] 冯硕.财政科技投入对创新产出的影响研究[D].云南财经大学,2020.

[6] 潘雄锋,潘仙友,李昌昱.中国政府R&D资助对技术创新的影响效应研究[J].管理工程学报,2020,34(1):9-16.

1.2.2 现行学术评价惯例对学术创新的影响研究

目前,同行评议制度已经普遍运用于学术评价活动中。同行评议最早用于专利申请的查新。20世纪40年代,美国联邦政府的许多机构都已将同行评议作为一种评估方法,并将评估结果作为资助各领域科学研究的依据[①]。时至今日,同行评议制度已经成为专业领域学术评价的国际惯例,科研成果的鉴定与奖励、科研项目的立项、学位职称的评定也大多采用同行评议。可见,该机制具有一定的科学性和公正性。同行评议结果不仅是学术共同体内部衡量科研成果规范性与科学性的重要基础,也是政府、大学中的行政部门确定学术资源配置模式的依据。在其发展过程中,同行评议制从学术界的内部惯例逐渐引申成为外部机构评估与管理学术界的重要手段。这一制度的产生与发展对建立高效的国家经费分配机制、促进新学科发展、建立有效和可靠的评估技术标准、培养年轻科学家、弘扬科学道德[②]具有不可替代的积极意义。但是,同行评议作为一种现行学术评价惯例也的确存在一定的局限。

20世纪70年代后期,美国有许多科学家开始质疑同行评议系统的公正性和公平性,因此向国会提出调查要求。美国国会委托美国国家科学院(National Academy of Science,NAS)对被指控对象美国国家科学基金会(National Science Foundation,NSF)开展了详尽调查,并向国会提交了《NSF的同行评议》调查报告。这份报告肯定了同行评议作为评估方式的有效性,但也同时指出了改进的必要性与可能性[③],一是同行评议决策权力的有限性;二是同行评议限制了应用研究在有效时间内价值发挥的可能性;三是同行评议限制了不同学术等级群体享有公平的权益;四是同行评议排除或大大限制了非学院科学家提出有效意见;五是同行评议可能限制有效问题的提出。而英美科学界在此后几十年对同行评议制度的讨论、质疑和批评则从未停止。1990年,达里尔·E.楚宾和爱德华·J.哈克特合著了《难有同行的科学:同行评议与美国科学政策》一书,该书含有美国科学界对同行评议系统有效性与局限性的讨论,批评与反思的重点集中于同行评议中的利益冲突。作者认为,同行评议网络中的人际关系十分紧密和复杂,评议者经常因为"老友"关系网而帮助一些资质

---

① 郭碧坚,韩宇.同行评议制——方法、理论、功能、指标[J].科学学研究,1994(3):63-73+2.
② 吴述尧.再论同行评议的功能[J].中国科学基金,1998(3):63-67.
③ RUBIN L, COLE S, COLE J. Peer Review in the National Science Foundation: Phase One of a Study[J]. Contemporary Sociology,1980,9(2):1-118.

平平的研究发表;而那些不处于这一关系网络重要位置的作者及其研究成果的创新性往往受到忽视[1],这将造成学术资源分配的不公平。这种批评与反思也一直延续至今。

在具体方面,同行评议在分配科研经费时表现出效率较低,因为该体系造成的行政成本颇高且不具有长期的可持续性;在科研资助分配方面,因同行评议评审构成的局限性,因此该系统难以有效资助跨学科研究、转化型研究和应用型研究;同行评议的不公平性还包括评审过程中的性别偏见、年龄偏见、由认知特殊性产生的偏见等;同行评议中匿名评审制度大大降低了论文评审过程的透明度,不利于论文作者提出申辩意见;同行评议过程为期较长,可能延迟研究后续资助的持续性。其他科学家对同行评议的批评主要集中在四个方面:①同行评议在一定程度上限制了科学自由[2];②同行评议系统压抑了创新性研究[3];③同行评议系统更适用于揭示关于自然的"真理"的研究,而不支持实用性研究[4];④同行评议系统是一个"熟人关系网",难以支持青年科学家的成长[5-6]。可见,国外科学界对于同行评议系统的研究与反思经历了一个较为长期的过程。相关研究也证明,同行评议虽有其合理性,但也存在着局限性,而这种局限性主要来自人际关系因素对制度可靠性和公平性的影响。

国内学者对同行评议局限性的关注则始于在二十世纪八九十年代。林强认为同行评议制度存在一些缺陷:行政经费开支的大量增加、对科技人员有限的时间资源的耗费、较长的评议周期不利于项目及时进入实质性研究阶段,以及同行对创新的偏见在一定程度上会影响同行评议结果[7]。郭碧坚等学者在各国学者的研究基础上进一步明确提出"名人效应",认为这一效应是影响同行评议公正性的重要因素。从积极角度看,"名人效应"能够更大限度地利用有限的科学基金(或其他学术资源);但从消极角度看,"名人效应"也

---

[1] 楚宾,哈克特,等.难有同行的科学:同行评议与美国科学政策[M].谭文化,曾国屏,译.北京:北京大学出版社,2011:139.
[2] Rosalyn SY. Is Subterfuge Consistent with Good Science?[J].Bulletin of Science, Technology, and Society,1982(2):401-409.
[3] 楚宾,哈克特.难有同行的科学:同行评议与美国科学政策[M].谭文化,曾国屏,译.北京:北京大学出版社,2011:36.
[4] GERALD H, ROBERT S M. Limits of Scientific Inquiry[J].American Academy of Arts and Sciences,1978(1):171-190.
[5] RICHARD A M. Innovation and Science Funding[J].Science,1980(6):881.
[6] MARSHALL E. NIH Plans Peer-review Overhaul[J].Science,1997,276(5314):888-889.
[7] 林强.谈科学研究工作中的同行评议制度[J].研究与发展管理,1992(1):57-59.

同时降低了评议的公正性，不利于青年科学家的优势积累[1]。叶波等学者认为，同行评议的局限性主要包括不可避免的名人效应、堵不住的人情关系网、可能发生的剽窃行为、难以克服的随机性，以及难以寻得的真正同行[2]。古继宝等认为，人际关系和学术观点的分歧也会导致评议人产生偏见[3]。这一点显而易见，评审专家在人际关系和学派从属等因素的影响之下，其观点难以避免具有主观性。除人际关系的影响外，李雄文从科技奖励工作的角度切入，认为同行评议的不足还在于该制度不利于交叉科学研究项目的评审，评议结果难以保密，容易挫伤部分科技工作者的积极性和创造性[4]。张济洲以美国国家科学基金会（NSF）资助为例，提炼了有关学者对同行评议系统提出的质疑：①同行评议偏于保守，不适合评价创新性研究；②评价主体之间存在利益冲突；③评价结果会导致甚至加剧学术界的马太效应[5]。秦成磊和章成志等人从大数据环境下科研文献数量不断增长、研究主题不断拓展、潜在审稿专家数量增长放缓等情况出发，将当前同行评议面临的问题聚焦于评审专家选择的适宜性、科学性、全面性等方面[6]。

综上所述，国内学者对同行评议制度局限性的研究侧重于制度内部人际关系因素以及与评议专家相关因素的影响。相较于国外研究，国内科学界对同行评议的研究在内容与方向上具有一致性。而综合国内外多项研究结果可知，同行评议制度作为现行学术评价惯例会影响和阻碍创新性成果的提出和发表；因为同行评议制度的存在，学科优势机构和学术权威不仅会成为同行评议系统中的主要评价者，也会成为主要的获益者。

1.2.3 学术期刊头部发文机构影响因素相关研究

学术期刊的编辑流程涉及多个环节，也要求多方面主体的参与。期刊编辑、编委、作者，以及整个学术环境都将影响学术期刊头部发文机构的形成。其中，期刊编辑的素质和习惯选择构成了内在影响因素，而期刊编委的社会网络、作者投稿意愿与引用习惯，以及投稿人的学术等级则是外在影响因素，

---

[1] 郭碧坚,韩宇,赵艳梅.同行评议中的"名人效应"[J].科技导报,1994(7):47-49.
[2] 叶波,杨义,李苏中等.同行评议方法的局限性及其弥补措施[J].中国卫生质量管理,1998(5):54-55.
[3] 古继宝,梁樑.论同行评议人行为问题和监测评估[J].安徽软科学研究,1996(8):15-17.
[4] 李雄文.谈"同行评议"在科技奖励工作中的利与弊[J].中国科技奖励,2000(4):23-24.
[5] 张济洲.美国高校科研经费分配的同行评议：本质、局限与改进——以美国国家科学基金会（NSF）资助为例[J].中国高教研究,2011(10):40-42.
[6] 秦成磊,章成志.大数据环境下同行评议面临的问题与对策[J].情报理论与实践,2021,44(4):99-112.

也可称为社会因素。

(1)编辑的内在素质与所受外在影响造成的择稿倾向性

编辑的主要任务之一,就是凭借训练形成的良好判断力,高效、准确地判定特定内容可否发表[1]。李贵存认为,在遵循事实原则的基础上,学术期刊负有选择并及时组织报道有重要创新和突出潜力的新理论、新观点、新方法等[2]。这要求学术期刊编辑具备专业意识、前瞻意识和创新意识。游苏宁指出,学术期刊编辑们不仅需要拥有熟练的编辑业务能力,还需要成为刊物所在研究领域的专家[3]。徐淑荣则明确提出,"编辑作为期刊体系的主要缔造者"[4]在提升论文创新性方面发挥着极为重要的作用;编辑在审稿过程中提高并发掘着论文学术内容的规范和优质表达,有效展示了期刊的阅读品味和内在价值。田秋生指出,论及学术期刊的价值时,必须要将学术期刊置于我国市场社会的大环境中,即学术期刊的生存与发展离不开学术、市场、宣传的三重逻辑[5]:学术逻辑要符合学术传播的规律,市场逻辑要符合市场的需要,宣传逻辑要符合宣传者的需求。赵文义在"三重逻辑"的基础上提出,学术编辑必须具备学术素质、市场素质和宣传素质[6]——学术期刊编辑的学术素质是指其能够准确把握和分析期刊所在学术领域的发展态势、前沿话题与创新特征,能够准确把握学术期刊作为学术交流平台的基本属性,能够对学术论文等生产要素进行解构、协调和组合;学术期刊编辑的市场素质则要求编辑深谙市场规律,熟悉生产与消费、供给与需求、利益与风险、价格与信号灯,也熟悉制度与学术、政府规制与市场自由生产之间的相互作用;学术期刊编辑的宣传素质强调编辑要具有较强的政治敏锐性,要从国家整体利益观出发来看待研究主体、研究行为和研究目的,编辑不仅应要求自身,还要引导论文作者聚焦并维护、支持政治纲领和路线,通过学术期刊的生产促进国家思想市场的繁荣与发展、传播学术创新成果、提高我国在国际上的学术话语权。以上三方面素质是基于学术期刊编辑具备的内生条件——责任意识、担当精神和职业制度安排所提出的内在素质。吴年华基于学术期刊面临改制转企的需

---

[1] 布鲁克斯,西索斯.编辑的艺术[M].北京:中国人民大学出版社,2003:323.
[2] 李贵存.论医学学术期刊的思想导向与学术导向[J].编辑学报,2003,15(1):9-11.
[3] 游苏宁,陈浩元.科技学术期刊编辑应承担更多的社会责任[J].编辑学报,2006(2):81-82.
[4] 徐书荣.科技期刊编辑对提升论文创新性的作用[J].中国科技期刊研究,2014,25(6):761-764.
[5] 田秋生.市场化生存的党报新闻生产——《广州日报》个案研究[M].北京:中国广播电视出版社,2010:11.
[6] 赵文义,赵大良.学术期刊编辑素质的内在要求与内生条件[J].出版发行研究,2014(6):36-38.

求与压力,提出学术期刊编辑要适应市场竞争的需要,成为知识多元的学者、擅交际的活动家、计算机网络的能手、适应竞争的经营者、敢于创新的开拓者和公关营销的策划者[1],将自己打造为全面发展的复合型人才。虽然要求学术期刊编辑在各个方面都具有极高的素质在实际情况中较难实现,但学者们仍在一些具体方向上达成了共识——学术期刊、期刊市场和整个社会对编辑的内在素质有着严格要求与很高的期待,这需要期刊编辑具备促进学科建设与发展的全局意识,以及对论文内容字斟句酌的、过硬的专业能力。

学术期刊编辑除了要培养过硬的内在素质,实际工作中也需要克服诸多障碍,以确保其保持客观性和独立性。许纪霖认为由于办刊体制的桎梏,编辑的独立精神无法充分发挥。我国学术期刊多附属于高校、科研院所、公益类事业单位等,导致其依附性强、独立性差,在创办之初多旨在为主办单位提供服务,缺乏独立的人事权和经营权[2]。长期的依附关系使期刊工作者养成了一种惰性。学术期刊缺少自主权、依附性过强,势必会影响期刊编辑工作的独立性和客观性,编辑的业务工作也会受到主办单位各个方面不同程度的干扰。陶范认为,人际关系也会影响期刊编辑的选稿和用稿。来自期刊关系网络或期刊编辑人际网络的稿件发表是学术期刊编辑常常需要面对和处理的一个难题,比如相关部门的领导、期刊编辑的师友、学术领域的权威等等[3]。此外,李东辉认为学术评价制度和科研体制不健全、期刊市场化的压力也会影响期刊编辑的独立性,甚至可能导致学术期刊编辑独立原则失守[4]。从学术期刊管理体制、学术评价体制、学术市场运作模式,到社会关系网络,期刊编辑的行为从微观层面到宏观层面受到层层制约,编辑的独立性在一定程度上无法充分发挥,这也将导致期刊稿源受限。

(2)编委群体的特征与"老友"网络对期刊选稿的直接影响

编委会是学术期刊的核心职能机构之一。从发挥的作用来看,哈姆斯认为编委会成员需要对期刊的发展定位和工作制度提供建议,吸引优秀作者投稿或主动约稿以保障期刊稿源的优质性,担任审稿人或推荐合适的审稿人[5]。

---

[1] 吴年华.论市场条件下学术期刊编辑素质的新要求[J].扬州教育学院学报,2011,29(4):27-30.
[2] 许纪霖.学术期刊的单位化、行政化和非专业化[N].文汇报,2004-12-15(6).
[3] 陶范.科技期刊编辑独立性论析[J].编辑学报,2012,24(1):22-24.
[4] 李东辉.论学术期刊的编辑独立[J].中国科技期刊研究,2006,17(5):700-703.
[5] HAMES I. Editorial Boards: Realizing Their Potential[J].Learning Publishing,2001,14(4):247-256.

张丽华指出,特定研究领域内核心期刊的编委成员一般是本领域的学术权威和科研带头人,具有引领学科发展的作用[1];杨丹丹认为编委会的构成对于学术期刊核心竞争力具有关键作用,在保持高质量稿源、高水平审稿、扩大期刊学术影响力方面具有重要意义[2]。

通过研究学术期刊编委这一群体,国内外学者发现不同研究领域的编委具有以下相似性:①拥有较高的学术声望和社会资本。布尔迪厄在《资本的形式》中论述了资本的三种基本形态:经济资本、文化资本和社会资本[3]。与之相对应,编委拥有的学术成就即是文化资本,其在特定领域学术共同体中的关键位置即是社会资本,文化资本的积累则有助于编委获得更多的社会资本、学术声望和研究资源[4]。②编委类型大致可分为领导型和学术型。吴洋意认为领导型编委拥有广阔的人脉资源,在宣传期刊、扩大期刊影响力方面作用较大[5],王红丽则指出学术型编委对提高期刊的学术水平具有重要作用,重点把关期刊的组稿和审稿工作[6]。③专家身兼多家学术期刊编委的现象较为普遍。国内外相关研究发现,特定研究领域的学术期刊编委人员高度重合。这一现象说明,具有学术网络关键位置的学者专家更容易得到期刊的重视,是期刊争取联系并形成稳固关系的重要资本[7-8]。

由于学术期刊编委拥有较高的学术声望和社会资本,处于不同的岗位、发挥着不同的指导作用,并且也存在着身兼多家期刊编委的现实状况,同行评议制度的弱点也因此更为凸显。美国学界围绕国家科学基金会资助以及其他学术领域同行评议公正性的争论从未中断,而争议的核心就是同行评议制度对学术界不平等所产生的影响。"老友论"(old boyism)是科兰(John B. Conlan)1970年在国会针对美国国家科学基金会(NSF)同行评议制度举行的

---

[1] 张丽华,曲建升.基于核心期刊编委所著论文的研究前沿探测方法及实证研究[J].情报工程,2016,2(6):17-30.
[2] 杨丹丹,胡心婷.学术期刊对稿源质量的影响研究[J].出版科学,2017,25(3):10-15.
[3] BOURDIEU P, RICHARDSON J G.Handbook of Theory&Research for the Sociology of Education[M].New York: Greeenwood Press,1986:280-291.
[4] 陆朦朦,羊晚成,方爱华.学术期刊编委交叉任职现象的社会网络分析与思考——以编辑出版学中文核心期刊为例[J].中国科技期刊研究,2018,29(3):284-290.
[5] 吴洋意.医学期刊应重视编委资源的合理利用[J].中国科技信息,2009(2):155-157.
[6] 王红丽,刘苏君.身兼护理学术期刊多家编委的弊端及对策[J].编辑学报,2009,21(5):431-433.
[7] 陆朦朦,羊晚成,方爱华.学术期刊编委交叉任职现象的社会网络分析与思考——以编辑出版学中文核心期刊为例[J].中国科技期刊研究,2018,29(3):284-290.
[8] DUS G.Academic Medicine Editorial Board[J].Academic Medicine,2002(11):77.

听证会上提出的。他认为同行评议制度大体上是一个为极少数杰出"老友"（old boys）谋取利益的精英主导制度。负责国家资助项目的管理者常常会邀请他们信赖的"老友"作为评审专家，参与项目申请书的审查。这种机制完全是一个"乱伦的'密友体质'"（an incestuous buddy system），窒息了科学创新的诞生和实现科学突破的潜能[1]。其后的学者对这一概念做了进一步的解释和延伸。特拉维斯在此基础上明确了"老友"网络的三种内涵：①它可以指对自己所在研究领域持有共同观点的科学家，而这些科学家只会对观点相似者的研究成果给予好评；②它可以指基于"友谊"形成的社交网络，该网络由互相认识、一起"长大"、上同一所学校、倾向深交、喜欢彼此研究提案的科学家组成；③它可以是由那些已经取得卓越成就的科学家组成，他们倾向于支持那些在科学体系中地位相似的人的建议，即使他们并没有互相接触[2]。西蒙·维塞利研究了美国国家癌症研究所、国家科学基金会、国家卫生研究所、澳大利亚研究委员会和印度国家科学研究所对资助申请人的调查。他发现，资助申请人最常见的抱怨便是"老友"网络，他们认为依靠"老友"网络的评审机制十分容易产生偏见[3]。此处"老友"网络中的关键位置由级别较高的行政精英或影响力强大的学术精英占据，这种关系网辐射范围广泛，包括行政官员之间、委员会成员之间、学术专家之间的熟人往来，以及师生关系、校友关系等等，而越处于学术层级上层的人则往往拥有越丰厚的关系资本[4]。因此，无论是编委还是审稿人，他们都是同行评议制度中掌握主动权的人，对学术期刊论文的发表起到了关键性甚至决定性的作用。

"老友"网络的本质是学术领袖群体之间的"共谋"，而这种"共谋"关系阻碍着学术创新以及学术权力的公平分配。《柳叶刀》（The Lancet）在2022年2月19日发表的社论中讨论了科研领域的职场欺凌行为，指出束缚于学术大腕和过于自信之人手中的职场文化仍然存在。在传统科研领域，权力集中在少数人手中，而掌权人则可以享受任命权的保护和提拔。这种模式会无差别打压科研领域的新人，不利于形成开放的学术氛围，无法产生优秀的科研成

---

[1] GUSTAFSON T. The Controversy over Peer Review: Recent Studies of The Peer Review System Show That Its Critics Have Yet to Make Their Case[J].Science,1975,190(9):1060-1066.
[2] TRAVIS G, Collins D L.New Light on Old Boys: Cognitive and Institutional[J].Science Technology & Human Values,1991(3): 63-67.
[3] WESSELY S. Peer Review of Grant Application: What Do We Know? Lancet[J].The Lancet,1998,352(9124):301-305.
[4] 阎光才.学术共同体内外的权力博弈与同行评议制度[J].北京大学教育评论,2009,7(1):124-138

果[1]。科研经费的分配更是加剧了学术大腕与新人之间的不平等待遇。惠康基金会(Wellcome)在其2020年发布的报告《研究人员对其工作文化的看法》(*What Researchers Think About The Culture They Work In*)中提出,科学家易受到高年资学术大腕行为的影响[2]。这一现象其实由来已久。著名的物理学家马克斯·普朗克早在1946年就曾指出:新的科学真理通常会被接受,不是因为反对者变得信服,而是因为反对者死了,因为年轻一代一开始就熟悉新的真理[3]。著名科学家和科幻小说家艾萨克·阿西莫夫有着类似的观察:有些科学家的命运就是这样,他们在年轻时开辟了新的道路,引领了通向新概念的道路,却在晚年被他们不能接受的更新的发展弄得不知所措[4]。雷蒙德更是直言不讳:"老科学家不会改变他们的想法,他们只是逐渐死去"[5]。这种说法看似夸张,但也确实反映出高年资学术大腕掌握着学界极大比例的资源,在一定程度上挤占了学术新人的成长空间,限制了学界和社会对科学创新的接受度。

(3) 作者投稿意愿和引用习惯对期刊择稿发表的间接影响

影响作者选择学术期刊投稿的因素多种多样,主要包括学术期刊所在研究领域、期刊层级、期刊影响因子、期刊关系网络、投稿成功率、期刊载文量、投稿系统的便捷性、出版周期、稿件质量、编辑部对稿件及作者的态度、期刊品牌等[6][7][8][9]。朱其权和龙立荣探究了拒稿后信息公平对投稿意愿的影响,发现信息公平对投稿意愿具有显著的正向预测作用[10]。刘建滔等人以生物学期刊作者投稿行为为例,研究发现期刊自身因素对作者的影响程度最大,其次

---

[1] 柳叶刀.《柳叶刀》社论 | 科研领域中的权力与欺凌[EB/OL].2022-02-22[2022-02-28].https://mp.weixin.qq.com/s/5b_2KyYxZOiBCkFE5P_vag.

[2] MORAN H, KARLIN L, LAUCHLAN E, et al.Understanding Research Culture: What Researchers Think about the Culture They Work in[J]. Wellcome Open Research,2020(5):201-205.

[3] RAYMOND C R. Old Scientists Do Not Change Their Minds, They Just Die off[J].Pharmaceutical Science & Technology Today,1998(1):11-13.

[4] ASIMOV I. Asimov's Biographical Encyclopedia of Science and Technology[M].New York:Doubleday,1982:109.

[5] RAYMOND C R. Old Scientists Do Not Change Their Minds, They Just Die off[J].Pharmaceutical Science & Technology Today,1998(1):11-13.

[6] 赵茜.高校学报作者投稿心理分析与期刊编辑策略——以《南阳师范学院学报》为例[J].中国科技期刊研究,2010(4):527-529.

[7] 宋梅梅,何卓铭,王晓峰等.中文光学期刊作者投稿关注点调查及分析[J].中国科技期刊研究,2015,26(5):460-464.

[8] 刘建滔,陈智平,邓丽琼等.生物医学期刊作者投稿行为的影响因素[J].编辑学报,2008(3):245-246.

[9] 陈玲,邹栩.影响科技期刊潜在作者投稿的因素分析及编辑对策[J].编辑学报,2011,23(5):384-387.

[10] 朱其权,龙立荣.学术刊物审稿公平感与投稿意愿关系实证研究[J].科研管理,2011,32(8):142-150.

是现行科研政策因素与科研人员自身因素[1]。单政等人在研究医学期刊作者投稿意愿影响因素时调查到，期刊自身的学术定位、投稿人对期刊的认可程度、审稿质量与合理性对作者的投稿意愿影响力最大[2]。王红丽通过研究护理学术期刊发现，在现行科研政策中，考核要求因素的影响程度最大[3]。从以上针对我国不同学科学术期刊作者投稿意愿因素的分析来看，作者投稿意愿与行为受到内在自我驱动力和外在吸引力的双重影响。内在驱动力主要源于作者自身以及其所在机构对其提出的要求。现行科研政策的考核要求直接引导着科研人员的行为，政策看重研究人员的论文发表层次，并将论文发表层次与科研人员的绩效、职称评定、人才称号、项目与课题申请等方面紧密挂钩。这种绩效驱动型的科研政策是目前科研人员普遍面临的现状，而这种科研环境也直接影响着作者的投稿意愿。外在吸引力则主要来自学术期刊的表现，包括学术期刊的定位、等级以及与作者的互动等。上述因素也同样会影响作者的投稿意愿。在熟人网络和省力原则的作用下，作者若与某学术期刊之间建立了稳定的人际关系网络，那么在投稿时一般会优先考虑该期刊。

除作者投稿意愿会影响期刊择稿之外，作者的引用习惯也会促使期刊更加关注论文的背景信息。在文献引用量方面，韦伯斯特在研究进化心理学的热门话题和热门内容时发现，期刊论文的平均参考文献数量和文献引用质量与论文发表之间存在显著关联。通常文献引用的参考文献数量越多，期刊编辑、审稿人和读者也便会更加相信作者对研究课题进行了充分的调研和分析[4]。杨利军和万小渝研究引用习惯对我国期刊论文被引频次的影响时也发现，"在论文数不变的条件下，篇均参考文献数量与期刊论文的总被引频次呈现正相关关系"[5]。这说明作者引用文献数量是期刊审稿时的考虑因素。在文献引用质量方面，张丛在研究学术期刊知名度如何影响其载文引用时发现，作者在研究过程中浏览、阅读和引用期刊论文时，通常会习惯性地引用高知名度期刊上发表的文章[6]。刘青认为，许多作者为求省力，认为自己只需充

---

[1] 刘建洎,陈智平,邓丽琼等.生物医学期刊作者投稿行为的影响因素[J].编辑学报,2008(3):245-246.
[2] 单政,赵瑞芹,刘少辉.医学期刊作者投稿意愿影响因素研究——以《医学研究杂志》作者群为例[J].科技与出版,2021(6):146-152.
[3] 王红丽,刘苏君.身兼护理学术期刊多家编委的弊端及对策[J].编辑学报,2009,21(5):431-433.
[4] WEBSTER G D, JONASON P K, SCHEMBER T O. Hot Topics and Popular Papers in Evoluationary Psychology: Analyses of Title Words and Citation Counts in Evolution and Human Behavior, 1979–2008[J].Evolutionary Psychology,2009,7(3):348-362.
[5] 杨利军,万小渝.引用习惯对我国期刊论文被引频次的影响分析——以情报学为例[J].情报科学,2012,30(7):1093-1096.
[6] 张丛,韩平,严健铭.学术期刊知名度对其载文引用的影响研究[J].中国科技期刊研究,2013,24(6):1174-1177.

分阅读他人引述的资料就足以满足自身需要[1]。邓履翔等人在分析一种新的不当引用行为——欺诈引用时指出,一些作者为了显示论文的"高水平"会故意引用高影响力(如影响因子高、业界影响力大)期刊的文章和引用英文文献,并选择性引用经典文献[2]。由此可见,人们通常认为学术期刊的知名度代表了学术期刊在特定领域的学术声望,以及在学术共同体中的影响力和认同度,而这种声望可以清晰地通过期刊影响因子的高低得到反映。并且,期刊的学术声誉、载文质量、受关注度和期刊作者群的影响力对研究人员引用期刊载文具有正向作用。对于研究内容相近、研究结论相似、论文水平相当却载于不同层级期刊上的文献,研究人员出于对学术权威或专家的"崇拜"与信任,往往会优先引用核心期刊的文献,进而提高了期刊的载文引用量。作者引用高知名度期刊论文的偏好也间接影响着期刊选择稿件的倾向性,而名校、名家的论文往往能为期刊知名度的提升做出贡献。

(4) 学术等级"金字塔"对学术期刊的重要影响

托尼·比彻在《学术部落及其领地:知识探索与学科文化》一书中提出,学术等级是由学术声望决定的,作为一种象征性资本,学术等级决定了个体进入特权环境的途径。可以说,学术领域最突出的一个特点便是在各个领域与事件间存在的等级与秩序[3]。郑永流在论文中明确提出"学术也有等级",并认为该现象产生的原因有二:一是由于行政机关实行的科层制,课题基金、人才称号、奖项奖励等方面的等级取决于审批机关的级别;二是大学或科研机构在泛行政化思维的影响下,在多方面实行了学术等级化,将大学、项目、学科、学位、人才、刊物、论文、课程、教材、奖励等相关学术体系内的要素划分为不同等级。例如,国内大学便被划分为不同级别——清华北大、985工程大学、211工程大学、教育部直属大学、各专业部属大学、省属重点大学、省属大学、地市属大学[4];科研人才荣誉称号可以分为国家级人才称号、省部级人才称号、升级人才称号;大学的课程一般分为必修课、限制性选修课和非限制性选修课等。上述解释较为全面地概括了中国特色社会主义社会的学术制度和学术体系。在广泛意义上,学术等级是"一种具有强大影响的现象",其带有的不公平性意味着,不同机构、部门和个人之间因等级不同获得的分配存在明显差异。内文在其研究中指出,这种不平等是由于机构获取社会资本和

---

[1] 刘青,张海波.引用行为初探[J].情报杂志,1999(3):64-66.
[2] 邓履翔,王维朗,陈灿华.欺诈引用——一种新的不当引用行为[J].中国科技期刊研究,2018,29(3):237-241.
[3] 比彻,特罗勒尔.学术部落及其领地:知识探索与学科文化[M].唐跃勤,蒲茂华,陈洪捷,译.北京:北京大学出版社,2015:95.
[4] 郑永流.学术自由及其敌人:审批学术、等级学术[J].学术界,2004(1):178-186.

经济资本的不平等所致,而不是生产力的不平等所致[①]。

不同的学术等级意味着不同的学术话语权。在特定评价体系中处于头部的学者、机构、刊物拥有着相应更高的威望和影响力。约翰在研究人文社会学科知识生产的分层时发现,一旦学者在学界树立了权威与声誉,其在学界发挥影响时便不再依赖其作品的质量或数量,而是凭借其权威地位[②]。而学术声誉本身便可以给科学家提供更多的资源。例如,默顿对"马太效应"的分析便表明,在合作完成或独立完成多项研究成果的情况下,有声望的科学家比无声望的科学家能获得更多的信任[③]。这一发现也同样适用于学术期刊论文的发表。

从科研工作者的角度看,学术期刊的级别与其学术成果的等级相挂钩。在学术出版环境迅速变化的背景下,对于期刊等级的研究已在多个学科展开,覆盖政治学、社会学、地理学、法学、人类学、经济学、管理学以及图书情报和文献学等诸多领域[④]。相关研究[⑤⑥]已发现,期刊等级已经成为学者选择论文发表时考虑的首要因素,因为期刊等级在某种程度上影响着他们的职业发展,以及学术资本和社会资本的积累[⑦]。

从学术期刊选择稿件的角度来看,作者等级和机构等级是其参考的重要因素。自中世纪起,大学的学位有博士、硕士、学士三种,这构成了学术职位等级形成的基础。虽然不同国家学术职位等级的体系和结构存在些许差别,聘用学术人才和考核学术成果的要求也在随着现实的需要而产生改变,但是学术职级体系一直是学术等级构成的方式之一,并且这种学术职位等级制度深深影响着研究人员学术生涯的方方面面[⑧]。不同国家均设置了有利于国家

---

① NEVIN A D. Academic Hiring Networks and Institutional Prestige: A Case Study of CanadianSociology[J].Canadian Review of Sociology,2019,56(3):389-420.
② EVANS J H. Stratification in Knowledge Production: Author Prestige and the Influence of An American Academic Debate[J].Poetics,2005,33(2):111-133.
③ MERTON R K. The Matthew Effect in Science[J].Journal of Advanced Nursing,1968,159(3810):56-63.
④ NISONGER T D. The Perception of Library and Information Science Journals by LIS Education Deans and ARL Library Directors: A Replication of the Kohl-Davis Study[J].College & Research Libraries,2005(9):142-151.
⑤ HEATH-STOUT L, Hannigan E.Affording Archaeology: How Field School Costs Promote Exclusivity[J].Advances in Archaeological Practice,2020,8(2):123-133.
⑥ BECK J. Prestige or Perish: Publishing Decisions in Academic Archaeology[J].American Antiquity,2021,86(4):669-695.
⑦ 齐曼.元科学导论[M].刘珺珺,张平,孟建伟,译.长沙:湖南人民出版社,1988:77.
⑧ 宋旭红,沈红.学术职业发展中的学术声望与学术创新[J].科学学与科学技术管理,2008(8):98-103.

发展、反映其民族文化和学术特色的职位等级体系和晋升路径,如美国大学的教授就主要分为助理教授、副教授和正教授,而副教授和正教授都属于终身教职(Tenure)。此外,美国大学还会优中择优,聘请极少数终身教授为"大学教授"(Tenure Professor,或译为"校级教授"),"大学教授"是一所大学能够给予一位教授的名誉最高、待遇最优的头衔,能获得此称号的学者在其专业领域内一定享有极高威望[1]。例如,哈佛大学的教授若能获得终身教职,那么他们将拥有一个非常稳定的工作职位,在不作出违法犯罪行为的情况下可以一直在学校工作直到退休。相比于非终身制教授,终身制教授一般能获得更高的薪资收入,在学术事务管理和行政事务管理方面享有更多的权利[2]。而我国高校的正教授岗位包含一至四级,一级教授是最高级别,一般是院士级别的学术界泰斗级人物;二级教授仅次于一级教授,是学界上临近泰斗级的人物,一般是各高校、研究所等主要负责人等;三级教授一般是学界中工作时间较长也取得一些突破的正教授,即学科负责人、市骨干、青年精英等;四级教授即一般的正教授。可见,无论在哪一国家,教授始终代表着学术等级的顶端,在其研究领域甚至在社会上都拥有较高的声望并优先享有部分重要权利;其在薪酬获得、学术资本和社会资本积累等方面都拥有极大的优势。已经有学者[3][4][5]提出,期刊有时可能更青睐来自特定背景或隶属于特定机构的作者。相关研究通过分析2001至2004年社会学领域三大顶级期刊的数据和编委会名单发现,社会学学术精英统治着出版"游戏"——超过50%的作者来自一级学校,超过80%的作者来自一级或二级学校,而只有大约19%的作者来自第三和第四级学校。这意味着,学术等级中的精英阶层在期刊出版中占据主导地位,他们无论是在论文发表环节,还是在成为期刊编委会成员上都占据主导地位[6]。由此可见,声望已经成为学术的"硬通货",积累足够的个人

---

[1] 胡德维.美国大学如何评职称[J].党政论坛(干部文摘),2014(3):34.
[2] 刘敬连.美国哈佛大学教授招聘制度评析[J].世界教育信息,2012,25(19):27-30.
[3] LEIMU R, KORICHEVA J.What Determines The Citation Frequency of Ecological Papers?[J].Trends in Ecology & Evolution, 2005,20(1):28-32.
[4] MINGERS J, FANG X.The Drivers of Citations in Management Science Journals[J].European Journal of Operational Research, 2010,205(2):422-430.
[5] WALTERS G D. Measuring The Utility of Journals in The Crime-psychology Field: Beyond The Impact Factor[J].Journal of The American Society for Information Science & Technology,2014,57(13):1804-1813.
[6] WEEBER S C. Elite Versus Mass Sociology: An Elaboration on Sociology's Academic Caste System[J].American Sociologist, 2006,37(4):50-67.

声望在很大程度上决定着研究人员学术生涯的成败[1]。

学术等级是一把双刃剑,既带来了有利方面,却也不可避免地存在弊端。从有利影响看,合理的学术等级系统让国家和地方政府得以利用有限的资源产出尽可能多的高质量成果,是决策者分配资源、重点建设的重要参考依据。但是在负面影响上,学术等级引发了学术歧视问题。韩春萌从申报课题的角度出发,将学术等级歧视大致分为:①学校间的等级歧视——一些课题点名"普通高等院校可参加",这意味着成人高校没有机会申报,这一行为无形中塑造了高校之间的等级差异;②职称等级歧视——许多省级和校级课题规定申报的负责人必须拥有副高以上职称,这不利于青年教师的成长和青年科研人才的选拔;③成果评定存在等级歧视——青年科研人员常常面临论文发表难的困境,如果他们的研究成果只能发表在普通刊物上,那么学校常常会将其成果打折,甚至不予承认[2]。这种成果评定的等级歧视严重打击了科研人员的积极性,而即使这些青年科研人员能推动论文数量"增产",他们也无法保证论文质量稳步提升。换句话说,"声望原则"在高等教育系统的分层中发挥着突出作用,研究人员所在的院校等级也是决定学者声望的重要因素[3][4][5][6]。

1.3 研究意义

1.3.1 理论意义

在当前的大科学时代,科学问题的范围、规模不断扩大,复杂性不断加深,科学发展速度与国家发展战略、经济发展水平联系愈发紧密。如何保持科技创新水平的高质量、高效配置与利用科研资源、让科学创新充满朝气与活力,都有赖于理解与把握目前科学发展的规律与面临的问题。本书基于对

---

[1] KALLIO K P, METZGER J. 'Alternative' Journal Publishing and The Economy of Academic Prestige[J]. Fennia- International Journal of Geography, 2018, 196(1):1-3.
[2] 韩春萌.学术等级歧视应当禁废[N].社会科学报,2006-4-30(2).
[3] BALDI S. Prestige Determinants of First Academic Job for New Sociology Ph.D.s 1985-1992[J]. Sociological Quarterly, 1995, 36(4):777-789.
[4] BURRIS V. The Academic Caste System: Prestige Hierarchies in PhD Exchange Networks[J]. American Sociological Review, 2004, 6(2):239-264.
[5] HAN S K. Tribal Regimes in Academia: A Comparative Analysis of Market Structure across Disciplines[J]. Social Networks, 2003, 25(3):251-280.
[6] SPENCER H, JEREMY F. Credential Privilege or Cumulative Advantage? Prestige, Productivity, and Placement in the Academic Sociology Job Market[J]. Social Forces, 2015(3):1257-1282.

社会科学核心期刊发文机构分布的基本观察,对 CSSCI 来源期刊头部发文机构固化现象、现象形成的相关因素,以及对学科创新力的影响进行了分析、总结和提炼,为深刻理解和运用普赖斯所提出的科学发展结晶化理论提供了具体研究对象和样本。本书主要涵盖以下几点理论意义:

第一,论述了普赖斯有关科学发展结晶化的主要观点。本书以中国社会科学进入大科学时代为研究背景,在大科学体制的基础上阐述了科学发展结晶现象的概念来源,并初步描绘了社会科学发展结晶化理论体系。从这一层面看,本书对科学发展结晶化理论进行了本土化的丰富与扩充。

第二,本书以普赖斯有关科学发展结晶化的概念作为理论来源,以大样本量的 CSSCI 来源期刊文献数据作为具体研究对象,通过实证研究方法论证中国社会科学已经迈入饱和阶段,为进一步验证社会科学发展结晶化现象提供了理论依据。

第三,系统、客观地分析了社会科学结晶现象的具体表现,这一现象背后的原因以及产生的影响,并且以 CSSCI 来源期刊头部发文机构的固化为例,验证了大科学发展到饱和状态将会产生结晶现象的猜想,拓展了科学发展结晶化理论。

第四,引起图情理论研究对学科结晶现象的关注。目前,图书情报学理论主要围绕信息资源、知识传播与信息服务展开。科学发展结晶化理论的研究丰富与充实了图书情报学的理论基础,旨在引起学界对科学发展结晶现象的关注与研究。

1.3.2 实践意义

一直以来,我国政府机构十分重视科技创新,相关部门出台的一系列政策力图深化科技体制机制改革,激发科技创新活力。当今世界正处于百年未有之大变局,而大变局的关键变量之一便是新一轮科技革命。在新发展阶段,我国科学技术创新肩负着新使命和新任务。本文将理论与实际紧密结合进行讨论与分析,其实践意义在于:

第一,统计并展示不同学科 CSSCI 来源期刊头部发文机构的固化程度,详细分析了导致现象产生的相关因素和可能造成的影响,为学术期刊应坚持以论文质量为导向刊文、保持学术独立性的观念提供了参考。

第二,梳理并阐释 CSSCI 来源期刊头部发文机构的固化现象,为论述我国基于绩效导向的学术资源分配与利用情况提供了一定的实证参考,为研究完善我国科技资源分配机制、提高科技资源利用效率、实现头部与尾部科研机构共同发展、加强学术系统内部流动性提供了参考。

第三,在现行学术评价惯例将加剧学术资源分配的马太效应这一背景下,本书论述了社会科学发展若出现"固化"倾向将很有可能阻碍学科创新力的提升,造成学术资源浪费,导致学术生态失衡等负面效应。据此,本文从学术评价意识、学术资源配置方式、学术管理体制等方面出发,为我国学术界和科学管理部门规避和解决以上问题提供了参考建议。

1.4 研究概述

学术评价体制改革是现阶段提高我国学术治理能力和水平所要完成的关键任务。达成这一任务既关乎我国将科技创新活动从追求数量转变为追求质量的目标,也与我国重塑正确的学术导向与价值观紧密相关。

目前,我国学界对于科学发展结晶尚未形成完善的理论,对其与学术评价机制之间的关系也缺乏深入的认识,这一现状要求学界以我国大科学体制的发展特征为背景,形成一套符合我国国情的科学发展结晶理论,为我国深化科技体制改革和加快构建中国特色哲学社会科学提供参考。只有解决这一理论问题,才能推动学术期刊为学术创新提供强劲支撑,促进学科整体的创新与发展,提高学术资源配置与利用效率,确保学术生态健康发展。

1.4.1 研究内容

本书以CSSCI来源期刊论文为具体研究对象,将其作为探索社会科学发展结晶化现象的切入口。本书拟选取CSSCI来源期刊目录(2019—2020年)中所列期刊,通过收集、整理和分析这些学术期刊2001—2020年刊载论文数量,以及论文作者、作者所在机构、机构所在地域、被引量、下载量、基金级别等方面数据,检验CSSCI来源期刊头部发文机构固化现象,分析和提炼导致固化现象形成的相关因素,并探讨了这一现象对学科创新力的影响。在这一实证研究基础上,本书理性思考了社会科学发展结晶化现象的历史必然性、积极影响,以及当"结晶化"发展为"固化"之后带来的消极影响,并提出相应的规避策略。

在理论构建上,本书不同于以往文献将小科学和大科学的辩证关系作为理论基础,研究国家科技政策的转变和科研效率的提高,而是基于科学发展结晶化现象本身展开论述,尝试构建含义明确、路径清晰的理论基础。

在研究对象上,本书以大样本量为基础,通过统计和分析首先说明我国社会科学已经进入科学发展的饱和阶段,其次验证社会科学发展结晶化现象的存在与演进,并提炼出其主要特征。意义在于探索科学发展的基本规律,构建具有普适性的发展模式。

在分析固化现象形成的相关因素与影响时,本书既从微观层面探析了发文机构与学术期刊之间存在的微妙"共谋"关系,也从宏观层面出发探析了头部发文机构固化对学科创新力造成的影响,并以此为契机反思如何"软化"结晶,增加科研环境的生机与活力,保持学术上下层级间的适度流动性。

1.4.2 研究方法

本书基于实证研究方法以CSSCI来源期刊头部发文机构固化现象作为研究案例,形成对社会科学发展结晶化的基本认识,尝试分析出具有普遍性的结论。文章研究主体内容分为两个部分:理论部分和实证部分。在理论研究部分,本书通过文献研究法分析既有理论,在此基础上阐述社会科学发展结晶化的内涵与形成路径。在实证部分,本书主要依靠统计分析法研究和分析CSSCI来源期刊头部发文机构的固化现象,统计和检验其形成的相关因素,并利用比较分析法和案例分析法解释不同学科CSSCI来源期刊头部发文机构的固化情况与特点。具体的应用方法包括以下几个方面:

(1)文献研究法。首先,本书使用文献研究法,回顾和分析了大科学时代科学结晶现象的相关研究,现行学术评价惯例对学术创新的影响,以及对学术期刊头部发文机构产生影响的因素,以探寻相关的理论基础和存在的空白与局限。其次,通过搜集、整理有关科学发展结晶化的相关文献,提炼科学发展结晶化的概念来源、含义与特征,在此基础上分析社会科学发展结晶化的出现与影响,以期为后续实证研究提供明确方向。

(2)统计分析法。为进一步解释和验证社会科学发展结晶化的现象,本文收集了2001—2020年CSSCI来源期刊的文献数据,并对所得数据进行了描述性统计、方差分析、相关性分析,得出变量之间的关系,本书所覆盖的数据量足以折射社会科学发展结晶化的某些表现形式与特征。本书按照不同的文献信息类型进行统计分析,形成对头部发文机构固化现象的基本认识,并利用现有理论对其形成的相关因素进行详细阐释。

(3)比较分析法。本书运用比较研究法在科学发展结晶化概念的基础上,通过比较自然科学与社会科学的联系与区别,厘清了社会科学发展结晶化的原因、其依托产生的体制基础、特点及其具体表现。此外,本书根据不同类型文献信息的统计结果,按照学科特性、学术机构类型、学术机构评价层级、地域分布等进行对比分析,找出不同变量间的显著差异并分析其缘由,为进一步解释提供依据。

(4) 案例分析法。社会科学以人类社会作为研究对象,其涵盖的学科包括法学、伦理学、历史学、人类学等。在实证研究部分时,本书选取了统计分析中具有代表性、独特性的学科(按照中文社会科学引文索引中的学科分类)或学术期刊进行个案研究。

1.4.3 研究思路和章节安排

本书主要基于图书情报学、科学学和社会学等方面的相关知识,以科学发展结晶化理论作为研究基石,回溯和提炼了有关科学发展结晶化的概念来源;并以此作为理论基础,通过辨析自然科学与社会科学的区别分析了社会科学发展结晶化的含义、原因、产生的体制基础和特点。在构建社会科学发展结晶化理论之后,本书以CSSCI来源期刊头部发文机构固化现象为切入口,以这一现象为基点折射和论证社会科学发展结晶化现象:①归纳总结CSSCI来源期刊头部发文机构固化现象的主要特征;②采用统计分析法讨论形成CSSCI来源期刊头部发文机构固化现象的相关因素;③从学科创新力的角度出发,分析CSSCI来源期刊头部发文机构固化现象可能带来的影响;④回归社会科学发展结晶化现象本身,理性分析其产生的历史必然性、积极意义和可能导致的消极影响。

研究规划如下,从科学发展结晶化概念入手,继续探究社会科学发展结晶化理论,阐述社会科学发展结晶化的含义、原因、产生的体制基础、特点与具体表现,为后续分析CSSCI来源期刊头部发文机构固化现象的产生与相关因素奠定理论基础。在此理论基础上,以2001—2020年CSSCI来源期刊文献为研究对象,分析不同学科头部发文机构的固化程度,从论文的背景信息出发,分析和提炼形成CSSCI来源期刊头部发文机构固化现象的相关因素,并分析该现象对学科创新力的影响。本书在篇章结构安排上,总共分为7章(如图1-1所示)。除绪论和结语外,本书主要包含5个章节。第2章梳理了普赖斯等人提出的科学发展结晶化理论与相关概念,为进一步阐述社会科学发展结晶化产奠定理论基础;然后从自然科学与社会科学的区别入手,进一步系统论述社会科学发展结晶化理论。第3章首先论证了我国社会科学发展已经进

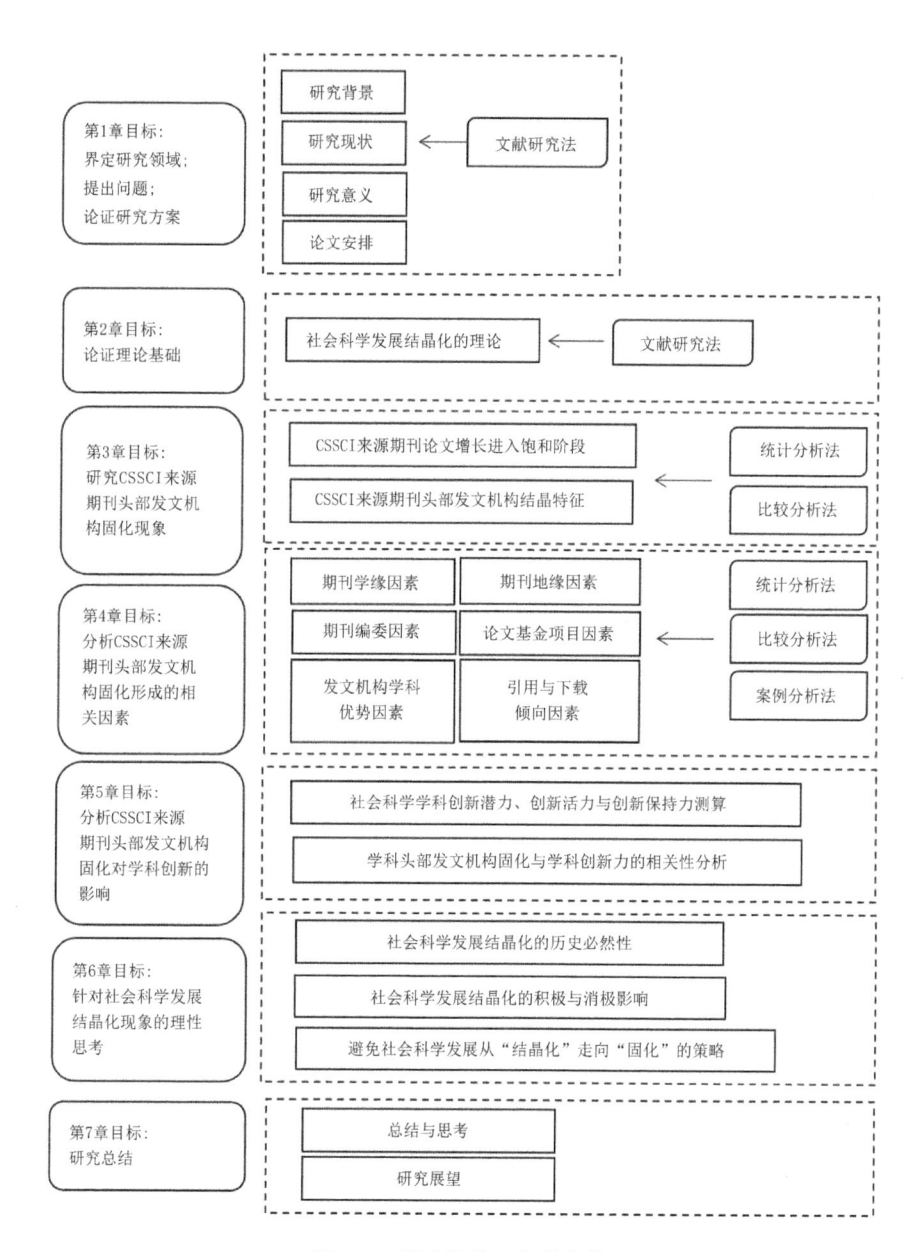

图1-1 研究思路与章节安排

第1章目标： 界定研究领域；提出问题；论证研究方案
- 研究背景
- 研究现状 ← 文献研究法
- 研究意义
- 论文安排

第2章目标： 论证理论基础
- 社会科学发展结晶化的理论 ← 文献研究法

第3章目标： 研究CSSCI来源期刊头部发文机构固化现象
- CSSCI来源期刊论文增长进入饱和阶段 ← 统计分析法
- CSSCI来源期刊头部发文机构结晶特征 ← 比较分析法

第4章目标： 分析CSSCI来源期刊头部发文机构固化形成的相关因素
- 期刊学缘因素
- 期刊地缘因素
- 期刊编委因素
- 论文基金项目因素
- 发文机构学科优势因素
- 引用与下载倾向因素
- ← 统计分析法
- ← 比较分析法
- ← 案例分析法

第5章目标： 分析CSSCI来源期刊头部发文机构固化对学科创新的影响
- 社会科学学科创新潜力、创新活力与创新保持力测算
- 学科头部发文机构固化与学科创新力的相关性分析

第6章目标： 针对社会科学发展结晶化现象的理性思考
- 社会科学发展结晶化的历史必然性
- 社会科学发展结晶化的积极与消极影响
- 避免社会科学发展从"结晶化"走向"固化"的策略

第7章目标： 研究总结
- 总结与思考
- 研究展望

入饱和阶段，并在此前提下论证CSSCI来源期刊头部发文机构存在固化现象，观察固化现象的主要特征，并测度不同学科的固化程度。第4章系统地归纳了促使CSSCI来源期刊头部发文机构固化产生的相关因素，主要体现为期刊学缘因素、期刊编委因素、发文机构学科优势因素、期刊地缘因素、论文基金

项目因素、引用与下载倾向因素六个方面。第5章结合学科创新力的相关研究,分析了CSSCI来源期刊头部发文机构固化对学科创新力的主要影响。第6章理论思考社会科学发展结晶化现象出现的历史必然性与其积极意义,分析当社会科学从"结晶化"走向"固化"之时带来的负面影响,并从多方面提出了相应的解决策略。

1.4.4 创新点

本书以科学发展结晶化为基础概念,构建了社会科学发展结晶化的理论体系;以CSSCI来源期刊数据作为研究样本,通过实证研究论述了社会科学发展结晶化的一个重要表现。通过扩大样本量、采用多角度分析方式,本书力求全面、系统地梳理2001—2020年CSSCI来源期刊文献数据,并力图避免以偏概全的问题。本书的创新点在于,基本阐述了社会科学发展结晶化理论,并用CSSCI来源期刊文献数据论述了社会科学发展结晶化其中一些具体表现:

(1) 本书补充了普赖斯有关科学发展结晶化的概念。科学发展进入饱和状态之后产生结晶这一观念最早由普赖斯提出,是普赖斯科学计量学思想的重要组成部分。普赖斯之后,克兰、库恩和谢宇等社会科学家均对科学发展结晶化的概念进行了丰富与拓展,但上述学者并未对社会科学发展结晶化的内涵、外延、成因或影响进行详细阐述。因此,探究科学发展结晶化理论有利于进一步探究科学自身的发展规律。

(2) 本书提高了科学发展不平衡性的理论高度。科学发展不平衡性是科学发展结晶现象的一个方面,具体而言,科学发展在时间、空间和学科之间均具有不平衡性。本书加深了对科学发展不平衡现象的理论阐述,将其作为科学发展结晶化理论的一部分,对其特征、产生的内外原因和带来的影响等方面做出较为详细的论述。

(3) 本书以CSSCI来源期刊文献数据为例,论证了社会科学发展结晶化的一些具体表现。普赖斯在提出科学发展结晶化这一论断之后,并未就该观点展开有关社会科学发展的理论研究与实证研究。后人对科学发展结晶化的含义也存在认识模糊和使用泛化的问题。在进行理论建构的基础上,本书利用对CSSCI来源期刊发文机构的分布现象展开分析,继而进行了较为详细的实证研究,并基于科学发展结晶化内外部形成路径,客观分析了社会科学发展结晶化带来的影响。

第 2 章

社会科学发展结晶化的理论分析

科学发展结晶化的概念源于普赖斯在《小科学,大科学》一书中对科学发展"逻辑性规律"的描述。普赖斯与其之后的许多学者围绕自然科学的发展,描述了科学发展过程中的结晶现象,但是这些学者中大多数也只是把"结晶化"作为一个不言自明的概念,并没有构建较为系统的科学发展结晶化理论。本章试图从结晶化概念来源、内涵、特征等方面,构建社会科学发展结晶化理论的基本轮廓。

2.1 科学发展结晶化的概念

2.1.1 科学发展结晶化的概念来源

(1) 普赖斯等学者有关科学发展结晶化的阐述

科学发展的速度不会一直保持指数型增长,而是呈S形曲线增长,即逻辑斯蒂曲线。普赖斯在其著作《小科学,大科学》中已详细论证了这一规律。首先,他对17世纪初至18世纪中叶的科学活动进行了计量分析,分析对象包括科学论文、科学期刊、科学发现、科学人力等诸多变量,并得出人类科学事业发展的第一个基本规律——指数型规律。在此基础上,普赖斯发现了科学发展的第二个基本规,即"逻辑性规律"。[1]而"饱和期"则是指逻辑斯蒂曲线的中段范围,科学的饱和是不可避免的。饱和并不代表死亡,恰恰相反,它蕴含着遵循新基本规律的科学新开端[2]。普赖斯指出,科学指数型发展之所以受到制约,并呈逻辑斯蒂曲线发展,其原因有二:一是"地板",即发展指数的基值(通常为零);二是"天花板",即发展的极值,一旦超过该值,曲线将失去其指数型发展的惯态[3]。失去惯态之后的科学发展曲线向"天花板"逐渐延伸(见图2-1)。科学发展进入第一个拐点之后进入逻辑斯蒂曲线中段时,预示着前一段的指数型发展结束。此后经过同等时间,曲线将逐渐接近"天花板",即进入饱和期。普赖斯补充道,科学发展从指数增长过渡到逻辑斯蒂后

---

[1] 普赖斯.小科学,大科学[M].宋剑耕,戴振飞,译.北京:世界科学社,1982:25.
[2] 普赖斯.小科学,大科学[M].宋剑耕,戴振飞,译.北京:世界科学社,1982:27.
[3] 普赖斯.小科学,大科学[M].宋剑耕,戴振飞,译.北京:世界科学社,1982:17.

半段的饱和增长不会是一条顺滑的曲线,可能会出现阶段性跃升、发散性振荡和收敛性振荡等多种状态[①]。这与科学发展的时代背景和历史事件密切相关。为此,普赖斯借用了拉思凯《矿业未来可予语言》中工业原料生产的数据、中世纪以来欧洲大学数量增长的情况等不同科学领域的数据,论证了科学发展的第二基本规律:科学发展的所有明显的指数型规律终将成为逻辑型[②]。这一发展态势暗含着发展危机的到来,普赖斯评价道:"基于此时期科学没有多大成就,其结局是彻底的重组或猛烈的波动,或变量的僵化。……纯指数型发展在某时必然开始终止,接下去是一个为时一代人时间的增长抑制期,在此期间,科学储力蓄积,准备下一次跃进,这次跃进或是呈阶段式或是呈猛烈的波动型。"[③]

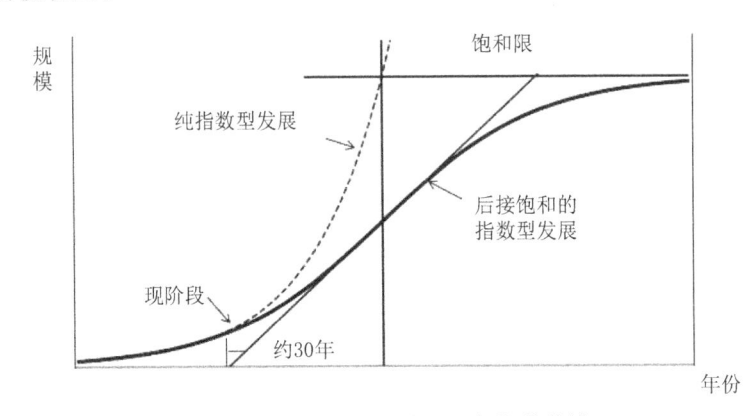

图2-1 普赖斯描述的科学发展逻辑斯蒂曲线

在科学发展逻辑斯蒂模型的基础上,普赖斯认为饱和期的科学在多方面都呈现出结晶化趋势。先行崛起的学科、稳定发展的研究机构和历史悠久的学会等在面对新学科、新机构、新学会的出现时,前者往往能保持其头部地位,吸收其领域最为重要、量级最大的资源。普赖斯运用人口发展过程中出现的结晶化现象来类比此种帕累托分布:国家按规模大小划分的城市或其他市镇等级类似于科学研究资源按照作者生产率的高低对作者及其所在机构进行的等级划分。与之类似,世界各国科学论文、刊物或科研支出的分布也

---

① 普赖斯.小科学,大科学[M].宋剑耕,戴振飞,译.北京:世界科学社,1982:20.
② 普赖斯.小科学,大科学[M].宋剑耕,戴振飞,译.北京:世界科学社,1982:25.
③ 普赖斯.小科学,大科学[M].宋剑耕,戴振飞,译.北京:世界科学社,1982:25-26.

呈从少数大生产者到大量不发达国家的小生产者依次排列[1]。对于科学发展进入饱和期进而出现结晶化的现象,普赖斯给出的解释是"由于我们'刮空了桶底'的缘故,到了一定程度,再花那么大的价钱去增加只会导致各级标准普遍降低的激诱与机会就不合算了。"[2]这会引起学科与国家之间传统的、自然的平衡被破坏,使科学的富裕之地更加拥挤,贫乏之地更加困窘。同时,在大科学时代,科学投入的人均成本呈指数型快速增长,普赖斯也预测到这种增长将带来不可避免的局限性:"如果我们在科学投入保持以往的增长速度,未来人口中,我们可以为每一位男士和每一位女士加上一个孩子和一条狗分配两位科学家,我们花在他们身上的钱将是我们拥有的两倍。"[3]这段话表明,如果国家对科学资源的投入保持指数型增长,势必会造成资源浪费与科研产出低效,这种不良后果应该努力避免。

在普赖斯有关科学结晶化理论的基础上,克兰在《无形学院》进一步对科学知识增长的逻辑模型展开解释:科学知识的逻辑性增长是特殊形式的科学共同体利用思想创新的结果[4]。克兰通过对三个研究领域,即乡村社会学、代数有限群、分子生物学噬菌体的定量分析,结合普赖斯的研究和库恩的理论论证了某领域科研群体之间的互动过程与科学知识的指数增长过程具有高度的相关性,并且科研群体之间的互动关系是先通过"无形学院"[5]实现的。换言之,"无形学院"促进了科学知识的指数型增长。这一科学知识增长模式为:第一阶段,出现了具有创新意义的研究和新的研究范式,并且开始吸引新的科学家,知识平缓增长;第二阶段,由于少数高产作者的努力,范式得到承认,一个常规科学开始出现,同时吸引了大量科学家,形成合作者群体与"无形学院",进而实现知识的指数型增长;第三阶段,在大量问题得到解决的同时出现了反常现象,学科的社会组织日益专门化,社会互动减弱,学科的"危机"时期出现,知识的增长速度下降;第四阶段,学科最终衰落,可解决的问题

---

[1] 普赖斯.小科学,大科学[M].宋剑耕,戴振飞,译.北京:世界出版社,1982:50.
[2] 普赖斯.小科学,大科学[M].宋剑耕,戴振飞,译.北京:世界出版社,1982:90.
[3] 普赖斯.小科学,大科学[M].宋剑耕,戴振飞,译.北京:世界出版社,1982:19.
[4] 克兰.无形学院:知识在科学共同体的扩散[M].刘珺珺,顾昕,王德禄,译.北京:华夏出版社,1988:20.
[5] 注:将普赖斯的"无形学院"概念所指的某一领域中非正式交流群体再划分为两部分——一类是由合作者群体组成的团结一致的亚群体;另一类是由这些亚群体中的领袖人物通过彼此之间的非正式途径、横跨学科所进行的信息交流传播组成的交流网络群体,克兰将这类学术领袖之间形成的交流网络称为"无形学院",这种"无形学院"将许多合作者群体联系在一起。

消失殆尽,社会组织的成员减少[1]。常规科学从产生、发展、繁荣,再到衰落,这一循环体现了科学发展速度不会永远保持指数型增长,总会达到"天花板"。建立新的研究范式、进行科学革命是迈向更高平台、再次实现科学技术高速发展的必由之路。

此外,社会学家谢宇在《美国科学在衰退吗?》一书中印证了当代科学发展的结晶现象。具体来说,该书通过分析美国近年来科研产出的发展趋势,计算分析了美国生物科学、化学科学、物理科学、数学科学四个主要学科领域在1988至1992年和1992至2003年两个时间段文章数量的年均增长率[2]。研究发现,除去1988至1992年的物理科学,各个学科自1988年之后的文章数量年均增长率均低于科学历史学家普赖斯在1963年所发布的历史增长模式下的增长率——约5%~7%[3];除数学科学外,各个学科在1992至2003年的文章数量年均增长率均低于1988至1992年的增长率。这些数据的变化所代表的科研产出增长,符合并遵循着普赖斯所提出的逻辑斯蒂曲线增长模式,而非指数增长模式。换句话说,科研产出在一段急速增长期后,将由于饱和效应(effects of saturation)的影响而出现增速下降的增长模式[4]。谢宇进一步解释道:"这并不是科学本身已经饱和,而是美国科学已经达到饱和状态。……欧盟15国(2004年5月1日前欧盟的成员国)、日本、东亚四个国家和地区(中国大陆、新加坡、韩国和中国台湾),在物理科学、化学科学和生物科学领域近年来均经历了科研产出增速放缓的过程,所以美国并不是唯一有此经历的国家。"[5]详细的数据也印证了这一观点:世界上科技发展较为领先的国家在基础科学和自然科学领域的科研产出增速正逐渐放缓,他们已经进入科学发展的饱和状态,并出现了科学发展结晶现象。

普赖斯发现并提出的科学发展逻辑型增长理论,对科学学的理论与实践发展具有指导意义,揭示了"科学"自身的变化发展轨迹,即在内在矛盾与外界环境因素的共同作用下,科学表现为前期缓慢发展、中前期加速度发展、中后期减速度发展,直至后期饱和发展的过程,进入一种相对平衡的状态。对

---

[1] 克兰.无形学院:知识在科学共同体的扩散[M].刘珺珺,顾昕,王德禄,译.北京:华夏出版社,1988:24-25.
[2] 谢宇,齐沃德.美国科学在衰退吗?[M].北京:社会科学出版社,2017:48.
[3] 普赖斯.小科学,大科学[M].宋剑耕,戴振飞,译.北京:世界出版社,1982:6.
[4] 普赖斯.小科学,大科学[M].宋剑耕,戴振飞,译.北京:世界出版社,1982:23.
[5] 谢宇,齐沃德.美国科学在衰退吗?[M].北京:社会科学出版社,2017:49.

于先前引领科学发展前沿的那些国家而言,科学发展达到饱和状态意味着科学力量可能由盛转衰。为避免这种情况的发生,人们必须了解科学发展结晶现象的形成机制,并及时采取措施避免科学发展进入饱和状态、产生"板结",阻碍科技发展,进而保持在科学竞争中的优势地位。

(2)库恩范式理论有关科学发展结晶化的阐述

托马斯·库恩(T.S.Kuhn)在1962年出版了其首部著作《科学革命的结构》并引起西方哲学界与科学界的巨大轰动与讨论,这种影响力一直持续至今。作为库恩科学观的核心思想,库恩在《科学革命的结构》一书中引入的"范式"理论具有革命性意义。此后大量学者对其"范式"思想展开研究,并运用"范式"理论框架对经济学、心理学、社会学、哲学等问题展开学术研究,可见其影响范围之广、影响力之大。具体而言,库恩提出的科学发展模式可被总结为:前科学——常规科学——危机——科学革命——新的常规科学。这种常规科学与科学革命不断交替的过程不断循环,并持续地发展下去。前科学是指知识尚未形成系统理论,还处于众说纷纭的阶段,即前"范式"阶段。因此,前科学代表着科学工作者并未对其所在研究领域的基本原理或观察现象形成统一的观点,或达成一致看法,导致在科学发展在早期阶段出现学派林立的现象。随着科学实践的发展,范式的诞生代表着一致性,它是常规科学产生的先决条件[1]。而当科学发展出现了一个为科学共同体所公认的范式,许多的分歧便会消失。科学家们则会在一些基本问题上达成共识,即形成特定的"研究范式",它在一定程度上被广泛承认,其也为科学研究提供了可模仿的成功先例。在范式的指引下,科学家更有信心进行更精确、深奥、具有挑战性的工作;科学社会建制因此也愈发完善,出现了专业化的学术刊物、专家学会,从事科学研究的团体数量也相应增加、类型更加丰富[2]。常规科学之所以建立特定研究范式,其目的并不是去发现新类型的现象[3],而是在范式框架内研究存在的现象和理论。从促进科学发展的角度来看,由于常规科学范式的研究对象和研究范围有限,科学工作者的研究视野也会相应受限:正如书中的所比喻的,"那些没有被装进盒子内的现象,常常

---

[1] 库恩.科学革命的结构[M].金吾伦,胡新和,译.北京:北京大学出版社,2003:9.
[2] 库恩.科学革命的结构[M].金吾伦,胡新和,译.北京:北京大学出版社,2003:15.
[3] 库恩.科学革命的结构[M].金吾伦,胡新和,译.北京:北京大学出版社,2003:20.

是完全视而不见的……"①。由常规科学规范组成的"学术筛子"足以淘汰许多具有创新性的基础科学项目,而最后留存的一般是常规科学规范所能容纳的项目②。所以,在常规科学阶段,科学发展的速度终将呈现放缓态势,即进入科学发展的饱和状态。从另一角度看,20世纪各国为适应现代社会大工业生产发展的需要,极大变革了科技组织观念和组织形式,科技发展进入大科学时代。在大科学时代,科技增长无法永久地持续下去③,科技发展也将走向常规化。因此,常规科学进入增长饱和时期便成了一种必然结果。

在饱和状态下,科学不会一直持续发展,而只有在革命期才会呈"加速度"发展。如果在常规科学内部出现与范式相矛盾的、现有范式无法解释的事实或现象,我们便称其为反常。而反常积累到一定程度便会引起科学共同体对原有范式产生怀疑,并尝试寻找新的范式,科学革命也就由此发生,以解决科学进步过程中遭遇的种种危机。换言之,库恩的范式理论认为范式的突破将引发科学革命,为科学带来全新的面貌。以第三次科学革命的范式变革为例,第三次科学革命始于20世纪初,而促进这一阶段范式转变的主要标志和代表领域包括:相对论、量子力学、现代宇宙学、分子生物学、系统科学、信息科学等。此次革命为全世界提供了一个全新的思维方式——信息思维,而从根本上改变了人们对世界的认知。在革命期,人们可以清楚地感知到科技产品的结构越来越复杂,科学技术更加快速地转化为生产力的增加;与此同时,科技社会化的趋势大为增强,科技发展在革命期也因为上述现象而相应提速。

结合普赖斯、库恩、克兰和谢宇等科学家对科学发展结晶化形成背景、原因、发展趋势的阐述,下文提炼和总结了科学发展结晶化的含义与特征,以期为进一步阐述社会科学发展结晶化的概念奠定基础。

2.1.2 科学发展结晶化的含义

在大科学时代,科学发展的知识增长速度下降意味着其进入饱和状态。在此状态下,为达到资源利用效率最大化,科学建制、科学人力、科研经费、科研设施、科学项目、奖励和学术刊物等学术资源被大量分配给处于学术"金字塔"顶端的精英群体,此谓之科学发展结晶化。科学发展结晶化中含有"固

---

① 库恩.科学革命的结构[M].金吾伦,胡新和,译.北京:北京大学出版社,2003:20.
② 赵红州."小科学大摘,大科学小摘"——"大科学"国策二则[J].科技导报,1995(1):38-39+45.
③ 沈律.小科学,大科学,超大科学——对科技发展三大模式及其增长规律的比较分析[J].中国科技论坛,2021(6):149-160.

化"发展趋势,即当科学发展从饱和状态走向过饱和状态时,学术资源投入与产出机制将出现僵化之势,科学共同体的层级结构固化,处于学术"金字塔"中部和底部的机构和科研人员向上流动变得更加困难,科技创新的边际效益出现递减趋势。

2.1.3 科学发展结晶化的概念辨析

在"科学发展结晶化"这一概念提出之前,法国社会学家迪尔凯姆(1858—1917年)在其著作《社会学方法的准则》中已经使用了"结晶化"一词。[1] 在确立社会学的研究对象上,迪尔凯姆通过对社会现象的详细观察建立了科学的"社会事实"概念,指出任何社会都存在着一定因自身特征而有别于其他自然科学研究对象的现象群[2]。迪尔凯姆对"社会事实"的界定是:"一切行为方式,不论它是固定的还是不固定的,凡是能从外部给予个人以约束的,或者换一句话说,普遍存在于该社会各处并具有其固有存在,不管其在个人身上的表现如何,都叫作社会事实。"[3]"这类事实存在于个人之身外,但又具有使个人不能不服从的强制力的行为方式、思维方式和感觉方式构成。……只能用'社会的'一词来修饰它,即可名之为社会事实。"[4]按照迪尔凯姆的说法,"社会事实"既可以是结晶化形式的"社会事实",包括信仰和惯例,包括法律、道德、行业制度等;也可以是非结晶化形式的"社会事实",指的是社会潮流,包括集会发生的激情、义愤、怜悯等感情方面的冲动;还可以是在解剖学或生态学意义上的集体存在方式,包括社会基本要素的数量与性质,以及这些要素的构成方式、融合程度等[5]。由此可见,迪尔凯姆对"结晶化"一词的使用旨在强调由人类参与而产生的、具有客观性的、以固定形式表现出来的"感性材料"。为了更好地区别和阐释普赖斯关于"小科学,大科学"中"结晶化"的概念以及迪尔凯姆关于"社会事实"中"结晶化"的概念,本书从两者的从属学科、描述对象、特征出发进行了概念辨析(见表2-1)。

---

[1] 杨光.试评述迪尔凯姆的《社会学方法的准则》[J].中北大学学报(社会科学版),2007(5):15-18+22.
[2] 迪尔凯姆.社会学方法的准则[M].狄玉明,译.北京:商务印书馆,2006:23.
[3] 迪尔凯姆.社会学方法的准则[M].狄玉明,译.北京:商务印书馆,2006:34.
[4] 迪尔凯姆.社会学方法的准则[M].狄玉明,译.北京:商务印书馆,2006:25.
[5] 吴德群."社会事实"概念的客观性及其在迪尔凯姆社会学方法论中的地位——读《社会学方法的准则》[J].百色学院学报,2010,23(4):65-69.

表 2-1 普赖斯与迪尔凯姆有关"结晶化"论述的概念辨析

	普赖斯关于"小科学，大科学"中"结晶化"的概念	迪尔凯姆关于"社会事实"中"结晶化"的概念
从属学科	科学学	社会学
描述对象	科学本身及其发展规律、影响和参与科学发展进程的诸多要素	先于或独立于个人及个人意识存在的团体性规矩
特征	1.规模性：大规模要素投入科学研究活动是科学发展结晶化的基础条件； 2.饱和性：科学发展进入饱和阶段是结晶化现象出现的必要条件； 3.稳定性：科学发展进入饱和阶段，向过饱和阶段迈进的过程中，学术系统内上下层级流动十分缓慢，甚至出现停滞。	1.外在性：结晶化的社会事实是客观的，不以个人的意志为转移的； 2.强制性：社会事实"不仅存在于个人意识之外，而且具有一种必须服从的，带有强制性的力量，它们凭着这种力量强加于个人，而不管个人是否愿意接受"[③]； 3.固定性：结晶化形式的"社会事实"是有确定的组织固定下来的规则，而非结晶化的社会潮流则是不固定的。

通过上述图表可知，科学发展结晶化与迪尔凯姆关于"社会事实"中所述的"结晶化"概念是相互区别的，两者描述的对象以及被科学家赋予的含义和特征是完全不同的。本书则从科学学的范畴出发，观察和探究了科学本身以及科学研究活动中特定要素的变化和发展规律，不涉及实证主义研究中结晶化形式在社会事实方面的讨论。

2.1.4 科学发展结晶化的特征

（1）学术层级的封闭性与相对稳定性

从整体上看，科学发展结晶化表现为科学共同体社会分层中高层级对低层级的封闭性。在科学这一社会建制中，科学共同体是其得以存在和活动的基本形式，由专门从事研究工作的科学工作者组成。他们专业一致、遵从相同的规范、阅读相同的文献、有基本一致的专业看法，并且使用着相同的符号、术语、模型和范例，互相之间有密切的学术交流[①]。以人类社会为观察对象，社会学家发现其中存在着种种不平等现象，人与人之间、群体与群体之间如同地质构造呈现出高低不同层次的构成，借用地质学上的概念来分析社

[①] 尚智丛.科学社会学：方法与理论基础[M].北京：高等教育出版社，2008：61.

结构便产生了"社会分层"这一术语。同样,科学共同体作为一种社会建制存在,其内部也存在社会分层。科学家凭借在科研产出率、学界知名度、学术声望上的巨大差异,在科学共同体中也有着不同的地位[1]。科学共同体社会分层的形成是科学建制逐渐完善的体现,代表着一种秩序性和稳定性,科研机构和科研人员也在通过这一系统锚定自身角色、寻求和规划适合自身发展的上升路径。同时,社会分层也意味着不平等的出现。在社会学中,韦伯使用财富、权力和声望的三线指标划分社会层次结构;科尔兄弟认为"发明/发现—承认—权威"是科学共同体社会分层的机制表现。具体而言,在某一学科专业内,以知识积累程度为标准,学科专业内所有人员依照专业技能可被分层为上小下大的金字塔(见图2-2)。其中,金字塔底层人数最多,他们大多是掌握相关领域基础知识的从业者或者是刚进入行业的新晋科研工作者。伴随着知识积累和社会贡献的增加,底层人员也能拥有向上流动的机会;在金字塔中间部分,人数远远少于底层人数但远超顶层人数,这部分人员通常是学科专业领域内专家,专家同样拥有向上流动的机会;金字塔顶部通常是专业内的权威和领袖,他们学术声望高、人数极少。"无形学院"这种金字塔式的组织结构本身是一种松散的集合,并无形式上的约束,但是顶部专家的权威性将极大影响结构内部的凝聚力[2]。从这一角度看,科学结晶产生之后精英阶层与底层之间的流动性将大大减弱,这也一定程度上保持了结构的相对稳定性。

图2-2 科学共同体的社会分层

---

[1] 科尔J,科尔S.科学界的社会分层[M].赵佳苓,顾昕,黄绍林,译.北京:华夏出版社,1989:110.
[2] 王战林,徐宽.情报交流与"无形学院"[J].图书馆建设,1992(2):51-52.

塑造学术场域的学术资本来源于同行认可的学术声誉,而这种声誉也带来了相应的学术权力。正如克拉克所指出,在学术场域中,声誉就是通货[①];勒布肯(Heinke Roebken)也提出"学术机构间的竞争往往是关于声誉的竞争"。由此可见,在学术场域中,不同学者或学术机构所享有的学术声誉与学术权力会由于量或质的差异变化而生成特定的分配结构,以此维持或改变着学术场域的结构,并使其保持一种动态的紧张状态[②],这一状态的表现形式便是同行竞争。学术场域内高学术声望的学者、机构与低学术声望的学者、机构保持着紧张的竞争状态,以获得、积累、巩固学术声望的形式开展竞争,具体表现为高水平论文的发表、高级别课题项目的申报、高层次学术交流场合中的观点发表等。在学术场域竞争中,前后两者往往处于不平等位置,二者间的学术资源分配也常常是不平等的。分层体系一般都会突出地表现为争夺或斗争的形式[③]。在学术场域中,上下层级成员代表着高学术声望者与低学术声望者,两者都力图争夺有限的学术资源以获得更多的学术权力和学术声誉:上层成员努力维持并扩大其学术资本和社会资本以巩固其头部地位,而下层成员则在努力弥补短板和提升科研能力以实现学术层级的向上流动。根据韦伯的理论,高层级对低层级的社会封闭是地位分层的重要表现形式。高层级的学术单位是由少数学术权威通过有形或无形的组织所组成的小团体、小集体,他们结集学者时依靠的是层级的共同利益,而非学术共同体的整体利益,并最终形成"学术堡垒"。

(2)学术共同体具有相对自主性与内聚性

学术自主性与政治和商业的"他治"相对应,有意识的、理性的学术共同体有权按照自己的偏好选择研究命题,这是一个学术共同体作为主体独立存在的重要标志之一[④]。但是,在大科学时代,学术共同体的自主性则是相对的,即他们对研究领域、研究主题的选择受到内外部多重因素的影响,而其中外部因素的影响则可能远远大于内部因素的自主性。就外部因素而言,首先,国家战略导向会影响知识生产。1862年美国颁布《莫雷尔法案》(Morrill Land-Grant Act),该法案将国家、社会需求引入大学的科学研究之中。此举意

[①] 克拉克.高等教育系统:学术组织的跨国研究[M].王承绪,徐辉,殷企平,等译.杭州:杭州大学出版社,1994:180.
[②] 张斌.学术场域的政治逻辑[D].华东师范大学,2013.
[③] 惠特利.科学的智力组织和社会组织[M].赵万里,陈玉林,薛晓斌,译.北京:北京大学出版社,2011:44.
[④] 戎光锤,李福华.学术共同体的概念及其特征辨析[J].煤炭高等教育,2010,28(5):36-38.

味着大学知识生产开创了与纯粹科学研究、知识生产完全不同的新模式——国家、社会需求导向下的科学研究与知识生产模式。第二次世界大战期间,国家对于科学研究的参与则更加全面、更加直接,其中一项重要表现便是联邦政府在研究课题上具有决定权。可以说,国家战略导向如同一只"看不见的手"在推动着科学的进步,并使社会整体上受益。毫无疑问,国家科技管理部门通过资源投入引导着科研工作者涌向国家亟待解决和改善的问题和领域,这是一股强大的吸引力。其次,市场需求导向也会影响知识生产。20世纪末,随着福利国家的衰落以及人们对公共资本投资回报率的关注,国家(政府)对科学研究的主导地位逐渐减弱,这种弱化首先表现在科研经费的投入上[1][2]。在这一趋势的影响下,科学家们的关注点开始转向市场需求,通过知识市场化、知识寻租以获得支持其生存与发展的资源。学术共同体的相对自主性意味着科研人员在外部因素的强大吸引力下,向资源富集的研究领域集聚,当这种集聚达到过饱和程度之后,便会催化科学发展的结晶化。

学术共同体的自主性还表现为其自主凝聚的行为,即内聚性。内聚性是指学术带头人作为核心,将志同道合的学者凝聚在一起的现象。学术共同体越成熟,其内聚性越强,吸引力越大[3]。在特定学科或研究领域内,学术带头人、学术权威、学术领袖或头部研究机构组成了科学结晶中的"核",其他普通成员则通过各种"行为"与"核"产生内聚性的交互联系,"行为"方式是指正式或非正式的交流,包括私人交谈、参加会议或论坛进行交流、通过电子邮件或社交媒体进行沟通,甚至包括阅读、讨论学术权威的论文和著作这种单向交流。而这种单向交流表现出研究领域内普通成员对学术权威的关注与认可,也是自发向"核"靠拢的一种表现。学术共同体的内聚性越强,则代表学术精英或学科优势机构的学术影响力越强大。"核"拥有着更强势的力量,发挥"领头雁"的作用,有能力设定所在学科研究热点和研究前沿,令学术分层结构更加稳定。

(3) 头部机构[4]资源过剩与尾部机构资源欠缺之间存在不平衡性

克里斯·安德森在分析产品市场时发现,位居头部位置的消费产品已经

---

[1] 孙艳丽.学术共同体、国家与市场[D].华东师范大学,2016.
[2] 德兰迪.知识社会中的大学[M].黄建如,译.北京:北京大学出版社,2010:126-133.
[3] 衷光锤,李福华.学术共同体理论研究综述[J].中国电力教育,2010(21):8-10.
[4] 注:第二章中"头部机构"是指对同学科、同研究领域的其他机构具有较大影响力、号召力,起到一定示范作用、引导作用,并对该学科或研究领域做出突出贡献的机构,与后文的"头部发文机构"的含义有所区别。

被无数消费者获得,而随着产品多样化的发展趋势愈加明显,更多的细分产品开始被小部分顾客光顾,但是头部位置与其后位置产品的消费量之间存在显著差异[1]。这便是长尾理论创建者对其所做出的详尽阐述。头部意味着单一性的大规模生产,而长尾则意味着差异化、多样性的小批量生产[2]。在科学不断向前发展的过程中,学术界将主要目光、精力和资源集中投向头部学术机构和学术领袖,期望他们能一直保持甚至提升高水平的科研生产力,这是国家科技发展对头部学术机构的需求。而尾部机构因历史发展、学术基础和资源投入等方面的限制,其自身的学术水平与头部机构存在一定的差距。但是尾部机构之所以存在就代表了市场对其具有一定需求,换言之,即使在长尾末端相对应的需求量仍然不会为零。尾部学术机构的小批量科研产出不容忽视,它们在各自的细分研究领域做出了一定的贡献,其整体意义甚至并不弱于头部机构的贡献。

显然,从整体上看,尾部机构提供的科研产出总量远远多于头部机构的科研产出总量。而且,随着科学技术的普及和硬件设备成本的降低,尾部机构科研产出的比重增速将远远高于头部机构。而获得尾部机构科研产品的成本是在下降的,而这一现象由尾部机构科研水平和供求关系所决定。若能将市场需求推向尾部机构,根据学术市场"客户"的特殊需求和兴趣精准"推荐"科研产品,头部机构的学术"垄断性"将被大大削弱。但实现这一突破是相当困难的,因为科学发展结晶化及长尾曲线的存在是一种"经济"行为;加之在学术领域中学术声誉是"硬通货",可以转化为其他有价值的奖励、头衔、工作等资源,而头部机构正是学术声誉的富集区域,这也导致有潜力的尾部机构只能获取十分有限的学术资源,发展十分受限。当头部机构拥有的学术资源已经达到饱和甚至过剩,尾部机构仍然面临资源欠缺时,科学发展结晶化便随之产生,学术系统下层学术机构向上的流动性也将受阻。

(4)知识创新的边际效用递减

人类社会进入知识经济时代之后,科技的促进作用不断增强,创新能力成为提高国家国际竞争力的重要因素。以罗伯特·索罗为代表的新古典增长理论学家认为,20世纪以来,科技创新的发展对一国经济增长与国际竞争力

---

[1] 安德森.长尾理论[M].乔江涛,译.北京:中信出版社,2006:5.
[2] 安德森.长尾理论[M].乔江涛,译.北京:中信出版社,2006:6.

的提升具有关键性影响[①]。新古典增长模型的构建基于一个劳动和可再生资本上表现为规模报酬不变的加总生产函数：$Y=F(K)$。这个生产函数表明，在特定的资本存量、技术知识状态，以及资本、中间产品和消费品序列的条件下，可依靠此函数得出产出Y。而F(K)不仅代表着可能生产的产出，也涵盖将会被生产的产出。这种加总生产函数的一个重要特点是，它对资本积累有递减的回报。如果不断地给同一群人增加同样的资本品，但同时又没有发明新的资本使用方法，那么生产活动就必定会进入一种新的状态——届时更多的资本品（除去被当作备件以应对设备失灵之外）没有其他的作用；而在这一点上，资本的边际产出也可以忽略不计[②]。新古典经济模型是进行增长核算的有力工具，在一定程度上解释了科学发展的边际效用将伴随国家投入资本上升而递减的经济逻辑[③]。虽然新古典增长理论在一定程度上能够解释资本投入与科技创新边际报酬之间的关系，但该理论仍存在一定的局限性。原因在于，新古典增长理论忽视了经济中科技创新的重要作用，而内生增长理论则强调了这一作用，并将其提到了前所未有的高度[④]。因此，有必要从内生增长理论出发进一步考察经济与技术两者的关系。

作为对新古典经济增长理论的完善和修正，内生增长理论（也称为新增长理论）也为阐述资本投入与科技创新的关系提供了理论支撑。内生增长理论的产生有其特定的现实背景：西方发达国家的经济自20世纪70年代开始便陷入了长期滞胀困境，而一些发展中国家和地区的经济却相继经历了持续的高增长，前者与后者的差距不断缩小[⑤]。这一现象引起了经济学家们的关注。20世纪80年代中期，西方学者通常以保罗·罗默1986年的论文《递增收益与长期增长》和卢卡斯1988年的论文《论经济发展机制》作为内生增长理论诞生的标志。内生增长理论与古典增长理论不同，它并没有提出一个为业内专家学者广泛接受的基本模型，该理论只是一个由一些持相同或类似观点的经济学家所提出的各种增长模型构成的理论集合。这一集合所持有的共同观点是：经济增长情况由经济系统内生变量决定，而非外生因素所导致；但

---

① 何精华."科学有为"：创新型国家建设中政府作用的一个行政学解释[J].上海师范大学学报（哲学社会科学版），2006(3)：27-33.
② 阿吉翁，霍依特.内生增长理论[M].陶然，倪彬华，汪柏林，等译.北京：北京大学出版社，2004：11-12.
③ 刘凤良，郭杰.资源可耗竭、知识积累与内生经济增长[J].中央财经大学学报，2002(11)：64-67.
④ 黄中文.科技进步与经济增长的理论与实证分析[J].中国科技论坛，2000(3)：40-42+49.
⑤ 孙凯.科技进步与经济增长相关性研究[D].西北大学，2006.

是,政府实施的某些政策对经济增长具有干预作用[1]。内生增长理论强调核算增长贡献率,即将拆解对经济增长做出不同程度贡献的因素,这些贡献因素包括资本积累、技术进步、教育水平的提高或人力资本的积累等等[2]。不仅如此,该理论强调知识积累或人力资本积累所带来的内生科技进步是经济不断发展的活力之源。换句话说,现代经济是知识经济,而知识积累和科技进步是经济增长的决定性因素。而我国的经济发展则长期依赖着要素投入量的提高,但是一旦闲置资源快速减少,这种粗放的经济增长模式将会引发愈发严重的问题。内生增长理论说明,生产要素的增加只有在要素投入足以促进技术进步时才能有效、可持续地推动经济增长,这也从理论上证明了粗放型经济增长是不可持续的[3]。同样,当国家向科学研究活动进行粗放型投入时,科技创新的边际效益回报将在之后某个阶段出现递减。由此可以设想,当国家资源集中投向科研活动中的头部机构或组织时,以其为核心形成的圈层则较为封闭。当圈层内机构的更迭、圈层内外部要素流动有限,创新产出在一定程度上会受到阻碍。

从创新技术发展的角度来看,科学发展结晶化是创新技术"S形曲线"的体现。英国著名经济学家弗里曼在1987年曾提出国家创新系统的概念[4],他认为由于科技创新与外部生产因素联系紧密,故不能仅仅依靠科技系统的内生因素或外部单一影响因素来推动科技创新的实现,外部影响既源于市场的自由意志也源于政府的干预与治理。与自由的市场相比,政府代表的"无形的手"能够从更为宏观性和前瞻性的角度出发调整和配置科技创新的全面布局。在国家外部干预科技创新的条件下,创新技术发展模式同样符合逻辑斯蒂曲线。创新技术的S形曲线理论则由克雷顿·克里斯滕森在其著作《创新者的窘境》中提出——纵观历史,似乎新技术的出现都在遵循这一规律:无论任何领域,当某一种技术随时代发展到一定程度后,变革性的新技术必然会涌现,实现技术的新旧更替,这是时代发展的必然结果[5]。除此之外,作者还在

---

[1] 朱勇,吴易风.技术进步与经济的内生增长——新增长理论发展述评[J].中国社会科学,1999(1):21-39.
[2] 靳磊,张兴无.新增长理论与演化经济增长理论的比较研究——基于知识积累的角度[J].北京金融评论,2014(3):131-139.
[3] 张宏洲.公共科技创新投入与经济增长[M].上海:上海科学普及出版社,2015:26.
[4] FREEMAN C. Technology and Economic Performance:Lessons from Japan[M].London:Pinter Publishers,1987:22.
[5] 克里斯坦森.创新者的窘境[M].胡建桥,译.北京:中信出版社,2020:121.

书中指出,很多变革性技术的出现并不是在头部企业主导的结果,而是由于新的闯入者成为新技术、新领域的巨头——这似乎不大符合常理,因为人们总是习惯性认为享有人才优势、资源优势、客户优势、技术优势的头部企业更有能力随时代发展成为特定领域的领军者。但历史证明事实并非如此。克雷顿·克里斯滕森认为,因受制于现有客户的需求、受业务和管理的固有流程、职业经理人的业绩压力和平稳发展的要求,头部机构大多只求在原有领域和技术范围内满足客户的需求并持续完善旧有的产品服务,缺乏打破现有产品技术的思维格局,无法实现变革性的产品创新。所以,很多创新性技术并非产生于巨头企业,而是诞生于一些新企业[1]。创新技术是科学技术发展的重要助力,而创新技术发展的"S形曲线"也与普赖斯所说的逻辑斯蒂曲线相吻合,后者同样可用以阐释科学技术发展的形态。随着常规科学愈发成熟,路径依赖逐渐形成,常规科学表现出的某些特征也将成为创新的一大阻碍。表面上看,科学创新发展的步伐似乎从未停止,但其中内卷式创新[2]居多。同时,科技发展的头部机构也会因制度约束、需求约束、战略约束、思维约束等原因,难以产出颠覆性的创新成果,其发展则依赖着长久以来大量科技成果的累积。换句话说,这种创新"陷阱"会造成科学技术发展的表面繁荣,但经过深究之后可能会发现,颠覆性的理论突破难觅踪迹。由此可见,科学发展的内卷式创新是其进入饱和状态之后的一种表现,其本质是高昂的科研投入和巨量时间的投入,已经不能带来与之相匹配的实质性改变。

这种不匹配实际上代表着科技资源投入已经进入了边际效益递减阶段。图2-3描述了科学发展的"S形曲线":在科技发展的第一阶段,技术水平上升速度很慢,一是因为科研投入和时间投入的有限性,二是因为科研成果的产出并非一蹴而就,完成一项科研项目可能需要几年甚至几十年的时间;当抵达特定节点,随着科研与时间投入的增加,科技发展水平上升的速度迅速加快,这便是科技发展水平的第二阶段;再经历一段时间后,巨量经费和时间的投入已经不能为科技发展带来更多的提升空间,科学发展的饱和状态也出现于这一阶段,当饱和进一步发展时便会出现结晶。

---

[1] 克里斯坦森.创新者的窘境[M].胡建桥,译.北京:中信出版社,2020:125.
[2] 注:美国人类学家亚历山大·戈登威泽的理论,内卷状态并非代表创新的完全缺失,但这种创新只停留在技术上细小的创新,虽然看似具有相当的复杂性和多样性,但实质上这些创新未曾突破现有模式的统一性。

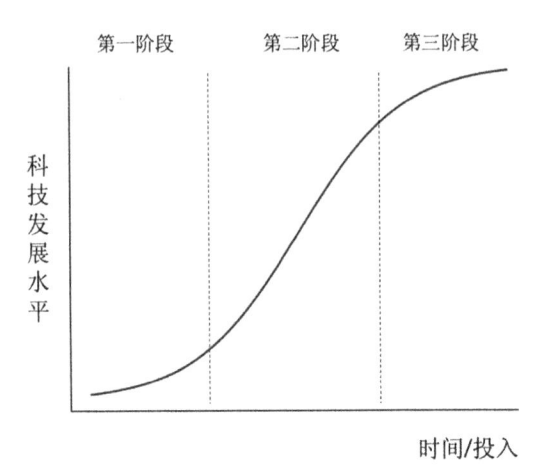

图2-3 科技发展的"S形曲线"

综上所述,从新古典经济理论、内生增长理论、创新技术的"S形"曲线理论出发均可证明,国家向科学界"垄断"圈层投入资源的持续增加会导致科学成果边际回报递减。这一结论也可以通过"知识生产的路径依赖规律"得到补充——在知识生产和知识利用的整体流程中,如果知识利用者逐步获得并积累了有关某些知识产品在产出和管理过程中的有利条件,他们便会逐渐形成对该知识产品及其生产者的高度、长期依赖,选择和利用其他同类型知识产品将带来额外的学习成本,而这一成本往往是知识利用者不愿付出的部分[①]。因此,无论是公共财政投入还是社会投入,都会优先选择相关研究领域内最知名、权威的学者或学术机构。久而久之,科研投入与产出的路径依赖便因此形成。而头部机构的科研产出总是只在原有基础上进行部分改进,很少做出颠覆性创新,进而导致科学研究的边际效用出现递减。具体而言,在大科学建制下,根据科学社会分层结构,学术资源将向处于领先位置的科研人员和科研机构倾斜,而后在马太效应之下,他们也将成为累积优势的获益者。资源集中的确能推动科技创新的发展,但是资源过度集中则会降低科技创新的边际效用、打乱科技界的布局。经济学家谢勒曾发表过一项引人注目的发现,即研发强度与市场集中度之间存在非线性的倒U型关系,并引证了许多学者的研究加以论证,比如,布伦德(Blundel)和阿吉翁(Aghion)的研究发现市场表现力更强大的企业在进行科技创新活动表现更为强劲,因为只有

---

① 范省伟.试论知识生产的特点及其内在运行规律[J].生产力研究,2004(8):19-20+56.

远远领先于其他竞争者才能保持获得高于正常水平的利润……阿吉翁（Aghion）等进一步解释了竞争强度与创新之间存在倒U型关系的原因——在创新推进的过程中,竞争强度增加会减弱落后者的创新激励,因为落后者从竞争获益部分越来越小……科勒（Koellor）发现市场集中度对小企业的创新产出会造成负面影响。"[1]由此可见,学术资源过度集中会造成优势学科和机构科研产出的边际效用递减,同时会阻碍处于弱势的学术群体提升学术影响力和社会影响力。倒U型关系的存在印证了大科学时代常规科学发展的边际效用递减规律。资源的大规模集中甚至是垄断,以及科学层级之间愈来愈大的差距显然带有潜在的不利影响,它将对科学底层群体实现层级的上升和跨越带来难以逾越的挑战,这一挑战逐渐构成稳固的制度性壁垒[2]。反向观之,由于常规科学发展的边际效用递减规律,处于弱势地位的科研机构由于学术资源较少而发展缓慢,难以在学术分层中实现向上流动、跻身学术权威圈层。这使得优势机构地位愈发稳固,进而加剧了科学发展的结晶化。

2.2 社会科学发展结晶化现象的产生

2.2.1 社会科学发展结晶化的含义

在常规科学发展阶段,社会科学管理体制追求不断提升效率。论文、著等科研成果的量化评价成为资源分配的依据,大量学术资源集中流向学科优势机构和学术精英圈层,在马太效应的作用下,社会科学发展结晶产生。但量化评价机制及相关学术管理惯例简单化了学术机构和科研人员的成就,导致处于学术下层的机构和科研人员难以获得更多进一步支持其发展的资源,向上流动的机会也相应减少,这意味着社会科学从"结晶化"发展进入"固化"发展。

2.2.2 社会科学发展结晶化的原因

理解社会科学发展结晶化需要进一步阐述库恩的范式理论,说明该理论运用于社会科学的合理性,以此论证社会科学发展结晶化的内因;而阐释外因或外部驱动力,则需要从经济学的角度出发解释国家资源投入科学创新对社会科学发展结晶化带来的重要影响。

---

[1] 霍尔,罗森伯格.创新经济学手册[M].上海市科学学研究所,译.上海:上海交通大学出版社,2017:101.
[2] 李侠,李格菲.大科学工程建设面临的双重危机[J].中国科技论坛,2018(10):16-22.

(1) 社会科学发展结晶化的内因

库恩范式理论的问世不仅在科学哲学和自然科学领域引起了学术界的广泛讨论,其在社会科学领域也产生了深远的影响,许多社会科学学科借助范式理论以探讨学科研究的严谨与规范,这逐渐扩大了范式理论的适用范围、扩充了范式理论的原有之意。科学家们就"范式"概念的讨论和争议从未停止:许多自然科学家质疑常规科学的存在,认为范式理论是一种非理性主义或者相对主义。但实际上,范式理论拥有其科学性和合理性,来自不同研究领域的社会科学家通过运用范式理论来解读其学科的发展,在很多学科内部引起了深切共鸣,这种尝试未尝不算是范式理论的成功之处[1]。为此,了解社会科学应用范式理论的原因和适用性十分必要。

第一,社会科学以社会现象为研究对象,研究内容主要涵盖人类社会的学说或者理论体系。因此,历史学、管理学、新闻与传播学等学科均属于社会科学体系,这些细分学科将探索和揭示人类自身的活动规律作为其研究目的。美国学者卡尔霍恩曾指出:"社会科学主要是技术革命以及随之发生的社会变化的结果。工业革命以前的社会并不是没有变化,但是,技术的兴起使这种变化迅速得多,并且打破了传统的生活模式而又没有新的模式来替代。社会科学产生的部分原因就是努力寻求这种新的模式。"[2]这也揭示了自然科学先于社会科学飞速发展,并在人类历史长河中取得辉煌成就的原因之一:自然科学在理论和方法上率先形成了规范化建制,而社会科学由于其研究对象的复杂性和变化性导致相关规律难以证实或具有明显的适用条件,这造成社会科学的地位一直无法与自然科学相比拟,社会科学的合法性和理论成果也常常受到争议和质疑。社会科学家常常希望借助自然科学理论与方法、科学哲学理论,为社会科学研究提供合法性,库恩的范式理论便是其中重要的理论基础[3]。因此,不同学科的社会科学家们借用范式理论获得了作为"硬"科学的独立性与合法地位,并且取得了相对可靠的理论解释模式。

第二,库恩范式理论对社会科学具有重要的启发意义。库恩在《科学革命的结构》中明确表示,在范式理论的孕育阶段,"主要由社会科学家所组成

---

[1] 史阿娜.库恩范式理论应用于社会科学的合理性解析[D].北京化工大学,2010.
[2] 卡尔霍恩.变革时代的社会科学[M].李述一,等译.北京:社会科学文献出版社,1989:46.
[3] 金吾伦.托马斯·库恩的理论转向[J].自然辩证法通讯,1991(1):21-27.

的共同体"引起了他对范式概念的研究①。就"范式"一词的提出和起源而言,语言学对库恩产生了帮助:"语言教学中所使用的这种标准事例,英文一般称之为'范式'。我把这个词扩大到斜面和圆锥摆一类标准科学问题上,显然也无甚不合之处。"②而在常规科学遭遇革命的阶段,库恩讨论道:"今天在哲学、心理学、语言学甚至艺术史等领域的研究,都显示出这个传统范式不知怎么出了问题。我们绝大部分注意力必然集中于此的科学史研究,也日益明显地显示出这个范式已无法适应。"③这表明社会科学同样面临着科学革命的危机。可以看出,库恩关于"范式"概念的论述与社会科学的理论基础和历史发展息息相关,因此,社会科学家容易对库恩范式理论产生强烈共鸣。

从上述两方面来看,社会科学内部的发展规律与库恩范式理论基本相吻合。社会科学的发展也经历了前科学、常规科学、反常与危机、科学革命四个阶段,但由于社会科学的研究范式多样性、混合性和复杂性等特征,并且因为其容易受到社会政治等因素影响,导致社会科学处于常规科学阶段的时间更长,甚至在某些方面出现现实意义上的倒退情况④,而社会科学发展历程中的反常与危机、科学革命则相对缓和与缓慢。

(2) 社会科学发展结晶化的外因

无论是新古典经济学理论,还是内生增长理论和创新技术的S形曲线理论,其内涵所指的"科技创新"更多是与发明相关。而发明通常是指一种新产品、新技术、新工艺的首次创造,因此"科技创新"多与技术科学和应用科学相关,如计算科学、材料科学、环境科学等。但是,回顾近几十年社会科学的发展,可以发现这一事业的发展正不断向技术创新和应用创新两方面加以渗透,其技术性和应用性正在逐步增强。

自然界与人类社会本就联系紧密、相互影响,是一个不可分割的有机整体。因此,从理论上说,自然科学与社会科学的关系也是相互补充、相互促进发展的,两者也构成一个有机整体⑤。在科技浪潮的巨大影响下,自然科学与社会科学的传统关系正在经历重大重构:生物信息科学、空间信息与数字技

---

① 库恩.科学革命的结构[M].金吾伦,胡新和,译.北京:北京大学出版社,2003:329.
② 库恩.科学革命的结构[M].金吾伦,胡新和,译.北京:北京大学出版社,2003:10.
③ 库恩.科学革命的结构[M].金吾伦,胡新和,译.北京:北京大学出版社,2003:110.
④ 郑文涛.人文社会科学若干概念辨析[J].首都师范大学学报(社会科学版),2008(3):141-148.
⑤ 孙小礼.交叉科学时代与自然科学和社会科学的联盟[J].哲学研究,1991(3):16-19.

术、地理信息科学等大量概括性、前沿性的学科内容与内涵早已超越了单纯的自然科学范畴,逐渐形成并加深了与社会科学的交叉与融合的,可见自然科学与社会科学的相互作用、融合与补充已经成为现代科学发展的主流趋势[1]。同时,社会科学知识也日益向技术创新过程渗透,新兴的科技产品背后开始蕴含和承载越来越多的精神力量、人文关怀与知识价值服务[2]。一方面,知识经济时代生产技术的服务对象群体的特征变得更加复杂,用户画像越来越准确和细分,也愈发关注人的精神需要和文化需求等,而以社会科学研究成果为基础的技术创新也有助于提高生产技术的质量和服务水平。另一方面,按照国家创新体系理论,社会科学技术创新体系分为社会科学创新系统、社会技术创新系统、社会科学技术传播系统和社会工程建设系统,而社会科学创新则代表通过科学研究获得新的社会科学基础理论和社会科学应用理论(社会技术理论)知识的过程[3]。社会科学技术创新体系中各个系统的运行和统筹需要多学科思维方式、多学科理论、多学科研究方法、多学科人员的融合与渗透,其中不乏对技术科学与应用科学理论与方法的实际运用。比如,爱德华·威尔逊在《社会生物学》中引用了前沿的人类遗传学和神经科学研究成果,从生物学角度阐述了对人性的理解。在威尔逊的著作中,生物学和社会科学的理论与数据为人类社会生物学的学科建立提供了基础[4]。伴随人类社会物质需求不断被得到满足,人们又开始努力追求更高层次的精神文化,而社会科学向自然科学的渗透则是顺应了这一历史发展潮流。

社会科学应用性的增强并向技术创新过程的渗透,实质上代表着国家对社会科学发展的水平与效率提出了更高的要求。社会科学科研项目大部分由公共财政支持,这些科研项目也因此必须承担公共受托责任,保证财政效率。但是相关研究表明,在国家自然科学基金委管理科学部的资助项目和国家哲学社会科学基金规划办公室资助的社会基金项目之间,两者的财政效率之间存在较大差距[5]。另有学者以学科R&D项目数量与学术论文发表率为分

---

[1] 刘西忠.贯通融合自然科学与社会科学:新型智库高质量发展必由之路——兼论智库科学的构建[J].中国科学院院刊,2022,37(2):168-176.
[2] 朱少均.略论社会科学在自然科学创新和技术创新中的作用[J].河南师范大学学报(哲学社会科学版),2002(4):1-4.
[3] 文兴吾.加强地方社会科学技术创新体系建设[J].科学学与科学技术管理,2000(10):21-22.
[4] 威尔逊.社会生物学:新的综合[M].毛盛贤,译.北京:北京理工大学出版社,2008:8.
[5] 尚虎平,叶杰,赵盼盼.我国科学研究中的公共财政效率:低效与浪费——来自国家自然科学基金、社会科学基金项目产出的证据[J].科学学研究,2012,30(10):1476-1487+1475.

类依据发现,我国人文社会科学大部分学科处于项目资助低、学术论文发表率低的模式[1]。基于这一现实情况,社会科学研究必须转变发展思路和发展战略,脱离书斋式研究,加大对现实问题的关切,积极回应社会问题、努力将理论带入实践,探求现实问题的解决方案与对策,努力推出带有前瞻性的、具有重要指导作用和实践作用价值的研究成果,真正为经济社会发展起到思想保证、精神动力和智力支持的作用。

因此,通过对新古典经济学理论、内生增长理论和创新技术的S形曲线理论的阐释,社会科学发展结晶化的理论合理性得以体现。当现代自然科学技术手段被广泛运用于社会科学研究中,社会科学研究方法和手段发生了明显改变之时,社会科学技术的创新成果也更容易被察觉和被量化。增强社会科学技术的创新性将提高国家和政府对社会科学的重视程度,也会吸引更多支持其发展的优质资源。但当社会科学整体发展进入饱和阶段之后,也同样会出现边际效应递减的特征。

2.2.3 社会科学发展结晶化产生的体制基础

社会科学发展结晶化的产生及其具体表现中论文量的大幅度增长,都与目前社会科学界普遍建立的管理体制有着密切联系。以效率为导向的社会科学管理体制通过量化科研成果,将科研经费、职称、奖励等资源分配给高产机构与学者。在马太效应的影响之下,高产机构与学者积累了大量学术资源,成为研究领域中的"领跑者"。

(1) 以效率为导向的社会科学管理体制

从全球范围来看,各国人文社会科学研究机构管理模式大致可分为两种:一种是以国家集中综合型研究机构为主的模式,有中国、俄罗斯和中亚、东欧及拉美、非洲一些国家采用;另一种则更加常见,以自由分散型研究机构为主的模式,显见于美国、日本、英国、意大利等西方国家[2]。本文将以我国、美国和英国的社会科学管理体制为主要切入点,以小见大,观察不同类型的社会科学管理体制对论文发表产生的影响。

在我国现行科学管理体制下,自然科学与社会科学无论在管理部门还是基金会上都分属于两套管理体制:自然科学归各级科学技术委员会管理,而社会科学归各级宣传部门管理;自然科学的学会组织归各级科学技术协会管

---

[1] 黄炜,程慧平.我国人文社会科学学科学术论文产出的效率研究[J].情报杂志,2016,35(4):137-140.
[2] 李燕宁.法国的人文社会科学研究[J].经济与社会发展,2005(11):138-141.

理,社会科学的学会组织归社会科学界联合会管理(目前只有省一级有社会科学界联合会)[1]。具体来说,我国哲学社会科学职能部门的党委序列设置在宣传部,负责从意识形态建设层面加强管理哲学社会科学的各项工作;各级科研管理部门设置明确分工,分抓不同管理方面;而具体的科研工作、科研活动管理条例、运营规范,以及课题管理、科研评奖等,都归各级社会科学界联合会管理。相较于自然科学管理体制,我国社会科学管理体制较为单一和被动。在集中管理模式之下,我国社会科学发展迅速,不仅在学科体系建设方面形成了基础学科健全扎实、重点学科优势突出、新兴学科和交叉学科创新发展、冷门学科有传承[2]的局面,而且社会科学工作者们也完成了高产量、高质量的研究成果。可见,社会科学集中管理模式有利于国家或政府将科学研究资源高效、有针对性地分配给最具潜力的研究机构和学者,并率先产出一批在国内外具有广泛影响力的学术权威机构和学术精英,这也将极大加速社会科学指数发展阶段的进程。

美英两国对社会科学的学科管理相对自由和松散。二战之后,美国政府大力支持社会科学研究,这种政府干预极大促进了社会科学事业的迅速发展;社会科学研究不再局限于大学范围内的小规模学术活动,而是逐步形成涉及各部门、各领域的、被称为"大科学"的学术体系。虽然美国历届政府如此重视科学技术的发展,但也遵守着一个基本原则——科学和教育不属于联邦政府的管辖权限,不受政府控制而有权自由发展。所以,美国政府并未设立主管机关,对自然科学或社会科学研究机构进行统一领导和管理,这也使得美国的社会科学研究管理体制同自然科学一样呈多元化发展趋势。政府和财团虽然通过拨款、签订合同、委任等手段对社会科学研究施加影响,但不形成直接的控制关系,各研究机构也因此享有较大的独立性[3]。英国政府的科学技术政策则由贸易工业大臣全面负责,其工作得到贸易工业部(Department of Trade and Industry, DTI)和政府科学技术办公室(Office of Science and Technology, OST)的支持。英国的各种科研活动由政府各部分别管理。而与社会科学关系最紧密的政府部门则有教育就业部(Department For Education

---

[1] 李强.冲破自然科学与社会科学的壁垒[J].前线,2004(2):53-54.
[2] 习近平.在哲学社会科学工作座谈会上的讲话[EB/OL].2016-05-17[2022-05-02].https://xcb.ahmu.edu.cn/2018/0929/c4516a60175/page.htm.
[3] 曹增友.美国的社会科学研究管理[J].中外科技信息,1987(3):55-59.

Employment，DFEE）、中央信息办公室（Central Office of Information，COI）、国际发展部（Department of International Development ，DID）、DTI 和 OST 等。总体而言，英国科研管理体制在某种程度上也体现出多元的分散型管理特征，虽然英国政府在近十几年加强了对科研的监管，对科研的发展施加着越来越大的影响，使原先的多元分散管理体制逐步产生集中化的偏向[①]。从管理体制上看，美英两国的社会科学研究主要通过合同管理、依赖合同生存，这实际上是研究市场化和商品化的表现之一，而合同背后则是对项目任务完成情况的考核。为完成绩效考核，科研人员必须迅速产出成果、不断发表文章。这也是"不发表，便死亡"这句俗语的由来之一。可见，即便在自由松散的社会科学管理体制下，研究人员也背负着巨大的科研压力，但这也直接加速了社会科学论文数量的增长。

总体而言，一个国家社会科学科研管理体制采取的具体模式与特征与该国的意识形态和政治制度紧密相关。但无论是集中管理式还是自由松散式的社会科学管理体制，它们都追求研究的高效率，并借此抢占社会科学不同研究领域的"空白地"、话语权、学术影响力。这促进了全球范围社会科学文献的大幅度增长。而这种增长的前期表现为指数型增长，在达到一定程度之后便会进入到饱和阶段。

（2）科研经费分配与同行评议制度紧密挂钩

由于社会科学研究与自然科学相比具有许多不同的特点，如民族性、本土性、多样性，以及某些研究的不确定性等，因此，社会科学评价体系和自然科学评价体系在具体内容上存在着显著差异。社会科学领域的评价标准只能是"相对客观的"，因为价值判断在很大程度上见仁见智[②]。为提高社会科学研究成果评价的科学性，学术评价标准应实行分学科、分研究领域、分功能的方针。从这一角度看，社会科学学术评价比自然科学学术评价更加困难和复杂。相比于自然科学研究和技术研究，社会科学研究具有长期性和不稳定性的特点，许多学科的研究无法直接产生经济效益，因此很多机构不会向社会科学研究领域投入可以与自然科学事业相比拟的经费量级。因此，推动社会科学事业向前发展，并实现高质量发展必须主要依靠政府财政投入的支

[①] 郑海燕.英国政府的社会科学管理和政策[J].国外社会科学，2002(1)：71-77.
[②] 叶继元.人文社会科学评价体系探讨[J].南京大学学报(哲学.人文科学.社会科学版)，2010，47(1)：97-110+160.

持。比如,匈牙利的国家人文社会科学研究项目主要通过以下机构资助:匈牙利科学研究基金会、国家社会科学研究重点课题、其他国立研究机构、厄特沃什国家奖学金、博利奥伊青年博士后奖学金和非国立研究机构[1]。而英国社会科学研究的机构能从多方面获得科研经费,包括政府机构、研究学会或协会、慈善基金会、企业、高校或国际组织等等。值得一提的是,英国政府对社会科学研究的资助目的越来越明确,即要求受其资助的社会科学研究必须对政府有实际意义,这意味着研究成果和知识必须能为政府所认识和利用[2]。这在一定程度上缩小了研究人员的研究范围。但是其他大部分资助机构并未提出类似要求,所以这一影响的作用范围是有限的。美国社会科学研究的经费来源主要包括政府、基金会、企业和高等院校。作为社会科学研究的主要支持者和赞助者,美国政府部门直接影响和控制着社会科学研究的发展方向;而另一经费支柱便是私人基金会。美国各类基金会数量庞大、名目繁多,在很大程度上控制着社会科学的研究方向和重点[3]。而改革开放之后,我国社会科学研究资助体系和制度建设经历了从单一的课题资助方式到逐步建立多元化资助体系的过程。中国社会科学研究资助体系基金课题设置大致分为自主性选题上报和指导性选题发布两种[4]。除此之外,企业、社会校友或私人捐赠、非营利性机构也是社会科学研究的经费来源,但其占比相对较少。由此可见,社会科学科研项目最重要的经费来源便是政府财政。

目前,同行评议是科学基金制的核心[5]。从历史上看,美国国家科学基金(National Science Foundation, United States,简称NSF)最早大规模采用同行评议来支持科学活动。具体而言,每年NSF在获得美国国会的大量经费资助之后,会通过竞争性的同行评议选择高校和科研机构进行经费资助。因此,同行评议体系逐渐成为科学资源配置的主要方式。客观上看,同行评议是由科学家同行对项目申请的价值进行的独立评议[6],目的在于有效配置核心资源,

---

[1] 雅各布,耕香.匈牙利国家人文社会科学研究项目的经费来源[J].国外社会科学,2006(2):101.
[2] 郑海燕.英国政府的社会科学管理和政策[J].国外社会科学,2002(1):71-77.
[3] 黄育馥.美国社会科学的四个经费来源[J].国外社会科学,2000(6):21-27.
[4] 韦莉莉.中国人文社会科学研究的资助与评价[J].社会科学管理与评论,2010(3):30-37+111.
[5] 沈新尹.美国国家科学基金会同行评议系统及与中国国家自然科学基金委的比较和评注[J].世界科技研究与发展,1997(6):85-86.
[6] 张济洲.美国高校科研经费分配的同行评议:本质、局限与改进——以美国国家科学基金会(NSF)资助为例[J].中国高教研究,2011(10):40-42.

资助最具同行专家认可的项目继续进行深入研究和创造。而在我国,同行评议是社会科学基金项目评价中应用最广泛、可信度较高的评价方法,其主要功能在于为稀缺科学资源的分配提供建议并对科学成果的价值进行评估。同行评议制度之所以在全世界范围内被许多国家广泛运用,是因为其在一定程度上具有合理性、科学性和公平性,能起到择优对创新进行支持、激励的重要作用,为社会科学管理的规范运行提供了一定的保障,也为国家选拔出各学科的权威专家和科研团队。

正是基于同行评议发挥的重要作用,科研经费的分配模式也逐渐形成。从政府的角度来看,同行评议制度有一定的科学性和公正性。政府也因此将同行评议制度作为学术资源分配计划的依据,同行评议制度从学术界内部惯例变为了外部进入学术界并发挥管理作用的重要手段。从学术界的角度来看,在同行评议制度的框架下,各领域专家拥有了一定的资源获取权和分配权,在多重社会身份和社会关系的"捆绑"之下,专家的主观因素必然会影响学术资源的均衡分配。而在上述因素的共同作用下,科研资源中的极大比例会主动流向各领域的学术精英及其供职的学术机构。在资源有限的情况下,下层学术机构和科研人员获取资源的能力将受限,而资源(尤其是科研经费)恰恰是实现学术层级向上流动至关重要的因素。

(3)职称晋升以科研成果认定为主要依据

职称是一个人知识阅历和社会地位的象征,职称的高低在国内外都很受重视。对于学术机构而言,构建一套有序、完善的职称晋升体系尤为重要。职称晋升作为一种量化评估方式,其实质是运用有效的外在刺激来提高科研工作者的内在动力、发挥能力、提升工作绩效。社会科学工作者的职称评定指标包括学历、资历、科研业绩、科研能力和学术水平。其中,科研成果数量与质量对于职称晋升而言十分重要。科研成果是研究人员在一定阶段发布的具有理论或现实意义的知识产品,而这一产品的价值需要同行甚至社会的认识和认可。由于自然科学的技术水平和实际成效可以通过试验、推广、应用等物质形式呈现,其价值能够较快得到清晰的评价。而社会科学成果往往以理论形式出现,其经济价值无法马上显现,主要价值则往往体现在政治性、精神性等抽象层面[1]。所以,社会科学科研成果的认定通常需要借助一些外

---

[1] 王退见.新时代激发人才创新动力的按社会科学要素贡献分配机制[J].社会科学家,2019(1):128-137.

在的形式标准对其价值进行初步判定。

目前,我国在科研成果评价方面通常以是否公开出版(发表)、发表的范围、发表的出版单位等作为科研成果价值的评价标准,即科研能力被量化为论文量、著作量、项目数和获奖数等。例如,我国高校在考核科研人员科研绩效时主要以公开发表论文为主要考核内容,公开发表的论文首先被划分为国外学术期刊(SCI、SSCI、A&HCI、EI等)论文和国内学术期刊论文;国内学术期刊又会参照CSSCI来源期刊目录,将论文成果分为CSSCI来源期刊论文、CSSCI来源期刊扩展版论文、普通刊物论文,甚至会将CSSCI来源期刊再按照期刊影响因素或期刊出版单位(国家级、部级、省级)分为A类、B类等。不仅是中国,其他国家在进行科研人才职称评定时也十分看重科研成果的质量与数量。例如,美国大学职称评审标准包括教学任务、科研任务和公共服务三方面,除此之外,科研人员还被要求积极参与院系、大学、地方乃至全国的相关学术活动。在科研任务方面,许多大学要求每位教授1年至少要在较有学术影响的学刊上发表1至2篇文章,学术型大学则提出了相对更高的要求[1]。不仅大学教师在职称晋升时需要发表一定数量和级别的论文,大学图书馆员在评聘职称时也需要发表论文或出版论著[2]。虽然职称评定还与科研人员的现实表现、教学效果、工作资历等多项因素有关,但总体来说,当前人才和成果评价体系主要是以论文论著发表的数量来衡量的,即成果越多,成果发表的层次越高,职称晋升就越快[3]。

由于社会科学科研成果的价值得以显现需要较长的时间,除却科学家自身的努力和能力条件之外,其研究周期的长短还与学科发展、国家政策、社会需要甚至与机遇相关。此外,社会科学成果的价值也存在于多个方面,其效益往往包括经济效益、社会效益与生态效益等。社会科学研究项目的构成要素也十分复杂,除其依托的基础理论之外,它还是自然环境与资源、经济、政治等领域要素的结合体[4],所以,评判与量化社会科学的成果具有不确定性和模糊性。因此,社会科学科研成果评定在很大程度上只能参考成果的外在因素,无法精确评判成果的内在价值。实际上,论文数量多,质量不一定相应较

---

[1] 易金生.美国高校教师职称评审及启示[J].南京医科大学学报(社会科学版),2004(4):323-325.
[2] 郭鸿昌.美国大学图书馆员的职称评定综述[J].大学图书情报学刊,2001(1):54-56.
[3] 李太森,高俊华.社会科学研究的困境与出路[J].河南社会科学,1996(3):12-17.
[4] 王遐见.新时代激发人才创新动力的按社会科学要素贡献分配机制[J].社会科学家,2019(1):128-137.

高;论文"级别"高,质量也不一定高[1]。但是,在职称晋升与论文"级别"和数量紧密挂钩的情况下,学术界的"唯论文"导向愈发明显,科研人员以晋升为教授或高级研究员为奋斗目标,努力实现个人学术生涯阶梯式的上升,这些头衔将为其带来更多的物质保障和科研支持。这也就导致原来以"厚积薄发"为特征的科学研究周期被大大缩短,科研人员为尽早获得职称晋升,不得不采用"短、平、快"的方式发表论文,而这些论文则大部分缺少高水平的创新性。

(4)科研成果转化形式以论文著作为主

我国著名科学家钱学森指出:"科学技术是第一生产力。这里科学技术包括社会科学,而且在我国目前,社会科学比自然科学更有关键性。"[2]通常情况下,自然科学技术可以直接作用于生产活动,即直接转化为现实生产力,而社会科学则主要通过间接的方式转化为生产力,有些还需要经过一个长期过程才能逐步显现出其推动社会生产力发展的重要作用。社会科学虽然有直接作用于物质文明建设的功能,例如,哲学、历史学、经济学等理论成果可以直接运用于思想教育活动和经济生产活动中,但其更多体现在通过精神文明、制度文明建设来推动物质文明建设。因此,社科成果的利用与服务主要通过作用于人们的精神世界和上层建筑发挥功效,从而在一定程度上实现社会科学学术成果的实践转化[3]。由此可见,社会科学学术性成果实现转化的前提条件便是研究对象、研究选题和研究目的必须符合经济社会的实际需要,而其转化渠道主要有直接和间接两种:直接转化是指科研成果直接应用于实际工作单位和部门;间接转化是指社科研究成果需要经过中介才能应用于实际工作单位和部门[4],比如,通过国家技术转移中心、高校成果转化办公室等。转化成果的形式不仅包括专著出版、论文发表,还包括内参报送、政策转化、活动开展等等。

在知识经济时代,社会科学成果转化备受社会瞩目。在这一方面,国外社会科学界积累了更多的经验,社会科学家们的专业知识是他们入世的重要手段。世界上任何一个国家的社会科学工作者都需要将研究工作与国家需

---

[1] 刘俊仙,李平叶.高校教师职称晋升机制的思考[J].经营与管理,2014(7):141-142.
[2] 钱学森.钱学森同志给郁文同志的两封信[J].哲学研究,1991(8):7-9.
[3] 赵放人.应重视社会科学研究成果的"转化"问题[J].社会科学管理与评论,1999(4):28-32.
[4] 胡茂连.社会科学研究成果重在转化[J].郑州大学学报(哲学社会科学版),2008(4):86-87.

要、现实需要机密结合,其拥有的研究独立性只能是相对的,其工作的开展必须在国家发展战略的大框架之下进行。被认为是"无用"的研究成果和研究项目最终将被现实选择淘汰,而被认为"有用"甚至极具潜力的研究成果将获得更广阔的研究平台,并获得广泛认可的重要地位。因此,美国社会科学研究是以问题驱动型为主的。相较之下,长期以来中国社会科学的问题导向较弱而唯理论倾向较强,现行社会科学研究体制仍未能完全摆脱计划传统经济模式的影响,重"学"轻"术"的观念在研究者心中根深蒂固,把研究看作关门做学问的观念依然存在。因此,在许多情况下一些研究者遵循着"写论文""发论文""拿稿费""计成果""评职称"的固定轨迹[①],这些陈旧观念影响着我国社会科学的发展与转型。

2016年5月17日,习近平总书记在哲学社会科学工作座谈会上指出,要坚持"为人民服务、为社会主义服务"方向和"百花齐放、百家争鸣"方针,按照立足中国、借鉴国外,挖掘历史、把握当代,关怀人类、面向未来的思路,建设具有中国特色、中国风格、中国气派的哲学社会科学[②]。在"二为"方向和"双百"方针的指引下,我国社会科学正进一步完善学术成果转化、应用的机制,比如依托政府力量搭建高校、政府和社会之间的合作平台,或者形成由高校、高校智库和政府三主体构成的三螺旋模式研究[③]。因此,我国社会科学的问题导向性正逐步强化和凸显。但是,我国当前的学术评价机制并未及时跟随前者进行调整和转变,未将理论宣传型研究成果、对策与应用型研究成果、决策咨询型研究成果完全纳入学术成果评价体系当中,或者此类成果的绩效分值远低于论文、专著等学术发表成果。在此背景下,我国社会科学研究人员仍十分重视将应用理论研究和决策咨询研究的成果以论文或专著的形式发表,以期充分发挥研究成果的价值。

此外,科研成果形式以论文和专著为主的重要原因之一是,论文和专著(包括公开发表的报告)的流传度更高,能为作者带来更高的学术知名度和学界认可,这也是近几十年来社会科学文献量猛增的原因之一。例如,美国民间基金会在二战后如雨后春笋般兴起:卡耐基基金会、洛克菲勒基金会、福特

---

① 刘碧坚.社会科学成果转化机制研究[J].科技管理研究,2002(6):65-68.
② 习近平.在哲学社会科学工作座谈会上的讲话[M].北京:人民出版社,2016:6-15.
③ 岳洪江.高校社会科学成果转化决策咨询:"高校—高校智库—政府"三螺旋模式研究[J].黑龙江高教研究,2018(8):40-44.

基金会、斯隆基金会、帕卡德基金会等为战后美国研究型大学的发展起到重要作用，各基金会向各种研究机构的资助也在那时达到顶峰。二十世纪五六十年代，一批杰出的政治思想学者和著作在项目资助下纷纷涌现，在十年内有40余部重要著作问世[1]。可见，来自官方与非官方的项目资助都将推动社会科学研究成果的产量提升。

(5) 硕博士研究生培养重视论文发表

目前，"大力发展专业学位研究生教育"是当下高等教育的大方向之一。据统计，2021年全国招收博士生研究生12.58万人，硕士研究生105.07万人，而累计在学研究生333.24万人。其中，在学博士生50.95万人，在学硕士生282.29万人[2]。可见，在我国研究生扩招政策的影响下，研究生人数逐年攀升，我国已经成为研究生教育大国。提高研究生人才质量、培养创新型人才，成为现阶段我国研究生培养的主要目标。为实现这一目标，研究生学术能力的培养成为国家和教育管理部门关注的重要方面。因此，我国大多数高校对研究生论文发表的数量和质量提出了明确要求。可以肯定的是，要求研究生发表学术论文，可以促使其积极探索专业知识，努力提升自身科研能力及学术水平，加强学术和业务创新能力的培养，养成学术规范化的良好习惯，为保障毕业论文的高质量打下良好基础[3]。为完成以上目标，各学科大多将论文发表作为研究生学术评价系统中的一项重要指标。

根据我国学科设置情况的不同，自然科学领域和社会科学领域的研究生学术评价体系指标有所区别。自然科学领域研究生学术的评价体系指标包括课题项目、学术论文、科技成果、起草或参与起草各种标准、发明创造、科研合作能力、科技奖项、提出国家发展重大决策、专业学会/协会委员等。而社会科学领域研究生学术评价体系指标含有：期刊论文、会议论文、报纸文章、学术图书、发明专利、咨询报告等[4]。相比较而言，社会科学领域研究生评价体系指标主观性更强，但基本均可以通过量化方式清楚呈现。量化指标更容易对研究生学术能力的培养产生激励作用，其中，学术论文的研究周期相对较

---

[1] 梁显平.美国繁荣高校哲学社会科学的理念和举措[J].大学(研究版),2018(2):77-83+76.
[2] 教育部.2021年全国教育事业统计主要结果[EB/OL].2022-03-01[2022-05-04].http://www.moe.gov.cn/jyb_xwfb/gzdt_gzdt/s5987/202203/t20220301_603262.html.
[3] 刘之葵,周覃.对研究生发表论文规定的探讨[J].现代大学教育,2006(5):41-44.
[4] 康桂英.大数据时代研究生学术评价体系研究[J].传播与版权,2020(2):147-149.

短、研究目标更加明确、发表机会相对更多。因此,社会科学研究生十分看重期刊论文和会议论文的发表,因为这样既可以达到学校或者院系为其设置的毕业要求,也可以积累一定的学术声誉和求职资本,这对今后有意愿从事科研工作的硕博研究生而言十分关键。

目前,许多高校都要求硕博士研究生在毕业之前要在公开出版刊物甚至核心期刊上发表至少1至2篇与本专业相关的论文,否则不授予相应学位,即制定并执行将发表论文与学位挂钩的规定[①]。从积极方面看,这一发表规定能督促研究生培养学术能力,积极探索专业知识,为撰写硕博士毕业论文做好铺垫;但是,这一规定也为研究生学习甚至研究生导师带来了较大的发表压力,可能会出现论文粗制滥造、托关系发表论文、发表"灌水"论文等问题。这导致社会科学研究看似发展繁荣,却陷入了内卷式创新陷阱。而国外很多知名大学,如英国伯明翰大学、剑桥大学,并没有硬性规定硕博士生要发表论文,硕士大多只需要在规定的学制之内获得足够的学分便可以毕业;博士大多只需要修满规定的学分、通过博士资格考试、完成助教和助研工作、完成毕业论文并通过答辩即可毕业。对于未来准备继续从事科研工作的硕博士研究生来说,论文发表是一项自我驱动型任务。论文的数量和质量也是他们求职时学术能力和学习态度的重要证明,也为他们在学术界继续前行和发展提供了重要基础。因此,从内在驱动和外在刺激两方面来看,社会科学硕博士研究生都需要加强学术能力的锻炼,主动或被动地发表尽可能多的文章,尤其是核心刊物论文。

2.2.4 社会科学发展结晶化的特点

科学结晶化的特征包括学术层级的封闭性与相对稳定性、学术共同体的相对自主性与内聚性、头部机构资源过剩与尾部机构资源欠缺的不平衡性,以及知识创新的边际效用递减。社会科学发展结晶化在具备以上特征的基础上,因性质、功能、管理体制等方面有别于自然科学,所以表现出其独有的结晶化特点。

(1)社会科学发展饱和状态的持续性

相比于自然科学,社会科学发展进入饱和状态并出现结晶化的过程持续时间更长,这是由社会科学的特性所决定的。第一,社会科学具有反身性。

[①] 姚利民,史曼莉.研究生发表论文的调查研究[J].现代大学教育,2008(1):95-99.

自然科学是直接作用于生产力的科学技术,甚至通过间接改变经济基础和上层建筑而作为社会稳定和社会合法性的基础[1]。与自然科学作用发挥的具体机制相比,社会科学参与社会的建构是作用有力但却不容易被察觉的。这一点可以借用社会科学理论所特有的、被吉登斯概括为"双重解释"(double-hermeneutic)现象,或者索罗斯所说的"反身性"(reflexivity)来加以说明[2]。人们所熟知的真理具有相对性,同样,社会科学领域中的真理也是具有相对意义的,它只是在一定条件下具有正确性。自然科学家们从事科研工作是为了更加准确地归纳和预测某种规律并形成科学认识,而社会科学家们从事研究工作大多数情况下是在追问研究对象的存在价值与意义,并努力运用精准的文字加以阐述来"固定"其重要发现[3]。换句话说,社会科学领域的知识之所以具备反身性的特征主要源于以下两个要点:一是社会科学研究对象本身不具有长期的稳定性,这导致从事社会科学研究的专业人员关注和选择的研究方向、研究领域、研究具体对象也在发生变化;二是社会科学知识也在发生着变化,理论与实践往往是一个事物的两个方面,当现实条件发生转变时,与其紧密相关联的观念、知识、理论体系也将面临新的适用条件和情况[4]。后者意味着社会科学研究人员会因为社会发展中的新行为、新事件、新知识等而展开反思,进而对原有的思想和知识进行修缮和补充,以影响和推动新的社会实践向有利方向发展。因此,社会科学发展的过程是不断修正认识、完善知识的过程,这导致社会科学追求"真理"的过程更加漫长。

此外,从研究范式的转换来看,自然科学新范式一旦建立,旧的范式与相应理论或将失去价值,或将被清楚地限定适用范围和条件,而这一过程是不可逆的[5]。然而,社会科学的范式转换却是非常复杂的过程。在社会科学的发展过程中,学术理论和观念既具有一定的正确性和适用性,但也含有一定的局限性甚至"错误"。这种"错误"由人类知识和社会发展的有限性所决定,并且会受到阶级性和民族性的影响。此外,社会科学在很大程度上依赖于自

---

[1] 马尔库塞.单向度的人[M].刘继,译.上海:上海译文出版社,1989:12.
[2] 李文华.社会科学与自然科学的五个差异——兼论进一步繁荣发展哲学社会科学的现实意义[J].科学学研究,2006(6):834-839.
[3] 张鑫,殷杰.论社会科学知识的话语进路[J].科学技术哲学研究,2021,38(4):45-51.
[4] 黄华新,唐礼勇.社会科学知识的"反身性"——兼与自然科学知识反身性的比较[J].浙江大学学报(人文社会科学版),2005(2):88-94.
[5] 赵鼎新.社会科学研究的困境:从与自然科学的区别谈起[J].社会学评论,2015,3(4):3-18.

然科学的全面发展,例如,自然科学在研究方法为社会科学提供了重要借鉴,并在研究理论方面为社会科学奠定了基础认识,这对提升社会科学研究精确性与规范性具有积极意义。这导致社会科学发展往往滞后于自然科学。因此,社会科学的发展路径是多元范式的交替与混合,而非单一范式的转换。社会科学理论往往会根据现实需要,从原先的"被冷落"状态重新回到大众的视野当中。由于社会科学的复杂性、主观性、依赖性和难验证性,社会科学家在很长一段时间内都难以达成完全的共识,而辩论状态会持续下去。这其间大量的相矛盾的科研成果也会促使学者相互辩驳,以求真理越辩越明。这意味着社会科学理论研究的发展常常处于不稳定的状态,其发展的饱和状态也将更加持久。

(2) 社会科学群体内部资源竞争的激烈性

自然科学起步早,对国家发展起着基础性影响,因此国家在科学基金分配中会一定程度上向自然科学倾斜,以贴合服务国家战略的导向。社会科学无论在基金规模和基金种类等方面都比自然科学稍显逊色,资金总额、支持渠道和制度完善性比较缺乏[1]。与自然科学相比,社会科学难以产生直观的经济效益,因此,社会科学研究项目的经费主要依靠政府财政拨款。根据国内学者统计,社会科学研究群体所获资源远远少于自然科学[2],但是参与社会科学研究的机构和人员却仍与日俱增,社会科学研究问题也愈加复杂,这也将会引起社会科学研究群体内部更加激烈的资源竞争。

在进入大科学时代后,科学研究对资源的依赖性越来越强,积极争取内外部科研经费已经成为社会科学科研工作者之间竞争的常态,这其中就包括国家社会科学基金在内的大量国有性资源的供给模式。从形式上看,这一模式无疑依赖着公平的自由竞争并面向所有群体与个体开放,但从资源数量、质量以及获取概率的统计结果看,弱势科研群体与强势科研群体间两极分化的程度很深[3],存在着一种"结构紧张"[4],且在量级上不具可比性[5]。学科带头人或者头部机构为了保住并扩大既得利益则必须巩固其领地,这也导致"竞

---

[1] 史冬波,罗亦文.科学基金分配的影响因素研究述评[J].实证社会科学,2021,8(1):139-152.
[2] 商丽浩,谢佳璐.美国国家科学基金会社会科学研究资助政策:酝酿、启动和影响[J].高等教育研究,2021,42(9):86-95.
[3] 贾永堂.我国高等教育发展中的弱势高校问题[J].教育发展研究,2010,30(1):23-27.
[4] 谢立中.当代中国社会结构的变迁(一)[J].南昌大学学报:人文社会科学版,1996(2):10.
[5] 程瑛.竞争条件下大学资源集中现象形成的实证分析——以国家社会科学基金立项为例[J].现代大学教育,2013(5):51-58.

争意识"逐渐演变为"领地意识"。在有限的资源分配上,不同机构、不同学科之间产生激烈的争夺实属正常。在学科之间和学科内部,将资源投向核心问题才能为研究者带来更多的同行承认和影响力,而这可能会导致新兴研究领域和边缘问题常常被研究者们有意无意地忽略了[1]。社会科学研究资源不仅向头部机构集聚,还向大学科、主要研究领域集聚,其群体内部竞争也会愈加激烈。社会科学内部资源竞争更加激烈,头部与尾部之间资源获得差距更大。相比于自然科学,社会科学更为政府和社会所熟悉,这导致学术上层群体与下层群体在政府信任度、社会影响力、人才层次、办学水平,以及其他资源占有上差距十分明显,甚至不具备可比性。例如,1957年,美国"社会科学研究计划"颁布之后,1958—1967年的10年间,共有49个州的198所高校获得美国国家科学基金会提供的社会科学研究经费。总体上看,获得资助经费的高校数量呈增长趋势,但是一些世界知名高校一直处于研究资助的首要位置:1963年仅仅20所高校便获得了美国国家科学基金会社会科学研究经费总额的74%[2]。

(3) 社会科学边际效用的变化性

在科学发展结晶化的过程中,整体上看,国家资源投入科学创新的边际回报主要呈递减趋势。但是,当聚焦于社会科学发展结晶现象时,其边际效用呈现递增或递减趋势是难以预测的。实际上,社会科学是一种意识形态。作为一种意识形态,它容易被政治、时局所影响。换句话说,社会科学不可能像自然科学那样"远离政治"[3]。从社会科学学术前沿的嬗变这一角度,可以清晰认识到社会科学容易受到国家政策的影响。学术前沿的嬗变由多方面原因促成,总体而言有内部、外部两个路径。内部路径是指学术共同体通过长期探索推动学术不断积累,因量变引发质变而使学术前沿产生重大变化;外部路径指因社会剧变、技术重大进步和国家政策等外在因素引发的学术前沿出现显著变化[4]。比如1978年"改革开放"、1995年以来的互联网革命、2008年金融危机等都是引发了相关学术前沿嬗变的重大政治、技术和经济事

---

[1] 刘大椿,潘睿.人文社会科学的分化与整合[J].中国人民大学学报,2009,23(1):141-150.
[2] 商丽浩,谢佳璐.美国国家科学基金会社会科学研究资助政策:酝酿、启动和影响[J].高等教育研究,2021,42(9):86-95.
[3] 熊进.哲学社会科学创新的评价方式论[J].社会科学管理与评论,2011(4):26-34+111.
[4] 甘琳,李刚.国家政策与学术前沿的嬗变——2016年前后智库研究文献的比较分析[J].图书情报知识,2020(1):63-73+93.

件。这种变化与内部路径的量变引发质变不同,它往往是外部因素直接引发的、表现更为剧烈的嬗变,而嬗变之前的量变过程并不显著。国家政策是现实社会最迫切需求的反映,也是社会科学各学科学术共同体的密切关注点。社会科学学术共同体开展研究工作的重要目的之一就是为了满足社会需求,并以此体现自身重要价值。国家政策通过驱动学术共同体,引发学术前沿的嬗变。当嬗变发生时,原本边缘化的研究领域会忽然之间由蛰伏状态进入勃兴状态,并走向学术中心、学术前沿。国家政策与学术前沿之间不仅联系紧密,且相互促进发展[1]。

同时,政府也监督着社会科学研究的发展,他们需要借助社会科学这种学术形式反映所属阶级的利益要求[2]。与自然科学不同,社会科学主要研究人与人之间的社会关系,而在阶级社会里社会关系主要就是阶级关系。因此,社会科学的研究主体决定了社会科学本身具有鲜明的阶级性[3]。因此,社会科学家从事的研究工作都是从一定的阶级利益出发,为一定的阶级服务的。在社会主义国家里,社会科学研究者是为工人阶级和广大劳动群众服务的,他们以马克思主义为指导开展研究工作。例如,冷战之后,美国将中国视为其在全球范围内最大对手,有关"中国威胁论"的评论甚嚣尘上,美国所代表的西方力量意图通过民主输出、捏造新闻、宗教渗透、政治挑衅等方式来破坏中国共产党的光辉形象和合法执政地位[4]。意识形态安全事关国家和民族发展、凝聚力、认同感和归属感,因此,中国必须采取多种措施维护国家意识形态安全。哲学社会科学在塑造我国民众价值观形成方面发挥着不可替代的作用。

可见,政府与社会科学之间的互动影响着社会科学的发展。社会科学研究成果的价值会适应阶级利益的需要,并伴随新社会问题的出现而发生变化,其未来发展的趋势是难以预测的。这一方面可能对社会科学发展结晶化的稳定性和持久性造成影响。

---

[1] 甘琳,李刚.国家政策与学术前沿的嬗变——2016年前后智库研究文献的比较分析[J].图书情报知识,2020(1):63-73+93.
[2] 高慧.中国高校哲学社会科学研究成果评价的演进特征与逻辑——基于政府、市场、学术的视角[J].江汉论坛,2021(11):138-144.
[3] 周新城.哲学社会科学的阶级性问题[J].世界社会主义研究,2016,1(1):44-46.
[4] 张云莲,王海云,李福建.西方民主输出对中国意识形态安全的挑战[J].湖北科技学院学报,2016,36(3):19-24.

2.3 社会科学发展结晶化的具体表现

普赖斯通过分析自然科学内一些研究领域的论文、期刊、科学发现、科学人力资源等多方面的数据,证明了自然科学发展出现了结晶化的趋势。同样,社会科学在基金项目、科研人力资源、学术刊物、学科排名等方面也出现了结晶化现象,一些学者的研究和当下的现实情况已经可以间接证明其中的一些论述。

2.3.1 学术资源分配的差异

默顿曾将对科学成果之荣誉的不平等分配这一复杂模式描述为马太效应,"非常有名望的科学家更有可能被认为取得了特定的科学贡献,并且这种可能性会不断上升;而对于那些尚未成名的科学家,这种承认就会受到抑制"[1]。马太效应的产生具有一定的社会基础和心理基础:具体而言,在科学共同体内部,杰出科学家的个人性格、工作风格和研究态度使其自身拥有一种魅力,这种魅力有利于其研究成果的发表并产生一定的影响[2]。换句话说,科学界的马太效应是必然发生的现象,也是不可回避的问题。但它也是一把双刃剑:对于学术资源配置而言,马太效应既可以在一定程度上优化资源配置,但也可能带来不公平的垄断。

由于社会科学共同体的规模不断变大,产生的文献量呈指数级增长,为了在浩如烟海的学术著作中评优选优时尽可能地省力,人们会率先关注文献的外在要素,例如文献作者、作者所在机构、文献发表期刊层次、文献基金项目级别等等。在省力原则下,学术精英撰写的论文和核心期刊更容易受到更多同行甚至外行的关注,而普通的、尚未成名的学者的论文、非核心期刊、没有突出优势的科研机构等则处于相对不利的地位,其成果所受关注度和曝光率相对较小。这便是马太效应与学术评价机制相互作用带来的直接后果——强者愈强,弱者愈弱。在学术发展过程中,学术资源"向少数绩优者集中"——这是马太效应最显著的表现。这里的学术资源既包括人、财、物,也包括各类信息与知识[3]。例如,文献集中的趋势带来了核心期刊的马太效应,作者集中的趋势带来了知名学者的马太效应。文献计量学中的经典理论如

---

[1] 默顿.科学社会学:理论与经验研究[M].鲁旭东,林聚任,译.北京:商务印书馆,2003:614.
[2] 默顿.科学社会学:理论与经验研究[M].鲁旭东,林聚任,译.北京:商务印书馆,2003:623.
[3] 杨红艳,蒋玲.马太效应调控视角下的学术评价机制改进[J].河南大学学报(社会科学版),2015,55(5):145-151.

洛特卡定律、布拉德福定律、齐夫定律、普赖斯定律等本质上均反映了学术资源的不平衡分配状态,也是马太效应长期积累的表现。按照学术等级将学术期刊、科研人员、从事科研活动的机构由高到低进行排序则会发现,地位越高,个体数量越少、能力越强,地位越低,个体数量越多、能力越弱。从另一个角度看,学术资源的分配则呈现出相反的状态,具体而言,数量少、能力强的高位者拥有最为丰厚的资源,而数量多、能力弱的低位者则需要为少量资源而激烈竞争。比如,相比于普通院校,知名高校能吸引更有实力的科研人员供职,招收更加优秀的生源,申请更高级别基金项目的支持等;拥有高级职称、高学历、名校毕业、高层次基金项目等条件加持的研究人员也有更多在核心期刊上发文的机会——强者拥有更多资源和机会后可能将变得越强,而新晋科研人员产出的真正有价值的科研成果则难以拥有更多的曝光,这有碍于青年学者的职业发展。换句话说,科研人员通过获得学术共同体的反馈来提高生产力,而缺乏这种反馈的学者将面临生产力降低的风险。在多重资源的加持下,学术竞赛中的领先者将跑得更快,进一步拉大与落后者之间的距离。当社会科学发展规模越来越庞大时,参与者之间的资源竞争也变得更加激烈。而在马太效应的作用下,资源将更多流向给头部机构和学术精英,因为这种资源流向有利于实现资源利用效率最大化。

以上是从外部因素切入,对学术上层群体如何"被动地"积累资源进行的分析。不仅如此,学科优势机构和学术精英本身就有主动吸引和获取资源的能力。大科学时代,社会科学发展结晶化的重要表现之一便是大型的学术机构拥有完善的科研管理制度、全面的科研平台、雄厚的资金和优良的试验设备等条件,足以支撑其开展跨学科、跨机构、跨地区、跨国家的大型研究项目。这些软硬件条件优良的机构可以吸引大量高精尖人才,而这些机构也有充裕的机会去优中选优。科研能力的增强有助于机构进一步提高成功申请或获得纵向项目和横向项目的概率,使之在竞争中处于更加有利的地位,这反过来又为进一步提升科研力量创造物质条件。在如此循环往复,头部机构与学术精英将会长期占据学术资源中的一片富裕之地。

但是马太效应的深化发展将有可能成为社会科学创新的绊脚石。资源配置的两极分化可能会加剧学术共同体内部的分层、激化内部矛盾,不利于科研团队形成良好的团结精神和整体科研能力,还可能造成科研资源的浪费。例如,清华大学2021年预算经费总额高达317亿,虽然国家近几年一直在减少清华大学的预算,最新财政投入占比不到15%,但是清华大学拥有强大的"吸金"能力,包括通过投资上市公司带来的收入、企业投资、成果转让、合办公司等方式获得额外的研究经费。诚然,与其他高校相比,清华大学的科研产出比很高,但其科研经费的利用率如何也值得关注。据统计,清华大学2020年预算经费总额是310亿,其中有88亿通过"上年结转"的方式转入到2021年经费当中[①]。这说明清华大学2020年高效利用的科研经费不足70%。相比之下,天津大学、南开大学、北京交通大学、兰州大学等几十所大学在2021年都面临着预算经费不同程度下降的问题。若将这笔经费用以支持其他高校、科研机构重点项目或潜力项目的发展,则可能会得到更好的资源利用效果。由此可见,科研经费、科研仪器及科研资料、数据及人力等资源的浪费,已经开始阻碍我国国际科技竞争能力的进一步提升[②]。

2.3.2 国家社会科学基金数量的分布差异

国家社会科学基金立项数量及特征反映了不同地区、不同学科、不同机构甚至不同学者的研究竞争力,也能反映出国家社会科学研究经费投入的主要去向和研究依赖的主要力量。国内学者针对国家社会科学基金项目数据从不同角度进行了大量研究,发现国家社会科学基金数量在不同区域、学科、机构和科研人员之间存在着明显的数量差异,而有些数据分布与帕累托曲线相吻合。例如,张威考察国家社科基金翻译类项目(2000—2013年)发现,此类项目的负责人绝大多数来自高校(91%)。这一发现一方面说明高校的人才、资源优势突出,是翻译研究的主力军;同时也说明翻译研究的主体单一,如政府部门、市场机构等参与度明显较少、对翻译现象关注不足[③]。白云根据1991—2015年国家社科基金项目中新闻学与传播学立项自主项目的数据研究发现,25年内共有286个单位获得该类学科国家社科基金资助[④],其中30家机构承担的项目占总数的45.4%,是新闻学与传播学国家社科项目的主力军,这体现出其学科领军者的优势地位。张裕晨等学者对2009—2019年国家社会科学基金项目统计分析得出,我国31个省、自治区、直辖市的国家社会科学

---

① 清华大学.清华大学2021年度部门预算[EB/OL].2021-04-09[2022-02-28].https://www.tsinghua.edu.cn/info/1119/81831.htm.
② 康贝贝."马太效应"对科学技术发展的影响[J].沈阳农业大学学报(社会科学版),2006(2):252-254.
③ 张威.我国翻译研究现状考察——基于国家社科基金项目(2000—2013)的统计与分析[J].外语教学与研究,2015,47(1):106-118+161.
④ 白云.新闻学与传播学国家社科基金项目及其研究成果统计分析[J].中国出版,2017(18):36-41.

基金在数量特征、优势学科、机构归属上都呈现出典型的二八定律分布:北京、上海、江苏、湖北、浙江、广东等少数省市不仅在立项数量上遥遥领先,在学科竞争力上同样优势明显。高校系统承担了八成以上的立项研究[①]。孙晶晶等学者通过研究1991至2020年图书馆、情报与文献学领域的国家社会科学基金项目发现,在核心研究群体分布中,立项数量大于等于4项的学者有12人,他们都是该研究领域的权威专家。而在研究地区的分布上也存在不平衡、差异明显的情况,研究中心主要集中在北京、江苏、湖北和上海等经济、文化和科技发展较快的地区[②]。可以看出,按照不同学科国家社会科学基金数量分布来看,具有学术优势的地区、机构和学者会承担更多的项目。这意味着在较长一段时间内,国家向社会科学投入的经费将大量集中至优势地区、机构和学者手中,而其他地区和非权威机构、学者则面临更大的竞争压力。在无法获得充裕的国家研究经费支持下,其发展速度将远远落后于学科优势机构。

2.3.3 高水平科研人员的分布差异

科研人员是科研机构的血液,是科研机构保持发展活力和发展潜力的重要因素。科研人员的流动直接关系到科研机构的质量和效益[③]。目前,我国的科研机构从隶属关系上大致可以分为政府属研究机构、国有企业属研究机构、高等院校属研究机构。科研人员在不同类型机构之间的流动,或是在同一类型不同机构之间的流动都属于正常现象,而适当的流动有利于科研人员发挥自身特有的潜力和活力。但是大量的科研人才主动向某一地区或某一机构集聚,则会造成全国范围内科研人力资源的不平衡,既不利于充分发挥人才价值,也不利于学术资源的有效分配。根据我国学者的研究,我国高水平科研人员的流动和分布已经呈现出明显特征:发达地区和学科优势机构总能吸引大量人才集聚。张心淼总体概括了我国人才区域流动的一般特征,其中包括:人才从经济欠发达地区流向经济发达地区,以经济基础为条件的人才地域分化现象明显;高学历人才从国内大量流向国外,在世界范围内,我国

---

① 张裕晨,邱均平,赵腾.新时代我国省域人文社会科学研究竞争力与特征分析——基于2009—2019年国家社会科学基金项目统计数据[J].情报理论与实践,2021,44(8):68-74.
② 孙晶晶,梁茂云,李梦蕾,孙朝祎,张帆.基于可视化分析的图书馆、情报与文献学研究——以1991—2020年国家社会科学基金项目统计分析为例[J].现代信息科技,2020,4(24):123-126+131.
③ 陈秀兰.我国科研人员流动初探[J].科学管理研究,1999(6):45-47.

科研人才流入美国的趋势明显;从国内范围看,我国科研人才向东部经济发达地区的流动趋势也十分明显[①]。林静霞等学者从城市舒适性视角出发研究科研人才流动发现,我国青年学者的就业选择主要集中在北京、上海、南京、杭州等东部一线城市以及少数中西部核心城市,多选择985和"双一流"高校,就业单位的等级和科研水平普遍较高[②]。刘进等学者通过大数据简历分析法,从90所"211工程"高校、中国科学院和中国社会科学院的33609条教师简历信息中,分析出大部分社科院学术人才在其职业发展中后期选择流向高校,并且其中80%流入"985工程"高校,75%流向东部地区的知名院校[③]。"211工程""985工程""双一流"高校等拥有"名牌"加持的机构在人才招揽方面展现出强大的优势,这些"名牌"实际代表着国家各类学术资源的投入和累积,以及较为稳定的科研平台和发展前景,这些优厚的条件足以吸引一大批海内外的高质量人才纷纷投递简历。"名牌"机构拥有高水平人才的优先选择权,有权"优中选优",并设置严格的科研绩效考核制度,通过"非升即走"等方式留住最高产的一批科研人员,继而保持机构的学科优势。但是,这种科研人员的考核方式并不能保证机构产出的科研成果是颠覆性、突破性的,也极有可能落入内卷式创新陷阱。

2.3.4 优质期刊资源的分布差异

学术期刊水平如何会受到办刊经费、软硬件设置配备、工作人员素质与水平等因素的影响,其中期刊主办单位对学术期刊的支持力度将影响期刊能否长期保持较高的水准。具体而言,主办单位的科研水平和学术资源会影响学术期刊的发展和水平,反之,学术期刊的水平也影响着机构在学科或具体研究领域的学术影响力和话语权,进而影响母体单位的学术资源获取能力。目前,我国"名校办名刊,普校办普刊"的现象比较普遍,名校不仅利用雄厚资源创办了大量学术期刊,并且这些学术期刊依托母体单位的学科优势,有能力在较短时间内获得知名度和优质稿源。许多学者的研究从多方面印证了一现象。例如,王建慧统计了39种中国英文社科学术期刊的主办单位,其中科研机构、高校和出版机构占较大比例:科研机构和高校各办刊9种,出版机

---

① 张心森.中国人才区域流动问题研究[D].天津大学,2010.
② 林静霞,何金廖,黄贤金.城市舒适性视角下科研人才流动的城市偏好研究[J].地域研究与开发,2020,39(1):59-64+88.
③ 刘进,王艺蒙,孔繁盛.科研院所的人才是否在流向高校——基于科研院所与高校教师简历的大数据分析[J].高教发展与评估,2021,37(5):89-101+125.

构办刊8种,共占期刊总量的66.67%;学会办刊1种,占2.56%。其他期刊均为不同类型机构之间的联合办刊[1]。高娜和江波以42所一流大学建设高校主办的学术期刊为样本,发现C9联盟高校的优质期刊总量为129种,占样本高校优质期刊总数的37.2%。可见,国内顶尖的9所高校不仅在学术期刊创办方面保持着极高的水准,在期刊出版行业也发挥着示范与引领作用[2]。王毓珣等以我国教育学231种学术期刊样本研究了我国教育学术期刊资源配置,发现无论从办刊数量还是质量上看,教育学学术期刊的资源分配处于明显的不平衡状态,主要体现在省域地理资源配置、区域地理资源配置、主办机构资源配置、学科资源配置四个方面。以上研究说明优质学术期刊资源也出现了集聚效应,该现象的产生同样与学科优势机构获得大量国家学术资源饱和性投入紧密相关,因此,有必要从不同层面解析社会科学发展结晶现象及其背后的重要意义。

2.3.5 学术期刊数据库的发展差异

学术期刊数据库具有覆盖面广、信息量大、交互性强、全文获取等特点,现已成为学术界甚至相关研究人员查找、引证科学文献的重要工具。学术期刊数据库兼具公共性与商业性双重属性,这导致其在营利和公共服务两方面难以兼顾和平衡。一方面,学术期刊刊登的学术作品在本质上带有很强的公共属性。学术成果的生产者在科研活动中会得到各种显性或隐性的公共资源资助,而生产者也期望以较低的成本提高学术成果的传播度和曝光率[3]。另一方面,大多学术期刊数据库具有与生俱来的营利性。学术期刊数据库的运营商大多是营利性组织,非营利性期刊数据库在没有资金支持的情况下难以长期持续运营。有证据表明,在数字时代,学术期刊数据库长期处于垄断状态,世界上的主要期刊出版商出版了大约一半的论文[4]。这导致科学出版资源的垄断与暴利,科研人员、科研机构和小众科学出版机构则始终处于弱势地位,缺乏与"龙头"出版机构展开平等对话的机会。

---

[1] 王建慧.中国英文社会科学学术期刊国际化发展研究[D].河南大学,2019.
[2] 高娜,江波.一流大学与一流学术期刊融合发展——基于我国42所一流大学建设高校及其主办期刊的数据[J].教育发展研究,2020,40(21):20-27.
[3] 朱鸿军,李喆.学术期刊数据库的深层困境与商业模式革新——由知网诉讼案看"双重浸入"问题[J].现代出版,2022(1):81-91.
[4] LARIVIÈRE V, HAUSTEIN S, MONGEON P. The Oligopoly of Academic Publishers in The Digital Era[J].Plos One, 2015, 10(6):e0127502.

学术期刊数据库的垄断性十分明显。首先,外文科技期刊数据库目前在我国市场上已经处于垄断地位,中国在购买这些产品时被迫接受昂贵的定价。国内科研人员在了解学术前沿信息、回顾历史文献、查找相关数据时不得不通过外文数据库获取更为广阔的信息。为满足国内科研人员的广泛需求,我国相关政府部门、科研机构和高校每年在购买外文期刊数据库上的花费不计其数,而且续费的费用还在以近10%的涨幅每年递增[1]。但是,我国高校和科研机构却难以摆脱这种不合理的困境。国内学术期刊数据库同样存在类似的问题。中国知网(以下简称CNKI)、维普资讯和万方数据知识服务平台是国内学术影响力较大且利用率较高的综合性中文电子期刊全文数据库。国内大多数高等院校、公共图书馆和科研机构都订阅了这三家数据库作为主要的中文文献信息服务系统[2]。由于我国目前尚未设置专门部门以管理和协调该产业的发展,学术期刊数据库产业也因此处于自由发展的状态。为保持核心竞争力、吸引更多学术市场份额,学术期刊数据库推出了更具特色的专题数据库和综合数据库。例如,CNKI组织创建专题知识库"袁隆平院士论文集""应对百年未有之大变局的中国经济""新型冠状病毒肺炎",以及协同研究平台、在线教学服务平台和科研项目申报信息库等。CNKI囊括如此丰富的文献资源的目的是为了提高其议价能力。2022年4月,因"中科院停用CNKI事件",知网再次被推到了风口浪尖。其实在近几年,CNKI已经与多家学术机构和高校产生摩擦。十年来,曾有6所高校相继因续订费用上涨幅度较高,宣布停用中国知网,包括北京大学、武汉理工大学、南京师范大学等高校[3]。而该争端的背后便是CNKI等国内巨头期刊数据库将公用的学术数据私有化的结果。这一现象也成为社会科学资源流向头部机构的重要表现之一。

2.3.6 大学与学科排名的固化现象

科学指标数据库(Essential Science Indicators,ESI)作为一种评价工具,在衡量科学研究绩效、跟踪科学发展趋势的分析上被学术界普遍认可[4]。它收

---

[1] 王波,吴汉华,宋姬芳,高冰洁,朱本军,朱强.2016年高校图书馆发展概况[J].高校图书馆工作,2017,37(6):20-34.
[2] 谭捷,张李义,饶丽君.中文学术期刊数据库的比较研究[J].图书情报知识,2010(4):4-13.
[3] 广州日报."中科院停用"背后:争议漩涡中的知网[EB/OL].2022-04-21[2022-05-06].https://baijiahao.baidu.com/s?id=1730676069585622974&wfr=spider&for=pc.
[4] 王艳.基于ESI的免疫学领域研究的影响力分析[J].江苏科技信息,2020,37(19):69-71.

录了近十年以及统计当年前几个月的论文数据,并将收录的期刊划分为22个学科大类,通过论文数、论文被引频次、学科规范化引文影响力(CNCI)、论文被引百分比、H指数等指标,从多角度对国家和地区、机构、学者及期刊学术水平进行了全面的衡量[1]。在十年间被引频次位列全球前1%的研究者和机构,以及全球前50%的国家/地区和期刊才能入选ESI。该数据库每2个月(每月10日左右)更新一次[2][3],每次更新都吸引国内各大媒体争相报道,也受到学术界与社会的广泛关注[4]。

目前,ESI的大学和学科排名完全依赖论文被引频次。作者、机构、期刊和国家/地区能否入选ESI,完全取决于论文被引频次。根据近十年ESI发布的学科排名情况,绝大部分学科领域均有中国高校进入ESI全球排名前1%,并且我国高校前1%学科数、前1‰学科数、拥有前1%学科的高校数以及拥有前1‰学科的高校数总体均呈上升趋势。从世界各发达国家的学科发展情况看,美国各学科排名始终位居世界第一,德国在大部分学科方面都处于世界领先地位[5]。从高校排名来看,近十年,我国高校ESI排名的头部机构十分稳定,中国科学院大学、清华大学、北京大学、上海交通大学、浙江大学、复旦大学、中山大学、中国科学技术大学、南京大学、华中科技大学基本常年占据着前十位次。按照ESI不同学科排名前1%的院校来看,名列前茅的机构位次变动很小。但是这种完全依赖论文被引频次进行高校排名和学科排名的机制也存在局限性。因为假若不考虑机构的论文产出能力,一些机构(包括高校)偶尔也会凭借极少引用数极高的论文成功进入ESI。此外,由于ESI数据库将所有不同规模的机构放在一起统计,如将体量较大的综合型大学与规模较小的专业型大学进行比较,这也造成绝大多数规模较大的机构排名相对靠

---

[1] 刘玉婷,马路,黄芳,龚佳剑.基于ESI和InCites的高校学科发展分析——以首都医科大学为例[J].首都医科大学学报,2017,38(5):715-726.

[2] LUTZ B, LOET L, JIAN W. Which Percentile-based Approach Should Be Preferred for Calculating Normalized Citation Impact Values? An Empirical Comparison of Five Approaches Including ANewly Developed Citation-rank Approach (P100)[J]. Journal of Informetrics,2013,7(4):933-944.

[3] 刘雪立,张诗乐,盖双双.基于论文产出的科研绩效评价——ESI和InCites应用研究综述[J].现代情报,2016,36(3):172-177.

[4] 刘雪立,郭佳,申蓝.基于ESI的大学和学科评价的局限性[J].数字图书馆论坛,2020(4):47-52.

[5] 钱万强,张峰,江海燕,墨宏山,李志兰.世界前沿科学发展趋势研究:基于ESI数据库和十大突破分析[J].中国科学基金,2017,31(1):66-71.

前,导致评估结果不准确①。在ESI排名的影响下,高校会集中资源和力量建设最有潜力进入世界学科排名前列的院校,努力打造其领先学科和优势学科。在"资源投入越多学科排名有望越靠前,学科排名越靠前就有望获得更多优质资源"这一"正向反馈"之下,处于"领跑"地位的机构和学科拥有更多机会提高科研生产力和学术影响力。但是,资源投入过度倾斜则可能导致学科发展失衡,向优势学科和热门研究领域集聚过多资源也会挤压新兴交叉学科、基础学科等的发展空间,进而对学术生态系统的健康发展产生不利影响。

---

① 颜惠,黄创.ESI评价工具及其改进漫谈[J].情报理论与实践,2016,39(5):101-104.

第3章

CSSCI来源期刊头部发文机构固化分析

社会科学是大科学建制的有机组成部分,"它正在变成像自然科学一样的'硬'科学",并成为"公众最注意和最寄予希望的科学"①。社会科学发展结晶化的表现形式多样,结果体现为学术资源长时间向核心圈层集聚。而"固化"现象则是学术层级之间流动受阻持续发展的结果。学术期刊在学术资源配置过程中发挥着重要作用,是科研机构、科研人才评价参考的因素之一。因此,将CSSCI来源期刊头部发文机构固化现象作为研究社会科学发展结晶化的切入点十分具有参考意义。CSSCI来源期刊头部发文机构固化现象是中国社会科学发展到饱和阶段的一种表现。为详细论证该现象,笔者以CSSCI来源期刊(2019—2020年)目录为主要检索依据,将2001至2020年收录的论文作为研究样本,分析CSSCI来源期刊文献信息。本书中CSSCI来源期刊头部发文机构是指各学科发文量排名前1%的机构。CSSCI来源期刊论文发表数量既在一定程度上反映了头部发文机构具有较高的学术水平和科研能力,也证明这些机构对学科发展做出了重要贡献。

3.1 中国社会科学期刊文献量增长趋势分析

论述社会科学发展结晶化的基础前提,在于论证中国社会科学发展已经进入饱和阶段。本书拟从社会科学期刊文献增长趋势的角度出发,观察社会科学发展阶段及其特征。中华人民共和国成立之后,科技期刊发展迎来了新的事业发展机会。新中国政府十分重视科技期刊出版事业,支持并鼓励科技期刊编辑人员提高专业技能;1956年,国家提出"向科学进军"的口号,激励科技工作者进一步开创事业,在政策与物质条件方面大力扶持科技期刊事业,因此,20世纪50至60年代,科技期刊数量和种类都得到了显著增长。但是"文革十年"(1966至1976年)几乎将前一阶段科技事业发展成果破坏殆尽,大多数期刊无奈停止刊发,科技期刊发展走向低谷期。"文化大革命"结束后,科技

---

① 贝尔.第二次世界大战以来的社会科学[M].范岱年,等译.北京:中国社会科学院情报研究所,1982.

期刊事业逐步回归正轨,迎来了新一阶段的发展与繁荣[①]。可见,中国学术期刊的发展是我国科学事业发展的一个缩影,也是研究中国社会科学事业发展的一个重要切入口。因此,本书按照CSSCI来源期刊学科的分类,统计并分析了CNKI期刊文献数据库1949至2021年的文献增长趋势(见图3-1)。

从整体上看,1949至1994年,我国社会科学各学科文献数量增长平缓;1994年后直至2010年左右,文献数量加速增长;而2010年后,文献数量增长进入饱和阶段,并出现了数量下降的趋势。因此,新中国成立之后,我国社会科学文献增长趋势符合普赖斯所提出科学发展的"逻辑斯蒂曲线"。在对各学科CNKI期刊文献数量增长进行曲线拟合后(见表3-1)可以发现,其二次曲线和三次曲线的R^2基本都在0.8以上,且p值均近似于0,小于显著性水平0.05,表明拟合效果良好。这体现出各学科CNKI期刊文献数量的增长曲线呈抛物线形态,存在上升和下降阶段,侧面说明了我国社会科学文献增长进入饱和阶段。需要注意的是,近几年,学术期刊版面资源没有太大的变化,但是文献数量却减少了,原因之一在于科学发展进入"饱和期",之二便是学术期刊为提高期刊影响因子,选择控制文章数量、提升文章质量。

从各学科的发展状况看,经济学论文数量增长最多速度也最快。1976至2000年是社会主义发展的新时期。中国在进入改革开放之后,国家经济发展战略在多方面进行了调整,经济学期刊文献在这一阶段也实现了第一次突破性增长;2000年中国加入世界贸易组织(WTO)后,产业对外开放进入到全新阶段,也为之后近二十年中国经济的高速发展奠定了重要基础,经济学论文发表也保持着强劲的增长态势。教育学期刊论文增长态势则与经济学有所不同。2015年之前该学科论文量增长并未出现突出拐点,这与改革开放30年来我国政府高度重视教育事业的发展密切相关。总体而言,建国之后,在国家政策的制定与引导下,我国社会科学发展以服务国家经济社会建设为目标,社会科学学术期刊的论文数量增长也经历了平缓增长阶段、加速增长阶段和饱和增长阶段。

[①] 张伯海.中国科技期刊发展的历史与现状[J].出版发行研究,2002(9):70-73.

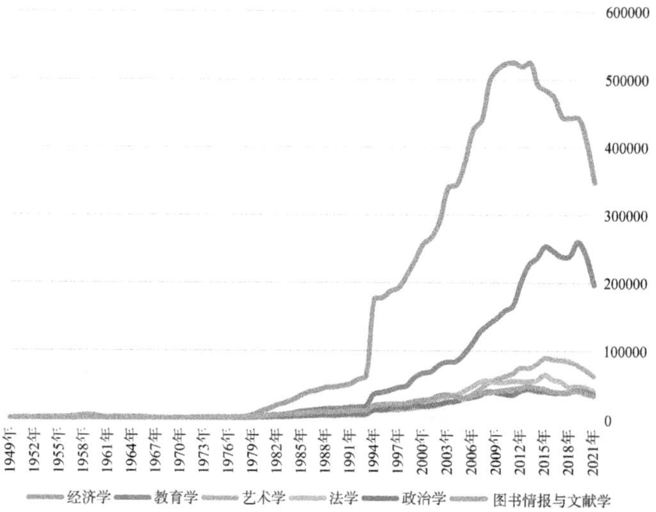
600000
500000
400000
300000
200000
100000
0
1949年
1952年
1955年
1958年
1961年
1964年
1967年
1970年
1973年
1976年
1979年
1982年
1985年
1988年
1991年
1994年
1997年
2000年
2003年
2006年
2009年
2012年
2015年
2018年
2021年
经济学
教育学
艺术学
法学
政治学
图书情报与文献学

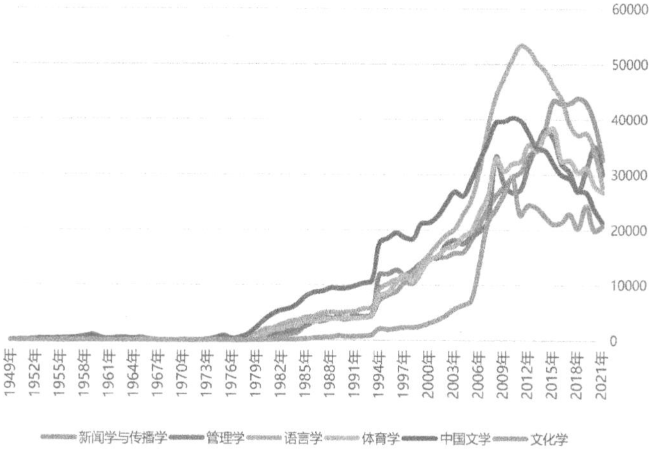
60000
50000
40000
30000
20000
10000
0
1949年
1952年
1955年
1958年
1961年
1964年
1967年
1970年
1973年
1976年
1979年
1982年
1985年
1988年
1991年
1994年
1997年
2000年
2003年
2006年
2009年
2012年
2015年
2018年
2021年
新闻学与传播学
管理学
语言学
体育学
中国文学
文化学

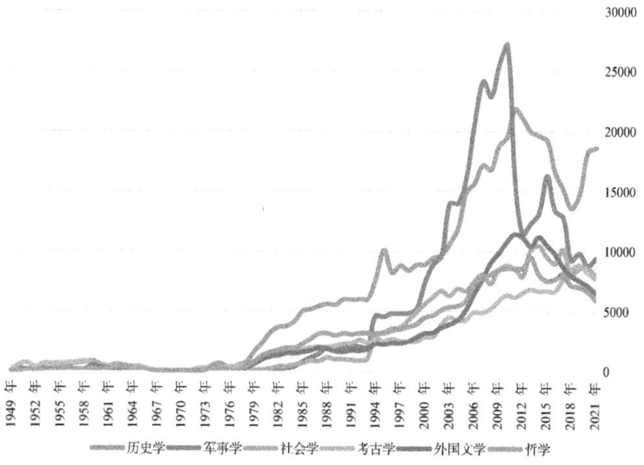
30000
25000
20000
15000
10000
5000
0
1949 年
1952 年
1955 年
1958 年
1961 年
1964 年
1967 年
1970 年
1973 年
1976 年
1979 年
1982 年
1985 年
1988 年
1991 年
1994 年
1997 年
2000 年
2003 年
2006 年
2009 年
2012 年
2015 年
2018 年
2021 年
历史学
军事学
社会学
考古学
外国文学
哲学

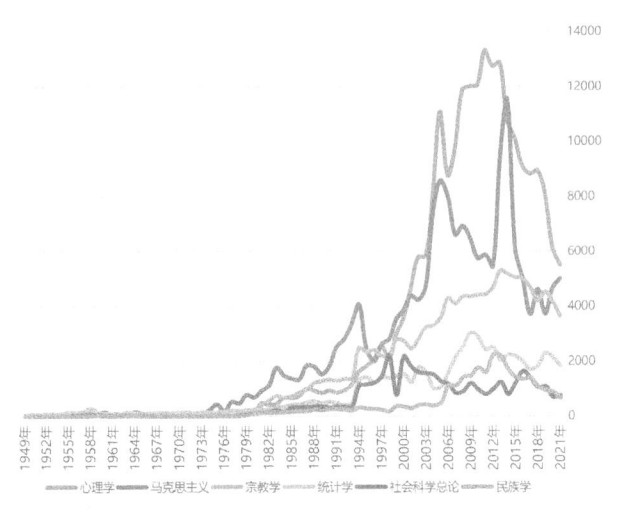

图 3-1　CNKI社会科学各学科期刊文献量年度分布

表 3-1　CNKI社会科学各学科期刊文献量增长趋势曲线拟合结果

学科	曲线拟合	R^2	调整R^2	标准误	AIC	BIC	学科	曲线拟合	R^2	调整R^2	标准误	AIC	BIC
经济学	二次	0.830	0.825	8.863	528.658	535.530	历史学	二次	0.911	0.908	6.433	481.876	488.747
	三次	0.848	0.841	8.456	522.741	531.903		三次	0.911	0.907	6.477	483.807	492.969
	对数	0.826	0.824	8.904	528.371	532.951		对数	0.760	0.756	10.457	506.645	511.054
教育学	二次	0.810	0.805	9.367	536.737	543.608	军事学	二次	0.796	0.790	9.729	542.274	549.145
	三次	0.852	0.845	8.341	520.749	529.911		三次	0.840	0.833	8.670	526.392	535.554
	对数	0.809	0.806	9.437	507.539	512.007		对数	0.763	0.760	10.505	529.888	534.385
艺术学	二次	0.821	0.815	9.117	532.775	539.647	社会学	二次	0.825	0.820	9.009	531.044	537.915
	三次	0.878	0.873	7.567	506.518	515.680		三次	0.853	0.847	8.308	520.163	529.325
	对数	0.681	0.676	12.197	542.943	547.411		对数	0.838	0.836	7.936	420.811	425.000
法学	二次	0.845	0.840	8.476	522.132	529.004	考古学	二次	0.874	0.870	7.650	507.167	514.038
	三次	0.875	0.870	7.650	508.120	517.282		三次	0.875	0.869	7.671	508.514	517.676
	对数	0.777	0.773	10.220	526.029	530.526		对数	0.778	0.775	10.212	510.946	515.385
图书情报与文献学	二次	0.884	0.880	7.342	501.176	508.048	外国文学	二次	0.898	0.895	6.868	491.429	498.300
	三次	0.896	0.891	6.993	495.008	504.169		三次	0.909	0.906	6.521	484.815	493.977
	对数	0.815	0.813	9.183	532.872	537.453		对数	0.690	0.684	10.950	467.068	471.289

续表

学科	曲线拟合	R^2	调整R^2	标准误	AIC	BIC	学科	曲线拟合	R^2	调整R^2	标准误	AIC	BIC
政治学	二次	0.845	0.840	8.476	522.132	529.004	哲学	二次	0.911	0.909	6.414	481.436	488.307
	三次	0.875	0.870	7.650	508.120	517.282		三次	0.912	0.908	6.441	482.999	492.161
	对数	0.777	0.773	10.220	526.029	530.526		对数	0.757	0.753	10.073	471.794	476.081
新闻学与传播学	二次	0.839	0.835	8.622	524.629	531.500	心理学	二次	0.818	0.812	9.191	533.962	540.834
	三次	0.873	0.867	7.731	509.660	518.822		三次	0.862	0.856	8.060	515.743	524.905
	对数	0.691	0.686	10.949	489.928	494.246		对数	0.788	0.785	9.217	467.884	472.201
管理学	二次	0.854	0.850	8.220	517.656	524.527	马克思主义	二次	0.878	0.875	7.516	504.586	511.457
	三次	0.871	0.865	7.785	510.672	519.834		三次	0.903	0.899	6.753	489.912	499.074
	对数	0.856	0.854	8.145	501.291	505.816		对数	0.714	0.710	10.493	492.027	496.376
语言学	二次	0.864	0.861	7.923	512.286	519.157	宗教学	二次	0.886	0.883	7.258	499.493	506.364
	三次	0.886	0.881	7.317	501.626	510.788		三次	0.893	0.888	7.099	497.213	506.375
	对数	0.765	0.761	10.055	493.934	498.313		对数	0.771	0.767	9.746	460.245	464.499
体育学	二次	0.862	0.858	7.995	513.600	520.472	统计学	二次	0.862	0.858	7.983	513.396	520.267
	三次	0.885	0.880	7.347	502.217	511.379		三次	0.878	0.873	7.563	506.448	515.610
	对数	0.900	0.898	6.871	457.062	461.501		对数	0.915	0.913	6.243	476.526	481.107
中国文学	二次	0.889	0.886	7.156	497.417	504.289	社会科学总论	二次	0.831	0.826	8.842	528.313	535.185
	三次	0.891	0.886	7.164	498.534	507.696		三次	0.864	0.858	7.989	514.441	523.603
	对数	0.729	0.725	11.094	522.222	526.661		对数	0.714	0.709	10.730	494.929	499.277
文化学	二次	0.740	0.733	10.970	559.791	566.662	民族学	二次	0.814	0.809	9.284	535.435	542.306
	三次	0.792	0.782	9.896	545.697	554.859		三次	0.903	0.899	6.736	489.533	498.695
	对数	0.908	0.907	6.407	473.754	478.307		对数	0.830	0.826	7.748	397.133	401.219

3.2 CSSCI来源期刊发文机构文献分布的基本特征

目前，CSSCI来源期刊论文已成为国内各大高校、科研机构、科研管理部门检索文献信息和评价科研人才、科研团队、科研机构时的重要参考依据；同时，考虑到数据采集的便捷性、学科分类的准确性，本书以CSSCI来源期刊

(2019—2020年)为研究范围,选取2001至2020年间CSSCI检索系统收录论文作为研究样本[①],利用Python爬取了CSSCI检索系统中文献的"来源篇名、来源作者、第一机构、年代卷期、关键词、合著人数"数据;文献类型限定为"论文",排除了通讯类文献、评论类文献、传记和报告等类型文献的干扰;学科类别包括马克思主义理论、管理学、哲学等26类。本书从568本期刊中共获得论文1 025 123篇,各学科论文篇数和发文作者人数如表3-2所示。

表3-2 2001至2020年C期刊各学科收录论文篇数和发文作者总数
(按照论文篇数由高到低排序)

学科	论文篇数	发文作者总数	学科	论文篇数	发文作者总数
经济学	167 970	108 970	社会学	28 633	18 750
教育学	120 450	70 388	心理学	20 207	17 876
管理学	91 257	68 888	民族学	18 085	16 825
图书情报与文献学	87 207	48 383	环境科学	14 185	12 267
法学	60 739	28 398	马克思主义	13 584	10 884
政治学	53 373	27 314	外国文学	12 510	8 847
哲学	51 657	24 674	文化学	11 672	8 480
中国文学	45 927	24 090	考古学	10 855	7 338
历史学	43 342	23 160	宗教学	10 188	6 754
新闻学与传播学	40 939	22 230	人文经济地理	6 489	6 203
艺术学	38 438	21 355	统计学	4 517	5 957
语言学	35 179	21 016	社会科学总论	2 365	3 048
体育学	33 415	18 969	军事学	1 940	2 562

由表3-2可知,CSSCI来源期刊论文数量的学科分布呈现不均衡状态,其中经济学论文数量最多,为167 970篇,占全部学科论文总量的16%。这一结果反映出经济学与社会发展、科学技术、日常生活紧密联系,影响范围广泛。

---

① 注:CSSCI系统学科分类与《CSSCI来源期刊(2019—2020)目录》存在差异,CSSCI系统学科分类将学科分为26类:管理学、马克思主义、哲学、宗教学、语言学、外国文学、中国文学、艺术学、历史学、考古学、经济学、政治学、法学、社会学、民族学、新闻学与传播学、图书情报与文献学、教育学、体育学、统计学、心理学、社会科学总论、军事学、文化学、人文经济地理和环境科学。《CSSCI来源期刊(2019—2020)目录》将期刊分为25类,"民族学"与"文化学"合并为"民族学与文化学";去掉"社会科学总论",增加"综合社科";去掉"环境科学",增加"自然资源与环境";增加"高校学报"。为研究需要并准确反映数据分布特点,两种分类在下文中皆有使用。

相较而言,军事学论文数量最少,这主要是因为军事学学科专业性强、学科规模较小,与其他学科的交叉度和融合度不如经济学、心理学、管理学等学科。表3-2统计了2001至2020年各学科发表论文的作者总数。发文作者体量是衡量学科学术共同体规模大小的重要参考。同样,经济学、教育学、管理学、图书情报与文献学的发文作者总数与论文篇数都位居前四名,而社会科学总论、军事学的发文作者总数与论文篇数都位列最后两位。这是因为经济学、教育学、管理学、图书情报与文献学、法学、政治学均为实践性强的科学,具有综合性和务实性的鲜明特征,学术共同体中有大量的科学研究人员和业务部门工作人员,并且持续性或间断性参与研究的总体人员体量较大。此外,这些学科的基础较为完善,易与其他学科或研究领域产生交叉性研究,学科内外的研究人员能够运用理论知识进行拓展研究与创新研究。因此,这些学科的期刊文献产量比较高。而社会科学总论的综合性较高、军事学的专业性极强,这些特性使得非专业性研究人员难以在CSSCI来源期刊发表高水平论文。通过相关性检验发现,学科论文篇数与发文作者总数的Spearman相关系数为1,并呈现出0.01水平的显著性,说明两者之间有着显著正相关关系。

为了解各学科CSSCI来源期刊论文发表整体分布形态,在此使用峰度(Kurtosis)指标刻画数据分布的陡缓程度[①]。与标准正态分布相比,若峰度为0,则表示数据分布与标准正态分布的陡缓程度相同;大于0表示比正态分布高峰要更陡峭,为尖峰顶;小于0表示比正态分布的高峰要平坦,为平峰顶。数据显示,所有学科论文总体分布峰度值均大于0,都存在尖峰顶,教育学峰度最高,军事学峰度最小。换言之,教育学、图书情报文献学、新闻学传播学等峰度值比较高的学科CSSCI来源期刊发文机构之间的文献量差距较大,头部集中与尾部分散的趋势更加明显。偏度(Skewness)用于刻画数据分布相对于正态分布的对称性程度。若偏度大于0,表示与正态分布偏度相同,左右对称;大于0表示正偏差数值较大,为右偏;小于0表示负偏差数值较大,为左偏。偏度的绝对值越大表示数据的分布形态的偏斜程度越大。统计发现,所有学科的偏度均大于0,说明数据分布呈右偏,仍然是教育学偏度最大,其次是图书情报文献学、新闻学传播学、宗教学,偏度最小的学科是军事学。这也说明,教育学、图书情报文献学、新闻学传播学、宗教学等偏度值排名靠前的

---

① 马庆国.管理统计[M].北京:科学出版社,2004:103-104.

学科CSSCI来源期刊发文机构文献量的平均数大于中位数大于众数,同样验证了长尾效应的出现。(见表3-3)

同一学科论文产出最多的机构和产出最少的机构之间的差距(极差Range),反映了不同机构在同一学科论文产出范围内的极端情况,其值越大,表明学科实力越悬殊,反之越接近。由表3-3可知,教育学内头部机构与尾部机构学科实力最为悬殊;军事学内头部、尾部发文机构学科实力相差较小。不同学科论文的均值(Mean)表示数据的集中趋势和平均水平。此处哲学机构发文均值最大,军事学机构发文均值最小。标准差(Standard Deviation)反映了样本数据距离中心(均值)分布的远近疏密程度。其值越大,数据间绝对差异越大,反之差异越小。法学距离均值最大,军事学距离均值最小,这表明法学论文产出在发文机构间的绝对差距最大,而军事学最小。度量数据间的相对差异程度通常采用变异系数(Coefficient of Variation)这一指标,变异系数等于标准差与均值之比。变异系数越大,数据以均数为准的变异程度大,反之越小。相对而言,统计学、社会科学总论、军事学变异系数不超过3,反映出这3个学科内的机构论文产出能力的相对差异较小。总体来说,表现民族风格、个体经验、价值自觉、主题意向等特点的人文学科CSSCI来源期刊发文机构之间的文献量差距较小,其长尾曲线中的"尾部"较短。而应用性、实践性强的学科在CSSCI来源期刊发文机构论文量上表现出的长曲线"尾部"更长。

表3-3　CSSCI来源期刊学科论文总体分布和差异情况(按照极差值由高到低排序)

学科	极差(篇)	最大值(篇)	最小值(篇)	总和(篇)	均值	标准差	变异系数	偏度	峰度
教育学	6 778	6 779	1	120 450	13.83	133.06	9.62	31.69	1 334.67
图书情报文献学	4 791	4 792	1	87 207	17.14	110.54	6.45	23.87	823.20
经济学	4 267	4 268	1	167 970	17.79	132.81	7.47	16.35	331.70
法学	3 274	3 275	1	60 739	20.70	144.76	6.99	15.23	274.98
管理学	2 724	2 725	1	91 257	19.57	112.67	5.76	11.67	173.71
政治学	2 282	2 283	1	53 373	14.15	82.53	5.83	15.91	336.11
体育学	2 151	2 152	1	33 415	17.18	88.02	5.12	17.01	363.52
哲学	2 141	2 142	1	51 657	22.60	118.74	5.25	10.62	133.75
历史学	1 868	1 869	1	43 342	17.94	97.82	5.45	11.00	146.73

续表

学科	极差（篇）	最大值（篇）	最小值（篇）	总和（篇）	均值	标准差	变异系数	偏度	峰度
心理学	1 741	1 742	1	20 207	13.55	76.67	5.66	13.05	224.61
社会学	1 695	1 696	1	28 633	11.49	62.93	5.48	15.29	311.47
新闻学传播学	1 635	1 636	1	40 939	7.32	43.82	5.99	21.98	630.33
艺术学	1 565	1 566	1	38 438	13.30	63.23	4.76	11.71	192.77
宗教学	1 366	1 367	1	10 188	8.72	48.42	5.56	20.50	539.35
中国文学	1 324	1 325	1	45 927	19.84	89.71	4.52	8.89	93.08
民族学	1 286	1 287	1	18 085	10.63	54.93	5.17	13.45	238.21
语言学	923	924	1	35 179	16.39	67.76	4.13	7.96	73.62
外国文学	657	658	1	12 510	11.89	40.35	3.39	8.01	88.10
马克思主义	619	620	1	13 584	9.04	35.00	3.87	11.07	154.39
环境科学	568	569	1	14 185	6.30	23.73	3.76	11.34	189.08
考古学	560	561	1	10 855	7.42	31.27	4.21	10.11	127.29
人文经济地理学	388	389	1	6 489	7.42	27.30	3.68	8.58	90.49
文化学	303	304	1	11 672	6.48	20.19	3.11	8.12	82.70
统计学	192	193	1	4 517	5.02	13.76	2.74	7.69	76.80
社会科学总论	114	115	1	2 365	3.48	8.26	2.38	7.32	70.83
军事学	70	71	1	1 940	3.17	6.29	1.98	6.51	54.27

3.3 CSSCI来源期刊发文机构类型分析

根据本书对CSSCI来源期刊发文机构的初步分析，发文机构的主要类型包括：高等院校、科研院所、党政部门、党校、企业、学术团体、医疗卫生机构、行业协会、文化机构、军队和其他机构。现代高等学校具有3种职能——培养专门人才、发展科学知识、为社会服务。与之相对应的工作是教育、科学研究以及提供多种形式的社会工作。科研院所是科学研究和技术开发、培养高层次科技人才、促进高科技产业发展的基地。而党政部门在加强党的集中统一领导,支持人大、政府、政协和法院、检察院依法依章程履行职能、开展工作、发挥作用[1]上发挥重要功能。党校是党培训、轮训领导干部的主渠道,其使命和职责是主抓政治之训、强化理论研究、围绕中心工作、抢占意识形态领域[2]。企业是以营利为目的,通过提供产品或服务换取收入的组织,相比于社会效益,他们更加重视争取获得更大的经济效益。学术团体最基本的属性是学术性,即繁荣学术,并推动学科发展、原始性创新和社会文明进步。医疗卫生机构是依法成立的、从事疾病诊断与治疗活动的卫生机构,医护工作者会根据业务工作开展相关研究工作。行业协会是民间性组织,不属于政府的管理机构序列,是政府与企业的桥梁和纽带,具有沟通、协调、监督、公正、统计、研究等职能。文化机构是指专门从事文化工作、具有法人资格、独立核算的事业或企业单位,包括从事艺术、图书馆、档案馆、群众文化、文物保护、艺术教育、艺术研究、文化娱乐、新闻出版等事业的机构。军队的社会职能包括推动政治议程、保护经济利益、内部群众的控制与建设、紧急事件的处理、社会仪式、守卫重要区域等。

中国科技创新体系是由公共和私有部门组成的制度网络,其中政府部门、企业、科研机构和高校是这一体系中最为关键的要素。由表3-4可知,从不同类型机构发表的论文数量来看,高等院校在所有学科CSSCI来源期刊发文都占据明显优势。即使在军事学中,高等院校发文占比最低至46.49%,该比例仍高于该学科其他类型机构的发文占比。这体现出CSSCI来源期刊中高等院校是论文发表的主要力量。从不同学科各类发文机构占比来看,军事学中军队发文占比仅次于高校,高达35.82%;马克思主义学科中党校发文占比位居第二,达到8.13%;图书情报文献学中文化机构发文占比排名第二,达到8.28%;新闻学传播学中文化机构发文占比排名第二,达到19.45%;统计学中党政部门发文占比高于除高等院校之外的其他机构,达到7.7%。由于这些学科的建设与发展不仅依赖理论研究,更有赖于业务部门和实践工作的检验、经验的积累和问题的发现,军队,党校,图书馆与档案馆、出版社等文化机构,统计局等党政部门也因此有机会在各自的学科领域内发表高质量论文。

---

[1] 习近平.决胜全面建成小康社会 夺取新时代中国特色社会主义伟大胜利——在中国共产党第十九次全国代表大会上的报告[J].理论学习,2017(12):4-25.
[2] 潘明峰,刘丙婷.加强党的政治建设 发挥基层党校职能[J].求知,2020(1):42-44.

表 3-4　CSSCI来源期刊各学科不同类型机构数量分布

学科	高等院校(%)	科研院所(%)	党政部门(%)	党校(%)	企业(%)	学术团体(%)	医疗卫生机构(%)	行业协会(%)	文化机构(%)	军队(%)	其他机构(%)
管理学	91.00	3.90	2.31	0.91	1.08	0.28	0.01	0.05	0.29	0.05	0.12
马克思主义	96.07	3.30	0.02	0.10	0.05	0.06	0.00	0.11	0.27	0.01	0.02
哲学	95.78	1.46	1.93	0.02	0.07	0.02	0.01	0.05	0.21	0.07	0.37
宗教学	94.49	3.48	0.75	0.03	0.05	0.02	0.01	0.07	0.45	0.01	0.63
语言学	91.90	5.23	0.23	0.13	0.08	0.03	1.92	0.00	0.09	0.10	0.29
外国文学	90.99	6.19	0.24	0.19	0.07	0.17	0.00	0.64	1.48	0.00	0.04
中国文学	90.17	6.23	0.48	2.23	0.09	0.24	0.03	0.00	0.48	0.02	0.03
艺术学	89.69	3.38	5.04	0.64	0.54	0.24	0.00	0.05	0.37	0.00	0.05
历史学	88.80	2.88	2.80	0.06	0.15	0.32	0.04	0.05	0.99	0.02	3.89
考古学	87.84	4.60	0.93	0.05	0.52	0.38	0.00	0.78	4.71	0.08	0.11
经济学	87.71	2.61	7.70	0.18	1.02	0.13	0.04	0.04	0.51	0.04	0.00
政治学	84.81	11.04	1.93	0.72	0.12	0.18	0.01	0.14	0.94	0.00	0.11
法学	84.06	11.39	1.45	1.01	0.06	0.08	0.00	0.01	1.72	0.02	0.21
社会学	83.53	13.52	1.20	0.14	0.18	0.11	0.00	0.06	0.99	0.00	0.28
民族学	83.26	5.97	0.97	0.60	0.41	0.04	0.09	0.05	8.28	0.06	0.28
新闻学传播学	83.18	10.46	3.09	1.78	0.19	0.28	0.18	0.06	0.47	0.02	0.29
图书情报文献学	82.71	6.41	5.72	0.87	3.59	0.24	0.00	0.07	0.30	0.00	0.08
教育学	80.67	10.02	3.12	2.80	0.39	0.59	0.01	0.23	1.73	0.38	0.07
体育学	80.65	14.10	1.68	0.59	0.05	0.23	0.00	0.85	1.60	0.00	0.25
统计学	77.66	7.39	5.06	8.13	0.17	0.48	0.01	0.04	0.95	0.06	0.04
心理学	75.35	12.85	3.26	2.16	0.76	1.65	0.00	0.13	3.51	0.00	0.34

续表

学科	高等院校(%)	科研院所(%)	党政部门(%)	党校(%)	企业(%)	学术团体(%)	医疗卫生机构(%)	行业协会(%)	文化机构(%)	军队(%)	其他机构(%)
环境科学	74.33	16.17	2.28	0.05	0.07	0.05	0.00	0.01	7.01	0.01	0.03
人文经济地理学	70.58	12.78	5.75	8.71	0.26	0.56	0.02	0.12	0.96	0.15	0.14
社会科学总论	69.26	5.16	1.49	0.21	3.26	0.46	0.17	0.25	19.45	0.12	0.18
文化学	66.03	20.39	10.73	0.49	0.87	0.11	0.01	0.24	0.90	0.07	0.17
军事学	46.49	8.45	3.87	0.77	2.89	0.00	0.00	0.00	1.34	35.8	0.36

在各学科前1%发文机构中,高校类发文机构与其他类型发文机构的数量对比更加明显(见表3-5)。26类学科中有15类学科的前1%发文机构全部由高校组成,8类学科前1%发文机构中高校占比高于90%;考古学、马克思主义2类学科的前1%发文机构中,科研院所机构数量较多,但与高校机构数量仍存在一定差距。这说明我国社会科学大部分学科的"带头"力量主要来自一流院校,各学科高校类头部发文机构在2001—2020年间的变化与流动极为不显著,进一步说明高校类头部发文机构的稳固地位。

表3-5 CSSCI来源期刊各学科前1%发文机构类型分布

学科	高等院校(%)	科研院所(%)	党校(%)	文化机构(%)
管理学	100.00	0.00	0.00	0.00
外国文学	100.00	0.00	0.00	0.00
经济学	100.00	0.00	0.00	0.00
社会学	100.00	0.00	0.00	0.00
民族学	100.00	0.00	0.00	0.00
新闻学与传播学	100.00	0.00	0.00	0.00
图书情报与文献学	100.00	0.00	0.00	0.00
教育学	100.00	0.00	0.00	0.00
体育学	100.00	0.00	0.00	0.00

续表

学科	高等院校(%)	科研院所(%)	党校(%)	文化机构(%)
统计学	100.00	0.00	0.00	0.00
心理学	100.00	0.00	0.00	0.00
社会科学总论	100.00	0.00	0.00	0.00
军事学	100.00	0.00	0.00	0.00
文化学	100.00	0.00	0.00	0.00
人文经济地理	100.00	0.00	0.00	0.00
法学	96.55	3.45	0.00	0.00
哲学	95.65	4.35	0.00	0.00
中国文学	95.65	4.35	0.00	0.00
语言学	95.24	4.76	0.00	0.00
艺术学	93.10	0.00	0.00	3.45
宗教学	91.67	8.33	0.00	0.00
历史学	91.30	8.70	0.00	0.00
政治学	90.91	9.09	0.00	0.00
马克思主义	80.00	13.33	6.67	0.00
考古学	78.57	21.43	0.00	0.00
环境科学	50.00	50.00	0.00	0.00

基于以上各类机构的性质与职能,结合数据分析可以发现,不只有高等院校具有学术研究功能,科研院所、党校、学术团体、行业协会的职能定位中也有"学术研究"这一项。但是,这几类机构在整体学术研究能力上却无法与高等院校相比。从上述数据分析来看,高校已经成为我国各类知识创新成果的主阵地和国家科技创新体系的核心组成部分。高校科研规模不断扩大、科研成果产出比例如此之高离不开国家政策的支持。为贯彻落实科教兴国战略,我国先后实施了"211工程""985工程""优势学科创新平台"和"特色重点学科项目"等重点项目,上述政策有效提高了我国高等教育整体水平。在国家政策对高等教育事业的大力支持与推动下,高校科研体量迅速增长。其中,扩大科研经费投入规模是国家对高校科研资源投入的重要表现。

科研经费是研究人员和机构开展科研活动、提升科研水平、取得科研成效的重要基础保障。随着高校科研事业进入快速发展时期，高校人文社会科学科研项目类别增加、经费来源渠道多样化、资助力度也得以增强：既有纵向科研经费（包括国家、省、市的科技部门、教育部门、政府决策咨询机构、行业主管部门和行业协会等下拨的科研经费，各高校为自设科研项目安排的科研经费，以及高校为纵向科研项目配套拨付的经费），也有横向科研经费（包括来自企业、团体组织、个人等社会各界，以科研合作、科技咨询、科技成果转让等形式取得的科研经费）[①]。与之类似，在科研项目管理结构上，我国科研院所也采用直线职能制约的管理组织结构，各单位科研项目经费来源主要是国家级、省级、地方级及部分企业根据自身发展需求对科技项目的投入。除此之外，其他类型机构的科研经费来源较为单一、层次也较为统一。如企业、医疗卫生机构、行业协会、军队等机构获得科研经费的稳定性难以保障，这也是高等院校在各学科CSSCI来源期刊发文机构占比中拔得头筹的主要原因之一。此外，不同类型发文机构的科研人员在体量和质量方面具有较大差异，期刊论文发表数量也因此具有较大差距。高校是人才的聚集地，教授和副教授有条件组建科研团队开展团队攻关，科研效率大大提高；相较而言，在社科领域，党政部门、企业、医疗卫生机构等机构开展跨机构、跨学科、跨地域的合作研究基础较弱，且难以形成系统性和稳定性的合作模式。高等院校具有学科健全的优势，跨学科、跨学院合作也十分便利。

根据普赖斯提出的科学发展结晶化概念，在特定学科内，高等院校越来越壮大，吸收越来越多的学术资源，其发展会挤占其他类型机构的科研资源，这将对其他类型机构产生不利影响。在马太效应的作用下，高等院校会或主动或被动地吸收更多学术资源，吸引高水平科研人员、获得层次更高或范围更广的科研项目资金来源。这意味着科研院所、学术团体、行业协会等类型机构难以拥有良好的科研发展机会和生长环境。以图书情报学为例，学科内部科研院所和文化机构发文占比各为5.97%、8.28%。但实际上我国各省市（甚至包括区和县）基本都设立了科技情报所、图书馆、档案馆、博物馆等机构，这些机构面向政府、大众和企业提供服务，承担了内容繁杂的业务工作，拥有着丰富的实践经验。理论来源于实践，他们本应成为实践转化为理论的纽带，但现

---

① 高宇.高校科研经费管理跟踪控制系统研究[J].行政事业资产与财务,2012(2):129-131.

实情况却并非如此,这些机构产出的科研文献量远远低于高校。一是因为该学科高水平专业人才主要聚集在高校。由于历史和现实的原因,图书馆、档案馆、博物馆等文化机构的工作人员可能不具备学科专业知识,他们仅仅是按照规定的工作流程进行专业实践,而对专业理论和实践之间的联系思考甚少。二是因为工作绩效考核导向不一致。高校以科研成果为主要考核指标,而科研院所和文化机构则不然,所以后者的工作人员缺少科研产出的动力。高校固然是科研重阵,但所有学科如出一辙地以高校作为科研的主要阵地则并非必然的结果。CSSCI来源期刊发文机构中高等院校成为各学科科研工作主要力量也是CSSCI来源期刊头部发文机构固化的一种表现。

3.4 CSSCI来源期刊头部发文机构的固化现象

CSSCI来源期刊头部发文机构固化是指期刊发文只来源于少数学术机构,这些机构每年的发文量在期刊年发文量中占比较重,且这一现象持续的时间较长[①]。通过统计论文作者的"第一单位",本书获得了每类学科2001—2020年各自的发文机构总数和发文总量,根据前1%的比例计算出各类学科的头部发文机构数量及其发文数量(见表3-6)。根据20年间各类学科前1%机构发文数量占比可知,教育学CSSCI来源期刊前1%机构发文数量占比高达58.85%,经济学CSSCI来源期刊前1%机构发文数量占比高达57.76%,法学CSSCI来源期刊前1%机构发文数量占比达55.49%。即教育学、经济学、法学CSSCI来源期刊发文量前1%机构发文量超过了所有机构发文总量的一半,说明这3类学科拥有最为稳定的头部发文机构,"数量少而强"是这3类学科头部发文机构具备的主要特征。前1%机构发文量占比在40%—49%之间的学科包括管理学、历史学、心理学、哲学、政治学、图书情报与文献学、社会学、民族学、新闻学与传播学、艺术学,共10类学科;前1%机构发文量占比在20%—39%之间的学科是中国文学、宗教学、体育学、考古学、语言学、人文经济地理、马克思主义、环境科学、外国文学、文化学、统计学,共11类学科;前1%机构发文量占比低于20%以下的学科只有2类——社会科学总论和军事学。通过分段观察发现,绝大部分学科的学术发文机构都呈现出分层倾向,头部发文机构群体已经出现,只存在数量多少的差异。

[①] 甘琳,李刚.CSSCI来源期刊发文机构固化现象的成因与影响——以图情档期刊为例[J].图书馆论坛,2021,41(2):56-66.

表3-6 2001至2020年CSSCI来源期刊前1%发文机构数量与发文量

学科	发文机构总数（家）	前1%的发文机构数量（家）	前1%的机构发文数量（篇）	发文总量（篇）	前1%的机构发文数量占比(%)
管理学	4 662	47	45 407	91 257	49.76
马克思主义	1 503	15	4 310	13 584	31.73
哲学	2 286	23	23 994	51 657	46.45
宗教学	1 169	12	3 989	10 188	39.15
语言学	2 146	21	12 555	35 179	35.69
外国文学	1 052	11	3 481	12 510	27.83
中国文学	2 315	23	18 216	45 927	39.66
艺术学	2 891	29	15 377	38 438	40.00
历史学	2 415	24	20 711	43 342	47.79
考古学	1 465	15	4 000	10 855	36.85
经济学	9 442	94	97 014	167 970	57.76
政治学	3 771	38	24 406	53 373	45.73
法学	2 934	29	33 705	60 739	55.49
社会学	2 492	25	12 696	28 633	44.34
民族学	1 701	17	7 760	18 085	42.91
新闻学与传播学	5 592	56	17 089	40 939	41.74
图书情报与文献学	5 089	51	39 835	87 207	45.68
教育学	8 707	87	70 888	120 450	58.85
体育学	1 945	19	12 586	33 415	37.67
统计学	900	9	989	4 517	21.90
心理学	1 491	15	9 590	20 207	47.46
社会科学总论	680	7	471	2 365	19.92
军事学	612	6	319	1 940	16.44
文化学	1 800	18	3 053	11 672	26.16
人文经济地理	874	9	2 065	6 489	31.82
环境科学	2 250	23	4 398	14 185	31.00

尽管还没有迹象表明论文上的"小生产者"就是无足轻重的科学家,而"大生产者"就是杰出的科学家,更没有迹象表明一个科学家(或一个机构)的级别是按其论文的生产率来排定的,但两者之间确实存在一定相关性[①]。CSSCI来源期刊头部发文机构的分布符合"二八定律"——维尔弗雷多·帕累托通过对意大利20%的人口拥有80%的财产的观察而指出:在任何特定群体内部,重要的因子通常只占少数,而不重要的因子则占多数。因此,只要能控制具有重要性的少数因子便能控制全局。结合数据来看(见表3-6),在CSSCI来源期刊论文发表中,前1%的发文机构发表的论文数量占论文总量的比例至少超过16.44%,如果将前1%扩大至前20%,那么头部发文机构论文占比这一数值也将更大

这一"集中-分散"分布也可运用布拉德福定律加以说明。本文借用布拉德福定律以及维克利对布氏定律的推论,选择将各学科CSSCI来源期刊发文机构按照分区数为4来进行计算;α为平均分散系数,能反映不同区间机构分布的分散情况,α值越大,表示发文机构头部区域n_1与其他区域的机构分布差异越大(见表3-7)。所有学科CSSCI来源期刊发文机构的α在2.73～5.49之间,数据具有明显的布拉德福分布特点。新闻学与传播学、教育学、体育学、宗教学、图书情报与文献学发文机构的"头部集中、尾部分散"差异特征更为明显。

表3-7　各学科CSSCI来源期刊发文机构的布拉德福分布表(按α值降序排列)

学科	n_1	n_2	n_3	n_4	α
新闻学与传播学	15	85	452	5 040	5.49
教育学	9	43	205	8 450	4.77
体育学	7	35	133	1 770	4.36
宗教学	4	17	73	1 075	4.27
图书情报与文献学	13	53	226	4 797	4.17
考古学	7	22	112	1 321	4.00
社会学	8	26	126	2 332	3.97
民族学	6	19	86	1 590	3.79
马克思主义	9	35	126	1 333	3.74

---

① 普赖斯.小科学,大科学[M].宋剑耕,戴振飞,译.北京:世界科学社,1982:35.

续表

学科	n_1	n_2	n_3	n_4	α
法学	5	16	68	2 845	3.69
社会科学总论	10	35	130	505	3.61
环境科学	15	48	192	1 995	3.58
文化学	16	53	198	1 533	3.52
政治学	11	36	132	3 592	3.46
人文经济地理	6	16	70	782	3.42
心理学	4	12	46	1 429	3.39
统计学	11	32	119	738	3.29
经济学	16	46	165	9 215	3.21
哲学	8	19	81	2 178	3.18
艺术学	13	33	128	2 717	3.14
军事学	13	43	124	432	3.09
历史学	8	18	74	2 315	3.04
外国文学	9	22	76	945	2.91
中国文学	11	25	91	2 188	2.88
管理学	14	33	108	4 507	2.78
语言学	13	26	97	2 010	2.73

为进一步研究学科内机构发文量不均衡的情况，本文根据前1%机构发文量的占比情况，绘制了各学科发文机构论文量的分布曲线图（见图3-2）。所有曲线都符合长尾曲线的分布态势，并呈现出更加明显的特征——头部发文机构发文量与尾部发文机构发文量之间差距巨大。这些曲线凹点出现之前机构发文数量呈断崖式下降，凹点出现之后机构发文数量平缓下降。可见，在社会科学场域内部，头部与尾部发文机构分层明显，两者之间的巨大差距导致尾部发文机构向头部发文机构圈层的流动十分困难、进程缓慢。由于篇幅限制，图中仅展示了学科发文量排名前300的机构论文数量，实际上，尾部发文机构的长度比图中更长。如此巨型的长尾背后是学术资源的分散与低效利用。

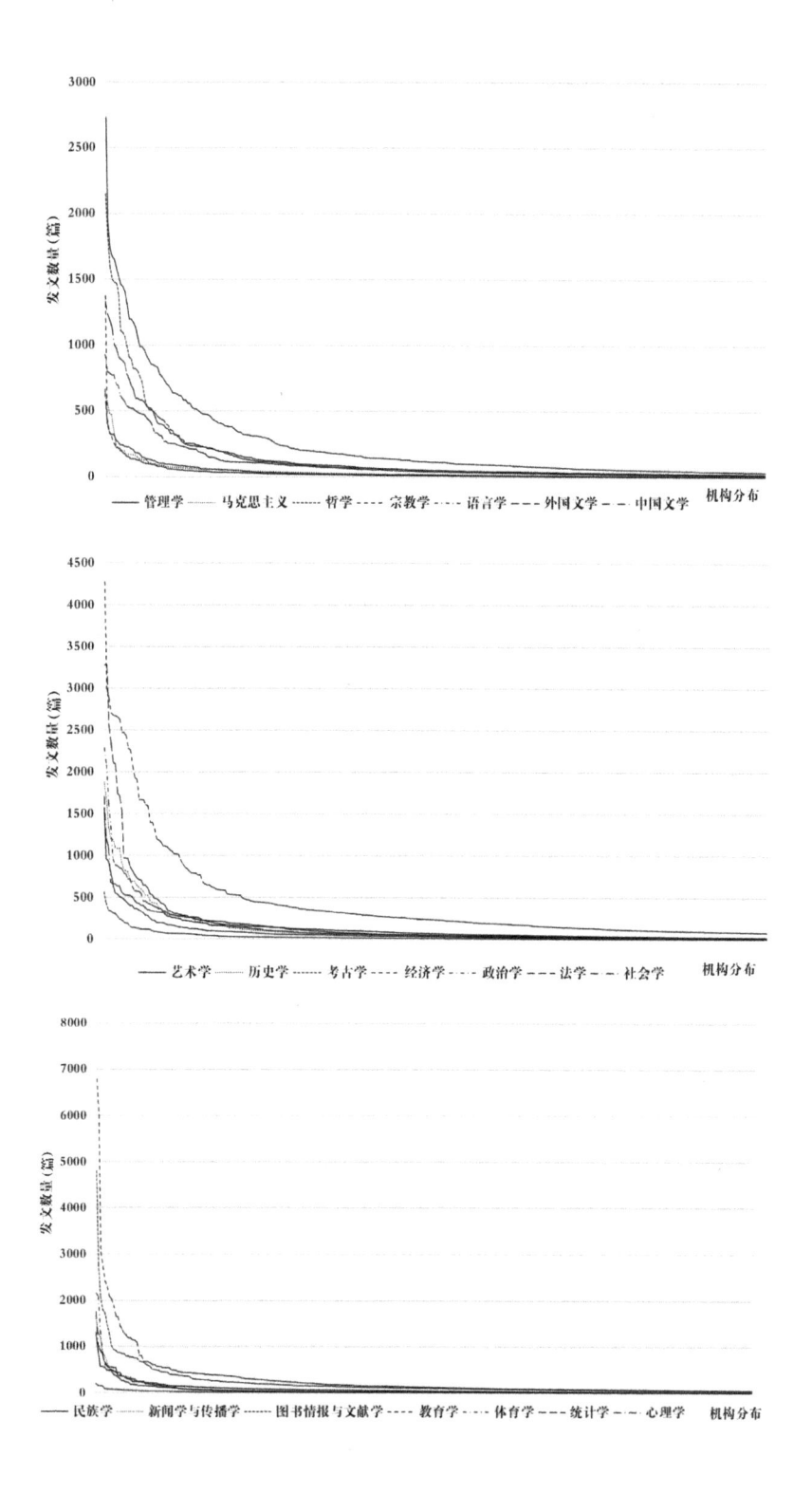

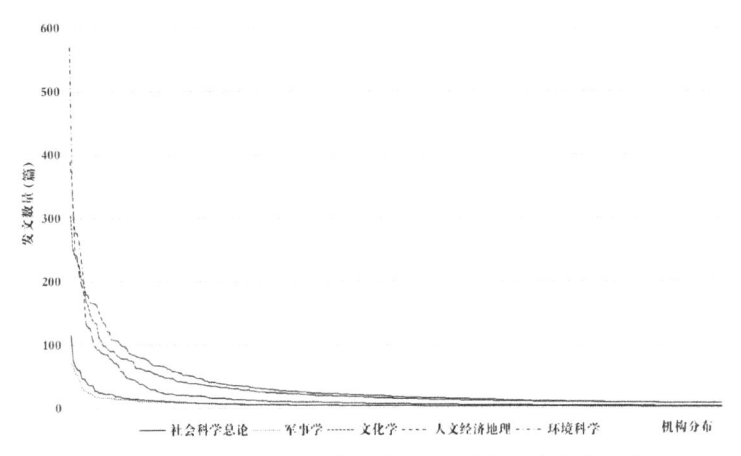

图 3-2　2001 至 2020 年各学科发文机构(前 300)论文量分布

CSSCI 来源期刊头部发文机构虽然数量少,但是"能量"极大,是科研竞赛中的强者——具有学术声望高、学术资源丰厚、科研人员水平高的特点。即使学科内新研究机构的数量不断增长,头部发文机构仍能保持领先地位。如果把 CSSCI 来源期刊论文发表的"不平等"推到极致,那么特定学科内学术生态会发生改变,限制学科发展的生态因子也会发生变化。"共生性"是学术生态的重要因子之一,学科内部不同机构之间相互影响、相互作用、相互沟通,才能促进学科整体水平的提高。但当学科内部的"不平衡性"严重影响到"共生性"时,学术生态将从相对平衡走向失衡。需要说明的是,社会科学 CSSCI 来源期刊头部发文机构的固化与科学系统中的马太效应虽然联系紧密,在实质上却不尽相同。头部发文机构获得的优势积累和光环叠加导致马太效应显现,也增加了其地位固化的可能性。但是,头部发文机构固化强调的是学术层级之间的流动性受阻,是马太效应发展到一定阶段的结果。

3.5　CSSCI 来源期刊头部发文机构固化程度测度

为计算各学科 CSSCI 来源期刊头部发文机构的固化程度,本书参考了人力资源管理中净人力资源流动率的计算方法。在人力资源管理中,人力资源的流转与周转指企业内部员工因各种离职与新进所发生的人力资源变动;净人力资源流动率是某段时间内补充的员工数除以某段时间内的平均员工数(这里的补充员工数,指为补充离职的员工所雇用的人数),该指标是考察企业组织与员工队伍是否稳定的重要指标。在正常情况下,企业保持一定的员工流动性是正常的,是企业不断更新战略技能、提高员工素质的重要手段之一。

借用以上理论,本书用 f^n 代表 CSSCI 来源期刊各学科头部发文机构(前 $n\%$)的净流动率,i 代表年份(2001—2020年),n 表示前 $n\%$,S_i^n 代表 i 年份某学科 CSSCI 来源期刊发文量前 1% 发文机构的集合,$|S_i^n|$ 则表示 i 年份某学科 CSSCI 来源期刊发文量前 $n\%$ 机构的数量,$|S_{2020}^n - S_{2001}^n|$ 表示相较于 2001 年,2020 年前 $n\%$ 机构的净流动数,并利用这一公式去测度 CSSCI 来源期刊头部发文机构固化程度(见公式一)。f 值越小,代表特定学科 CSSCI 来源期刊头部发文机构固化程度越高;反之,f 值越大,代表特定学科 CSSCI 来源期刊头部发文机构固化程度越低,只是趋于饱和状态,尚未达到过饱和状态。因为前文已经论述了中国社会科学期刊文献增长已经进入饱和阶段,所以 CSSCI 来源期刊各学科头部发文机构群体保持稳定属于正常现象,但是固化程度的增强意味着学科头部发文机构群体内部在近二十年未发生明显变化,学术权威机构长期占据头部地位,学术层级上下流动受阻,出现了发展僵化的趋势。

$$S^n = \frac{|S_{2020}^n - S_{2001}^n|}{\sum_{i=2001}^{2020}|S_i^n|} \times 20 \times 100\% \quad \cdots\cdots\cdots\text{(公式一)}$$

学科	净流动率
外国文学	0.00%
宗教学	0.00%
经济学	7.94%
图书情报与文献学	22.23%
体育学	23.82%
社会学	25.12%
教育学	25.41%
政治学	33.59%
民族学	38.22%
新闻学与传播学	40.45%
法学	41.65%
管理学	41.83%
哲学	43.21%
心理学	43.66%
中国文学	44.63%
历史学	46.77%
考古学	48.77%
语言学	48.89%
环境科学	66.08%
文化学	72.45%
人文经济地理	76.54%
马克思主义	76.86%
统计学	83.33%
艺术学	88.13%
社会科学总论	129.12%
军事学	146.52%

图 3-3 CSSCI 来源期刊发文量前 1% 发文机构净流动率 f

本书在计算CSSCI来源期刊各学科前1%发文机构净流动率时发现,部分学科在部分年份存在发文机构数量不足100的情况,导致年平均前1%的机构数小于1而流动率大于1,例如,社会科学总论与军事学(见图3-3)。另外,根据分析发现,部分学科存在头部发文机构中多个机构实力相当、竞争激烈的情况。具体表现为学科内每年的机构发文量排名都在变化,但实际发文量相差并不明显。由于一些学科规模较小,本文在选取前1%发文机构时这些学科的历史头部发文机构可能因为排名相对下降(之后可能回到头部发文机构之列)而被暂时排除在外,导致计算得出的前1%发文机构流动率较大,例如,哲学、历史学、环境科学、统计学等学科,而这其实与实际情况不甚相符。基于以上原因,本书将采样范围扩大至前10%的发文机构,以减轻个例对整体的影响。

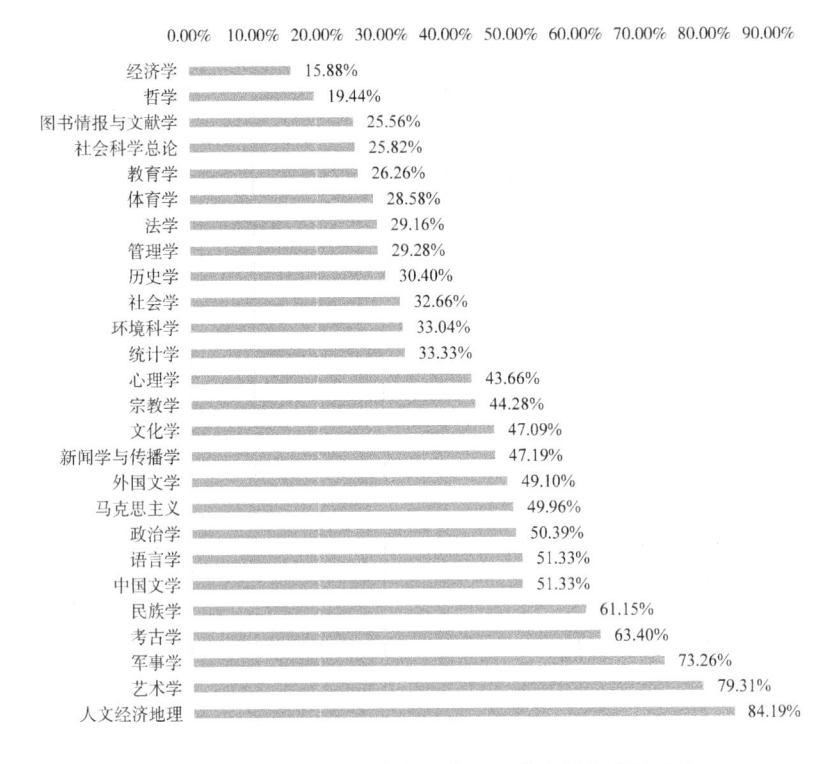

学科	净流动率
经济学	15.88%
哲学	19.44%
图书情报与文献学	25.56%
社会科学总论	25.82%
教育学	26.26%
体育学	28.58%
法学	29.16%
管理学	29.28%
历史学	30.40%
社会学	32.66%
环境科学	33.04%
统计学	33.33%
心理学	43.66%
宗教学	44.28%
文化学	47.09%
新闻学与传播学	47.19%
外国文学	49.10%
马克思主义	49.96%
政治学	50.39%
语言学	51.33%
中国文学	51.33%
民族学	61.15%
考古学	63.40%
军事学	73.26%
艺术学	79.31%
人文经济地理	84.19%

图3-4 CSSCI来源期刊发文量前10%发文机构净流动率 f

在各学科前10%发文机构净流动率测算中,经济学的 f 值最低(15.88%),其次是哲学(19.44%); f 值在20%—40%以内的学科有10类,分别是图书情报与文献学、社会科学总论、教育学、体育学、法学、管理学、历史学、社会学、环境科学、统计学；f值在41%—60%的学科有9类，包括心理学、宗教学、文化学、新闻学与传播学、外国文学、马克思主义、政治学、语言学、中国文学；f值在60%以上的学科仅有5类：民族学、考古学、军事学、艺术学、人文经济地理（见图3-4）。换句话说，经济学和哲学的CSSCI来源期刊头部发文机构固化程度最高；图书情报与文献学、社会科学总论、教育学、体育学、法学、管理学、历史学、社会学、环境科学、统计学的CSSCI来源期刊头部发文机构固化程度次之；心理学、宗教学、文化学、新闻学与传播学、外国文学、马克思主义、政治学、语言学、中国文学的CSSCI来源期刊头部发文机构固化程度较低；民族学、考古学、军事学、艺术学、人文经济地理的CSSCI来源期刊头部发文机构固化程度最低，因此，这5类学科的CSSCI的来源期刊头部发文机构群体构成还不稳定。总体上看，应用性较强的学科头部发文机构净流动率较低，理论性、人文性较强的学科头部发文机构净流动率较高，反映出应用性强的学科发展速度更快，相比于理论性、人文性较强的学科更快进入科学发展的饱和状态，甚至达到了过饱和状态。科学发展速度的快慢与国家科研资源投入的多少紧密相关，相较而言，我国社会科学更加重视应用性学科的发展，学术资源的投入更偏向于应用性学科而非理论性强的学科。应用性学科的CSSCI来源期刊头部发文机构形成之后便稳定发展进而出现固化现象。学术声望越高的机构越容易积累学术资本和社会资本，而学术声望越高的机构也越有可能成为CSSCI来源期刊头部发文机构。在正向反馈下，CSSCI来源期刊头部发文机构的核心地位将更加稳固。

结合前1%发文机构论文量占比观察发现，教育学、经济学、法学和管理学4类学科的CSSCI来源期刊头部发文机构不仅发文数量占比最高且结晶程度极高；哲学、图书情报与文献学、体育学、社会科学总论、历史学、心理学、政治学、社会学、新闻与传播学、中国文学、宗教学、语言学、马克思主义、环境科学、外国文学、文化学、统计学17类学科的CSSCI来源期刊头部发文机构固化程度较高且发文数量占比较高；民族学、考古学、军事学、艺术学和人文经济地理5类学科的CSSCI来源期刊头部发文机构固化程度较轻但发文数量占比较高。可见，不同学科CSSCI来源期刊头部发文机构的集中程度和结晶程度有所不同。总体而言，应用性强的学科CSSCI来源期刊头部发文机构的结晶程度高于理论性强的学科。应用性、实用性和技术性强的学科通常以现实的、市场的行为逻辑为主，发展以效率为首要原则，因此，这些学科学术资源的分配同样以效率优先为导向,头部发文机构比其他机构拥有更多的生存资源去发展、开拓,这对他们继续保持头部地位形成正向影响。相较之下,理论性、人文性较强的学科,比如宗教学、艺术、文学等,因包含很浓厚的主观性成分,着重于评价性的叙述和特殊性的表现[①],这些不同层级发文机构的资源差距没有达到不可企及的地步。因此,头部发文机构的流动率比较高,结晶化趋势发展较慢。需要特别说明的学科是哲学,哲学具有抽象性、统摄性和基础地位,在自然科学和社会科学中都具有重要价值,对人类认识和实践活动都具有规范和指导作用,其基础性、指导性和应用性也是极强的,国家对哲学基础理论的发展极为关注,该学科也获得了学术资源倾斜。

---

① 王云五.云五社会科学大词典(第一册)[Z].台北:商务印书馆,1973:37.

第 4 章

CSSCI来源期刊头部发文机构固化的相关因素分析

社会科学发展结晶化现象的出现与常规科学内在发展逻辑、国家饱和性投入相关。其中,科学活动参与者的社会心理条件与机制发挥着重要作用。当CSSCI来源期刊上经常能看见特定的发文作者和机构,人们不禁会思考,他们为何能长期、稳定地为该刊供稿?投稿人需要满足何种条件才能有更多机会在CSSCI来源期刊或其他高水平刊物上发表研究成果?从学术期刊论文发表来看,编辑、编委、作者、读者、科研管理部门等都是其中的参与者,他们出于不同需要和原因而做出的选择,影响着CSSCI来源期刊的选文、刊文。若将这些主体行为与CSSCI来源期刊头部发文机构固化的现象联系起来,便能直接和间接地解释固化现象的形成;学术管理部门也可以据此考虑学术成果量化评价对学术资源配置,乃至对社会科学整体发展产生的影响。本文认为,期刊学缘因素是影响CSSCI来源期刊头部发文机构固化的内在因素,而期刊编委因素、发文机构学科优势因素、期刊地缘因素、论文基金项目因素、引用和下载因素是加剧CSSCI来源期刊头部发文机构固化的外在因素或强化因素。为尽可能全面地分析以上因素对期刊头部发文机构固化产生的影响,本文增加了对期刊主办单位硕博士学位授予点信息、期刊编委信息、期刊主办单位所在省份信息、发文机构的学科评估信息的收集与分析。此项数据收集工作量较大。

4.1 期刊学缘因素分析

学缘关系,即参与学术活动的双方曾同属一个相对稳定的学术团队或专业群体,彼此间多有学术上的师承和师源关系。因分析要素有限,本书中学缘关系特指学者之间的师承关系。"导师"通常是学术机构中的高级成员,他们不仅会对学生和同事的职业发展产生影响[1],还会将他们纳入自己的学术网络以间接提升自身的学术声誉。学术期刊的工作人员及相关人员也属于导师学术人际关系网络中的重要部分。CSSCI来源期刊的主办单位大多是具

---

[1] KIRCHMEYER C. The Effects of Mentoring on Academic Careers over Time: Testing Performance and Political Perspectives[J]. Human Relations, 2005, 58(5): 637-660.

有研究功能的机构,包括高校、科研院所、党校、政府部门下设研究机构、学会、协会等。在对照全国第四轮学科评估结果后发现,心理学、外国文学、社会学、法学、艺术学、体育学、新闻学与传播学、管理学、经济学的 CSSCI 来源期刊主办单位在学科 A 类机构占比较高,均在 50% 以上;除统计学和考古学之外,其他学科的 CSSCI 来源期刊主办单位在学科 A 类机构占比在 20%—50% 之间。可见,CSSCI 来源期刊主办单位大多是具有学科优势的机构,尤其是高校。因此,从期刊主办单位的学缘关系出发,可以考察这一因素对研究机构成为期刊头部发文机构的影响。

根据期刊论文作者的职称信息和所属机构信息,可以基本判断论文是否具有一定的学缘关系。在统计 CSSCI 来源期刊论文作者单位时,不论作者署名排序,只要论文的其中一位作者来自期刊主办单位,这部分论文(共 198 276 篇)就被初步判定为具有学缘关系;通过统计作者职称(硕士研究生、博士研究生、副教授、教授等)信息,进一步精确筛选具备学缘关系,而非地缘关系、同事关系等的论文,共获得 162 371 篇[1]。按照学科计算每类学科的期刊学缘关系发文量与论文总量占比(见表 4-1)。由表可知,高校学报学缘关系发文占比最高至 37.05%,其次是宗教学(21.33%)、考古学(21.26%)、民族学与文化学(20.44%)和政治学(19.58%)。高校学报期刊学缘关系类发文占比最高与期刊定位有关。高校学报的主办单位是大学,办刊宗旨是为高校教学科研服务,主要服务对象群体是高校内的科研人员[2]。因此,高校学报期刊学缘关系类发文占比最高属正常现象。相较于其他学科而言,宗教学、考古学、民族学与文化学极具人文性、历史性、结构性和特色性,学科共同体的规模相对较小,有能力创办学术期刊并成为 CSSCI 来源期刊的学术机构本身就具有强大的学科优势。例如,四川大学道教与宗教文化研究所主办期刊《宗教学研究》、新疆社会科学院主办期刊《西域研究》、西北民族大学主办期刊《西北民族研究》等。这类拥有特色学科优势的期刊主办单位,其内部业已形成一定规模的、由学缘因素而紧密联系的发文网络。根据 Spearman 相关系数检验,各学科期刊学缘关系发文占比与各学科期刊主办单位设有硕博士学位授予点(以下简称"硕博士点")占比的相关系数值为 0.63,呈现出 0.01 水平的显著

---

[1] 注:当一篇论文的作者群体之间既具有学缘关系,又具有地缘关系或同事关系时,该论文被优先认定为具有学缘关系。
[2] 曹进克.对高校学报功能与定位问题的思考[J].中国科技期刊研究,2010,21(3):325-327.

性,说明两者之间存在显著正相关关系,即特定学科内期刊主办单位设有硕博士点数量越多,那么这一学科内期刊学缘关系发文占比就可能越高。这一结论与当前高校对于硕博士研究生毕业考核中的论文发表数量要求相吻合。一些学术机构既是研究生培养单位,也是学术期刊主办单位。在此类机构内,以导师群体为核心所形成的研究生学术网络较为庞大。在师生团队的共同努力下,其论文发表速度较快、产量较高,其所在机构主办的相关学科CSSCI来源期刊也会成为论文发表的优先选择。

表4-1　各学科期刊学缘关系发文占比与期刊主办单位设有硕博士点占比

学科	期刊学缘关系发文量/论文总量(%)	期刊主办单位设有硕博士点的占比(%)
高校学报	37.05	100.00
宗教学	21.33	100.00
考古学	21.26	37.50
民族学与文化学	20.44	85.71
政治学	19.58	89.19
体育学	18.73	72.73
自然资源与环境	18.71	66.67
人文经济地理	15.73	75.00
外国文学	15.06	100.00
历史学	14.60	63.33
社会学	14.58	81.82
经济学	14.42	80.00
心理学	14.27	71.43
艺术学	14.19	60.87
法学	13.90	79.17
教育学	13.22	70.27
图书馆情报与文献学	9.70	40.00
新闻学与传播学	9.67	60.00
语言学	9.50	83.33
哲学	9.30	61.54

续表

学科	期刊学缘关系发文量/论文总量(%)	期刊主办单位设有硕博士点的占比(%)
综合社科	6.34	70.83
马克思主义理论	5.52	33.33
管理学	5.25	58.33
中国文学	5.16	50.00
统计学	4.47	25.00

学缘因素在CSSCI来源期刊头部发文机构固化中产生的影响可以运用费孝通提出的"差序格局"理论来解释。"差序格局"以"己"为中心,体现了儒家伦理模式和社会稀缺资源的配置模式[①]。总的来说,"差序格局"具有两个最基本的特征:首先,格局中存在核心范畴。具体而言,格局中个体都共同拥有一个逻辑起点,或者都围绕着一个"核"开展生产活动。整个格局的形成和扩展都以"核"作为中心展开。其次,格局具有相对封闭性。差序格局中的个体与个体之间由利益关系所联结,从某种程度上看差序格局是利益供给格局的表现形式。同一格局不同圈层所拥有的资源总量在一个阶段内是一定的,因此,同一圈层个体之间存在天然的竞争关系。同时,为保证资源供给,圈层将对"非圈内个体"产生封闭性[②],"而这种资源的高度共有性,导致人们对其产生依附感"[③]。在古代封建社会宗族制度的影响下,圈层社会关系对于个体的职业选择与晋升、婚丧嫁娶、家族兴衰等都有极为重要的影响。即使现代社会开放程度有了极大的提高,这种圈层社会关系的影响依然根深蒂固。血缘、地缘、学缘、业缘等变量在圈层社会关系的形成与巩固方面发挥着关键作用,亲人圈、熟人圈、生人圈和陌生人圈[④]逐步搭建起来。

学术场域所具有的社会文化特性也符合"差序格局"的特质。西方学术场域的形成与发展经历了漫长的过程已经达到相对成熟的状态,加之其长时间倡导学术自由、追求真理,并建立了相对健全的学术制度,这使得情感和关

---

① 卜长莉."差序格局"的理论诠释及现代内涵[J].社会学研究,2003(1):21-29.
② 叶桂仓,马陆亭.文化影响与道路选择:我国高教研究学科化的差序格局解释[J].江苏高教,2017(3):10-14.
③ 童星,瞿华.差序格局的结构及其制度关联性[J].南京社会科学,2010(3):42-48.
④ 张怡红,曹如军.差序格局视角下的高校学术评价困境及其变革[J].江苏高教,2019(12):24-29.

系因素在西方学术场域中产生的影响较为有限。我国学术管理具有国家集中综合管理的特点,政府在一定程度上主导着学术研究资源及其分配,学术界的单位制度对学者的学术研究也起到了一定的约束管理作用,因此,我国学术圈层关系的构成将会更加复杂,行政关系、科研业务关系、学缘关系等因素势必会在学术社会中发挥一定的作用。在我国学术场域内,社会分层与差序格局可以解释成一个问题的两个方面。一方面,学术场域内学术共同体的等级制度是已然存在的客观现象,学术层级的分化意味着包括学术权力在内的学术资源的分配机制形成,该机制的变化依赖于学术层级的变化;另一方面,在学术场域中,学术精英成为圈层关系网络中的"核",其他个体通过正式或非正式的渠道,以及凭借不同联系纽带与其产生人机互动,进而形成利益关系网络。除了与前文所述的学缘关系有关外,地域关系、校友关系、同学关系、同事关系、同行关系等[1]也成为学术关系网络中点与点相互联结的关键联系。学术关系网络虽然在不断地扩大,但是距离网络核心的距离决定了个体之间的"亲疏远近"并形成了相对封闭的特征,进而在学术资源的分配和学术声誉的积累中争取圈外人难以享有的优势[2]。

    本文聚焦于学缘关系,将 CSSCI 来源期刊主办单位与硕博士学位授予点相关联,从"名校出名师、名校办名刊"的角度出发,考察期刊主办单位对期刊头部发文机构固化带来的影响。学缘关系代表着学术声望高的科研人员形成了以自身集簇为中心的小群体。特定机构与组织所设有的硕博士点数量越多,其拥有的学缘关系就愈加庞大和复杂。在形成稳定的、大网络的学缘关系后,该社会关系网中研究人员往往会就一些研究主题和研究方向形成较为统一的观点和态度,具有一定的团结性和一致性。反之,这也意味着小群体具有相对封闭性,他们会对研究领域中出现的新方法和新理论持批判态度;这也意味着处于学缘关系网络核心地位的科研人员,即使在退休之后仍能产生大量的研究成果、取得所需要的资源。此外,承担着研究生培养任务的期刊主办单位会给予本机构师生论文发表更多的支持,这对于研究生完成学业考核、机构学科优势的保持与发挥产生了积极意义。据统计,2016年、

---

[1] 张怡红,曹如军.差序格局视角下的高校学术评价困境及其变革[J].江苏高教,2019(12):24-29.
[2] 张斌.学术场域的政治逻辑[D].华东师范大学,2013.

2018年和2021年[1][2][3],教育部三次出台学位点动态调整结果,三年时间有超过1000多个硕博士点被撤销。在社会科学领域,经济学、管理学、教育学的硕博士点撤销数量最多,均超过10个。撤销学位点的原因大致可以分为学位点衰落、与高校定位不契合、学位点仍处于弱势地位三个原因。特定学科内,硕博士点的撤销与调整是各方面学术资源的整合、学科发展效率优先导向的直接结果——资源向更强有力的机构倾斜的必然规律。在这一意义上,CSSCI来源期刊给予主办单位研究人员适当的版面资源支持,对于机构学科发展是具有积极意义的,但这种"优惠政策"也在一定程度上加剧了期刊头部发文机构固化现象。

4.2 期刊编委因素分析

按照CSSCI来源期刊目录(2019—2020年)学科分类[4],表4-2统计了各学科期刊编委来自前1%发文机构的比例。其中,管理学、语言学、中国文学等9个学科的CSSCI来源期刊编委全部来自前1%发文机构,其他学科的CSSCI来源期刊编委所在机构占前1%发文机构的比例均高于50%。由此可见,头部发文机构与CSSCI来源期刊之间存在着密切的合作关系,而其中的纽带之一便是兼具多重学术身份的学者。

表4-3统计了各学科编委发文占比,更加明确地展示了编委们的论文发表实力。从各学科编委发文量/论文总量占比来看,人文经济地理(23.98%)、法学(16.45%)、体育学(16%)、教育学(14.55%)、经济学(13.87%)、管理学(13.8%)、历史学(13.73%)占比靠前,编委发文量占其所在学科CSSCI来源期刊论文总量比例较高,说明这些学科的编委在其学科领域内享有较高的权威性和影响力。结合"编委人数/作者总数"和"编委发文量/论文总量"两项指标来看,1%—5%左右的编委占比对应的发文量占比大致在3%—24%,符合二八定律的基本内涵。根据编委平均发文量分析,法学、教育学、图书情报与文

---

[1] 中国教育报.2016年学位点动态调整结果公布 175所高校撤销576个学位点[EB/OL].2016-10-20[2022-1-28].http://www.moe.gov.cn/jyb_xwfb/gzdt_gzdt/s5987/201610/t20161020_285694.html.

[2] 国务院学位委员会.国务院学位委员会关于下达2018年动态调整撤销和增列的学位授权点名单的通知[EB/OL].2019-05-06[2022-1-28].http://www.moe.gov.cn/s78/A22/tongzhi/201905/t20190524_383151.html.

[3] 国务院学位委员会.国务院学位委员会关于下达2020年动态调整撤销和增列的学位授权点名单的通知[EB/OL].2021-10-26[2022-1-29].http://www.moe.gov.cn/srcsite/A22/yjss_xwgl/moe_818/202111/t20211112_579362.html.

[4] 注:因"高校学报"学科性质难以明确,为更加明确编委因素对不同学科CSSCI来源期刊头部发文机构固化产生的影响,故此处不将"高校学报"纳入统计范围。

献学、体育学、经济学、哲学、管理学7类学科的编委平均发文量较高,这一现象基本与CSSCI来源期刊各学科前10%发文机构的净流动率(自低向高排序)相匹配,这说明以上7类学科编委发文是期刊头部发文机构得以形成的重要因素。使用Spearman相关系数检验"编委发文量/论文总量"与CSSCI来源期刊各学科头部发文机构的净流动率(f值)之间的相关关系发现,两者之间的相关系数值为-0.421,呈现出显著负相关性,即f值越小,学科CSSCI来源期刊头部发文机构固化程度越高,该学科编委发文量占期刊论文总量的比例越高。这说明编委是头部发文机构与CSSCI来源期刊之间的关键纽带,且大多数编委任职于其所在学科有明显优势的学术机构。编委作为学科带头人、学术骨干在学科领域内深耕,将学术成果发表在其任职编委的学术期刊上,提高了发表的便捷性,缩短了发表时间;同时,也提高了其本职机构的论文发表数量,巩固了CSSCI来源期刊头部发文机构的地位。

本书利用单因素方差分析"编委平均发文量"与"非编委平均发文量"发现,两组样本对于平均数全部呈现出显著性差异($F=38.480, p=0.000$)。这说明学术期刊版面有限的情况下,编委与非编委(即普通学者)之间存在着竞争关系。结合各学科"编委人数/作者总数"这项数据来看,编委是学术期刊非常重要的稿源,他们的学术成果、学术追求、学术声誉和学术影响力对于学术期刊的质量提升、影响力塑造具有重要意义。但不可否认的是,小规模学术精英群体拥有着较大比例的论文发表空间。

表4-2 CSSCI来源期刊编委来自前1%发文机构的比例

学科	编委所在机构/前1%发文机构(%)	学科	编委所在机构/前1%发文机构(%)
管理学	100.00	人文经济地理	88.89
语言学	100.00	社会学	88.00
中国文学	100.00	体育学	84.21
艺术学	100.00	法学	79.31
历史学	100.00	统计学	77.78
经济学	100.00	外国文学	72.73
政治学	100.00	教育学	67.82
民族学与文化学	100.00	考古学	66.67
综合社科	100.00	图书情报与档案管理	66.67

续表

学科	编委所在机构/前1%发文机构(%)	学科	编委所在机构/前1%发文机构(%)
哲学	95.45	宗教学	58.33
马克思主义	93.33	新闻学与传播学	57.14
心理学	93.33	自然资源与环境	52.17

表4-3 2001—2020年CSSCI来源期刊编委与非编委发文情况比较
（按"编委发文量/论文总量"由高到低排序）

学科	编委人数/作者总数(%)	编委发文量/论文总量(%)	非编委发文量/论文总量(%)	编委平均发文量（篇）	非编委平均发文量（篇）
人文经济地理	5.38	23.98	76.02	3.41	1.83
法学	1.54	16.45	83.55	28.06	1.63
体育学	1.06	16.00	84.00	20.89	1.39
教育学	0.91	14.55	85.45	27.34	1.71
经济学	1.13	13.87	86.13	18.92	1.20
管理学	1.15	13.80	86.20	15.90	2.56
历史学	3.21	13.73	86.27	9.90	0.53
心理学	1.21	11.74	88.26	10.36	1.38
统计学	1.76	10.63	89.37	4.40	1.39
综合社科	26.77	10.11	89.89	0.29	2.26
政治学	2.54	9.84	90.16	7.29	1.44
图书情报与文献学	0.66	9.79	90.21	26.84	1.81
语言学	1.50	9.30	90.70	12.21	1.64
马克思主义	3.39	9.22	90.78	4.18	1.74
哲学	1.20	9.18	90.82	18.81	0.95
新闻学与传播学	1.33	8.21	91.79	9.29	0.66
民族学与文化学	1.41	7.98	92.02	8.35	0.95
中国文学	1.57	7.85	92.15	13.65	2.06
自然资源与环境	0.87	7.85	92.15	5.18	1.16
社会学	0.78	7.82	92.18	12.94	1.34
艺术学	2.90	7.58	92.42	4.70	1.48

续表

学科	编委人数/作者总数（%）	编委发文量/论文总量（%）	非编委发文量/论文总量（%）	编委平均发文量（篇）	非编委平均发文量（篇）
考古学	1.77	7.50	92.50	6.26	1.18
宗教学	1.07	5.54	94.46	8.81	2.23
外国文学	1.72	3.05	96.95	3.28	0.61

编委因素对CSSCI来源期刊头部发文机构固化产生着重要影响，这是因为编委作为知名学者和权威专家在学科共同体内享有核心地位，并具有吸引资源的能力。研究领域所有参与人员所组成的社会组织被称为"社会圈子"，"社会圈子"的准确边界难以划定，该群体内全体成员的界限也难以划分。"社会圈子"的每一个成员通常熟悉另外一些成员，但不知道全部成员[1]。通常，学术领袖人物之间形成的交流网络被称为"无形学院"。克兰认为，"无形学院"内的沟通更紧密，即使"无形学院"中的科学家们在地理上是分散的，但是他们彼此之间在专业认知上的互动与沟通带来的影响更加强烈、沟通纽带更加稳固[2]。换句话说，"无形学院"中学术权威之间的联系更为紧密，交流更加频繁，无论是相互沟通、访问、讨论、协作，抑或是争论，这一交流机制都有利于提高他们自身的科研水平和学术影响力。这是学术精英之间"共谋"的一种表现，其另一种形式则表现为"老友"网络。本文在研究综述中详细介绍了"老友论"的提出、具体含义，以及对学术创新带来的影响。期刊编委拥有较高的学术声望和社会资本、处于不同的岗位、发挥着不同的指导作用，还可能身兼多家期刊编委职位。在学术资本和社会资本的加持下，大多数期刊编委都成为了"社会圈子"的中心人物（并不是正式的领导人），以及"无形学院"中的重要一员。编委们的高学术声望不仅可以为学术期刊的学术性和权威性背书，吸引"社会圈子"中其他成员投稿，也拓宽了期刊主动向国内外知名专家学者约稿的渠道。而且，编委发文会吸引"社会圈子"中其他成员更多的关注。总体而言，编委或直接或间接地为其任职的学术期刊贡献了优质稿源，帮助期刊提高了学术声誉。同时，学术期刊也优先成为编委发表最新研究成果的平台，成为他们进一步提升学术声望的重要加持。

---

[1] 克兰.无形学院：知识在科学共同体的扩散[M].刘珺珺，顾昕，王德禄，译.北京：华夏出版社，1988：12.

[2] 何亚平.科学社会学教程[M].杭州：浙江大学出版社，1990：127.

期刊所聘编委一般来自知名高校或科研机构,编委发表论文进一步巩固了其本职机构在某一学科所占据的头部位置。头部发文机构科研人员担任CSSCI来源期刊编委一职是学术期刊对学术权威秉持信任心理和省力原则的结果。为提高论文发表效率、可操作性和达成预期中的高被引量和下载量,也为追求更小的风险,学术期刊愿意选择学术精英撰写或推荐的论文优先发表,因为以往的学术经历为学术权威带来了"高质量""高水平""创新性"等标签,代表他们的研究成果在正常情况能获得更多的同行关注与认可。

总体而言,编委与CSSCI来源期刊之间的合作对于双方都具有积极意义和正向反馈作用。从CSSCI来源期刊头部发文机构固化的角度看,编委因素对头部发文机构地位长期稳定起到关键作用。研究人员是研究机构的基本单位,当研究人员学术水平突出且得到同行的广泛认可后,其发挥的学术力量将进一步增强所在机构的学术影响力。反之,普通科研人员竞争获得学术期刊版面资源则变得十分困难,其所在机构学术声誉的积累也因上述影响而十分缓慢。CSSCI来源期刊头部发文机构固化的局面在短时间内难有改变。

4.3 发文机构学科优势因素分析

学科评价属于学术共同体内部学术自治的范畴,而通过学术评价所产生的学术精英和学术声誉是一流学科的重要标志[①]。学科评价是学术评价体系的构成之一,目的在于积累学科建设与发展过程中的重要经验,并发现其中的短板与问题,从而寻求科学的管理措施增强学科创新发展活力[②]。高校学科评估主要涉及三个向度:由教育部学位中心组织的一级学科评估、由其他社会机构指定的大学或学科排名以及国家战略性学科评估。其中,教育部学位中心开展的一级学科评估已成为我国系统组织、客观权威的学科评估制度,为国家战略性教育发展及资源调配提供了重要参考。从2002年教育部学位与研究生教育发展中心(学位中心)推出首轮学科评估以来,并经过14年来三轮学科评估的不断调整运行,参与学科从最初的1300余个发展到了2016年的7450个。这体现出国家对提高高等教育水平和推动学科建设健康发展给

---

① 王建华.一流学科评估的理论探讨[J].大学教育科学,2012(3):64-72.
② 王克修,吴本陵,刘玉玲,等.刍议高等工科院校专业(学科)评价的原则与标准[J].华北水利水电学院学报:社会科学版,1994(3):8.

予了深切期望。为实现这一目标,我国高等学校办学水平与学科评价紧密挂钩,以期通过量化方式鼓励、推动学科建设和高水平机构发展。

为说明拥有学科评估优势的研究机构是学术期刊倚重的发文机构,本文先将"全国第四轮学科评估"中的学科分类与CSSCI来源期刊学科进行分类处理,按照国务院学位委员会和教育部颁布的《学位授予与人才培养学科目录》对两者进行对照(见表4-4),以便后续对应学科统计期刊论文。需要说明,学科评估中"世界史""中国史"归为CSSCI来源期刊"历史学"统计、"理论经济学""应用经济学"归入CSSCI来源期刊"经济学"统计、"公共管理""农林经济管理""管理科学与工程""工商管理"归入CSSCI来源期刊"管理学"统计、"中国语言文学""外国语言文学"归入CSSCI来源期刊"中国文学""外国文学""语言学"合并统计,以此最大限度地保证各学科期刊论文统计的全面性。

表4-4 CSSCI来源期刊学科分类—全国第四轮学科评估学科分类对照表

CSSCI来源期刊学科分类	全国第四轮学科评估学科分类	CSSCI来源期刊学科分类	全国第四轮学科评估学科分类
历史学	世界史	考古学	考古学
	中国史	民族学与文化学	民族学
心理学	心理学	政治学	政治学
艺术学	艺术学	体育学	体育学
法学	法学	社会学	社会学
教育学	教育学	新闻学与传播学	新闻传播学
图书馆情报与文献学	图书馆情报与档案管理	哲学	哲学
经济学	理论经济学	马克思主义理论	马克思主义理论
	应用经济学	语言学	外国语言文学 中国语言文学
管理学	公共管理	外国文学	
	农林经济管理	中国文学	
	管理科学与工程	宗教学	
	工商管理	自然资源与环境	—
综合社科	—	人文经济地理	
统计学		高校学报	

本书根据全国第四轮学科评估结果,按照各学科排名A-及以上的机构名单(简称为"A类机构",除A类机构外,期刊发文机构中其他机构统称为非A类机构),统计了CSSCI来源期刊前1%发文机构在学科评估A类机构中的占比(见表4-5)。由表可知,大多数学科的CSSCI来源期刊前1%发文机构与学科评估A类机构相重合,例如:历史学、中国文学、外国文学、语言学,管理学,经济学;艺术学和马克思主义理论的两类机构名单虽然不是100%重合,但均高于50%。这说明CSSCI来源期刊前1%发文机构作为头部发文机构在学科评估中占据头部地位方面具有极大的潜力和优势,或者说CSSCI来源期刊发文量为头部发文机构在学科评估中被赋予了先发优势。

本书按照学科评估中A类机构名单统计其2001—2020年发文量,结合该时间段各学科CSSCI来源期刊发文总量和非A类机构数量,得到A类与非A类机构各自的平均发文量(见表4-6)。由表可知,A类机构平均发文量非常高,A类机构平均发文量至少是非A类机构平均发文量的29倍(出现在"马克思主义理论"这一学科),教育学A类机构平均发文量甚至是非A类机构平均发文量的293倍。各学科A类机构数量差异较大,管理学(A类机构40家),艺术学(A类机构25家),马克思主义理论(A类机构23家),中国文学、外国文学、语言学(A类机构22家),经济学(A类机构20家),另有9门学科的A类机构数量少于10家。表4-6能充分说明学科评估A类机构凭借其学科"领军者"的角色,在所在学科高水平期刊上发表了大量文章。本书利用方差分析A类机构平均发文量与非A类机构平均发文量之间存在显著性差异($F=31.347, p=0.000$),说明了不同学科评级机构在论文发表能力方面差异较大。此外,通过Spearman相关分析可知,A类机构平均发文量和f值之间的相关系数为-0.75,说明两者之间存在显著的负相关关系。f值越低,学科CSSCI来源期刊头部发文机构固化程度越高,A类机构平均发文量越高。从某种程度而言,研究机构在学科评级中占据头部位置就意味着高质量期刊将倾斜版面资源,这对机构保持学科优势并在后续学科评估或类似评估中稳居头部地位具有重要意义。但是,处于弱势地位的机构和科研人员则会面临"发文难"的问题,这一问题也将直接影响其在新一轮学科评估中的表现,学科排名上升则很有可能受阻。

表4-5　CSSCI来源期刊前1%发文机构在学科评估A类机构中的占比
（按学科前1%发文机构/A类机构由高到低排序）

学科	前1%发文机构/A类机构(%)	学科	前1%发文机构/A类机构(%)
教育学	100.00	民族学	100.00
图书情报与档案管理	100.00	考古学	100.00
法学	100.00	历史学	90.91
哲学	100.00	中国文学、外国文学、语言学	72.73
政治学	100.00	管理学	72.50
心理学	100.00	经济学	70.00
社会学	100.00	艺术学	60.00
体育学	100.00	马克思主义理论	58.48
新闻传播学	100.00		

表4-6　A类与非A类发文机构数量、平均发文量对比
（按学科A类机构平均发文量由高到低排序）

学科	A类机构发文数量（篇）	非A类发文机构数量（篇）	A类机构平均发文量（篇）	非A类机构平均发文量（篇）
经济学	20	9 423	6 459	25
教育学	10	8 697	4 102	14
图书情报与档案管理	3	5 086	3 919	17
法学	14	2 921	2 487	32
哲学	8	2 279	2 439	25
政治学	7	3 765	2 350	23
中国文学、外国文学、语言学	22	3 705	2 285	27
管理学	40	4 622	2 016	17
历史学	11	2 404	1 855	22
心理学	5	1 486	1 455	9
社会学	6	2 486	1 434	15
体育学	8	1 938	1 383	12
新闻传播学	8	5 585	1 252	9

续表

学科	A类机构发文数量（篇）	非A类发文机构数量（篇）	A类机构平均发文量（篇）	非A类机构平均发文量（篇）
民族学	3	1 698	1 024	11
艺术学	25	2 866	731	15
考古学	3	1 459	463	8
马克思主义理论	23	1 480	231	8

从发文机构的角度来看，学科优势因素与CSSCI来源期刊头部发文机构的优势积累具有最为紧密的联系。大学内部的学科既形成了相对独立的知识体系，也是一种"无形学院"，是同行能够相互认同并获得承认的重要场域。在学科建设过程中，人们尊重学术权威，将学科评价结果作为同行承认的重要依据。该结果是用以检验高等教育体系学科发展、教学管理、科研管理等工作成效的重要手段，直接影响着社会各个方面对学科乃至大学的印象与看法[1]。同时，学科评估结果也被政府相关部门作为学术资源投入的主要依据。因此，高校管理者和学科从业者十分看重评估结果。越是具有权威性的学科评估越可能涉及外部资源的分配，为了抓住评估窗口期的机遇，高等院校和一些科研院所会努力在竞争中占据有利位置。对于参与评估的学术机构而言，保持并提高高水平期刊论文的数量是提高其学科评估竞争力的重要条件；而越在学科评估结果中占据头部位置、积累学科优势，越有利于机构获得更多支持其发展的学术资源，以提高科研成果的学术水平，这对于该机构科研人员在高水平期刊发表更多论文也同样具有积极作用。因此，在学术机构对科研人员设置的科研成果绩效考核标准中，高层次论文是一项重要指标。虽然科研人员自身背景因素、政策因素、期刊因素会影响其投稿行为，但从整体上看，现行科研成果考核要求对科研人员的投稿影响程度最大。科研绩效考核要求愈发强调科研人员要在国内外一流学术期刊上发表一定数量的论文，这已成为科研人员获得学位和职称，成功申请项目，完成绩效考核、评奖评优等方面的重要参考依据[2]。因此，在学科评估、科研绩效评估的目标导向下，学术机构及其科研人员都将高层次论文发表视为科研工作的重要内容。

---

[1] 朱明,杨晓江.大学学科评价之思辨[J].中国高教研究,2012(5):41-47.
[2] 张夏恒.我国科技期刊作者投稿影响因素研究[J].西部学刊,2019(2):107-110.

从学术期刊的角度来看,在学科评估中获得优势地位的机构所发表的文章更容易获得学术期刊编辑的关注。学术期刊编辑在工作中难免会运用习惯性思维和省力原则。习惯性思维和省力原则是一种在现实生活中广泛存在的现象,特别是一些长期从事脑力劳动的人,这种工作方式帮助他们遵循以往的经验,并在最短的时间内做出判断、提高办事效率;但另一方面,这种工作方式也会使他们陷入思维定式[1]。学术期刊编辑工作主要依靠编辑的主观思维进行。编辑本身的素质和在工作中形成的思维方式直接影响着期刊质量[2]。一些学者研究发现,编辑在选择和审阅论文时会受到作者年龄、单位、学历、职称、名气等因素影响,也会受到论文所属的基金项目、重点课题等附加信息的影响,导致他们在判断文章学术质量时带有一定的主观色彩[3][4],从而有可能造成审稿活动中的"马太效应"[5],即更看重或优先考虑"名校名家"的文章。国家学术管理部门开展的学科评估活动及其评价结果意义重大,对参与评估的学术机构而言是一种官方认可,对学术活动中的其他参与者而言是一种政策支持导向。在这一导向下,学术期刊自然而然地会重视这些A类机构的来稿,会预先推断A类机构的来稿研究价值更高,形成一种认知性锁定[6]。但实际上,来自A类机构的论文质量和创新性也存在着差异。

在学术场域中,无论是学科评估抑或是学术期刊评估,其影响之一便是学术共同体的层级分化。基于评估赋予的优势和其他成员所预设的价值观,居于上层的科研人员、机构、学术期刊之间会进行更紧密的非正式交流,他们获取资源的能力则远远超过普通科研人员、机构、学术期刊。从这一方面看,学科优势因素巩固了CSSCI来源期刊头部发文机构的地位,缺乏评估优势条件的机构和科研人员难以追赶上头部发文机构的发展步伐,在学科评估排名中向上流动也因此十分困难。

4.4 期刊地缘因素分析

"地缘"这一名词源自国内学者对西方人文地理学中常提及的"地缘政治

---

[1] 陈清彪.走出惯性思维的误区[J].广东石油化工学院学报,2009,19(2):15-18.
[2] 范建凤.科技期刊编辑思维探析[J].江汉大学学报:自然科学版,2013,41(4):199-202.
[3] 徐雨衡.试论学术期刊审稿权的分配机制[J].中国编辑,2017(12):62-66.
[4] 杨怀玫.期刊编辑思维定势的消极影响及对策研究[J].渤海大学学报:哲学社会科学版,2013,35(4):137-139.
[5] 张冰.审稿人非理性行为的表现及期刊的对策[J].编辑学报,2007,19(4):251-253.
[6] 郝广龙,李盛聪,李宜芯.一流学科创新发展:机遇、困境及其突破[J].中国教育科学(中英文),2021,4(4):120-129.

学"(Geopolitics)的译名。目前,学术界关于地缘概念的解读主要有两种方式:第一种观点是把地缘理解为一种地缘关系,强调地理事物之间存在某种关联。基于这一理解,"地缘"概念便不同于常见的"地理"概念,前者多用来表述在国际空间范围内,国家之间、国家集团之间在各个领域(政治、经济、文化、军事乃至资源与环境)的相互关系[1]。第二种理解则将地缘和地缘关系区分开来,将"地缘"更多地对应于地理空间的实体,而地缘关系则是地缘之间的相互作用关系[2]。本节所研究的期刊地缘因素是指以我国大陆不同省份为划分依据,同一省份内CSSCI来源期刊与发文机构之间的关系。

相关研究发现,作者在投稿时存在优先考虑本地核心刊物的偏好;本地域有无核心期刊对该地域作者发文量具有一定影响[3]。此外,有学者通过对近10年不同版本的CSSCI来源期刊目录和浙江大学核心期刊目录数据为案例进行分析发现:首先,北京、上海、湖北、江苏已成为学术期刊产业的首要集聚地,学术期刊在其他省份分布则相对较为零散,呈现出省(市、区)域间的分布不平衡;其次,北京、上海、江苏、湖北等区域不仅集聚了60%左右的学术期刊核心资源,而且是知名院校和重要科研基地的聚集地;最后,区域经济与社会发展水平在一定程度上影响着学术期刊核心资源的区域分布,70%学术期刊核心资源分布在东部经济发达省份[4]。

CSSCI来源期刊主办单位的省份分布和各学科CSSCI来源期刊前1%的头部发文机构省份分布如表4-7所示。北京地区CSSCI来源期刊数量高达312份,远远超过其他省份CSSCI来源期刊数量,几乎是排名第二的上海地区期刊数量的5倍。CSSCI来源期刊数量分布与上文所提及的学术期刊核心资源区域分布基本吻合。由数据可知,北京、上海、江苏、广东四地拥有了大量的国内一流期刊资源。而全部学科的CSSCI来源期刊头部发文机构省份分布仍以北京为首位,占比34.39%,其次是江苏、上海、陕西和广东。陕西省内高校众多,但CSSCI来源期刊创办数量偏少。为进一步验证"CSSCI来源期刊主办单位省份分布占比"和"前1%发文机构省份分布占比"之间的关系,本文对其进行Spearman相关性检验后发现,两者之间的相关系数值为0.833,存在显著的

---

[1] 文云朝.关于地缘研究的理论探讨[J].地理科学进展,1999,18(2):172-175.
[2] 宋飚,王士君.地缘城市跨国整合发展研究[J].地域研究与开发,2006,25(1):5.
[3] 张立菊.国内学术期刊收录论文的区域分布分析——以图书馆学、情报学为例[J].新世纪图书馆,2015(9):38-41.
[4] 伍婵提.学术期刊跨区域集群化发展的路径探析[J].宁波教育学院学报,2017,19(6):84-86.

正相关关系。这说明特定省份内CSSCI来源期刊越集聚、数量越多,该省份也就拥有越多的CSSCI来源期刊头部发文机构;特定省份内CSSCI来源期刊头部发文机构数量越多,那么该省创办的CSSCI来源期刊数量也就可能越多(在排除北京、上海、江苏、广东地区的强影响数据后,这一分析的相关性结果仍然显著,可知存在显著正相关关系)。

表4-7　2000至2020年CSSCI来源期刊主办单位和前1%发文机构省份分布
（按前1%发文机构省份分布由高到低排序）

省份	前1%发文机构省份分布占比(%)	CSSCI来源期刊主办单位省份分布占比(%)	省份	前1%发文机构省份分布占比(%)	CSSCI来源期刊主办单位省份分布占比(%)	省份	前1%发文机构省份分布占比(%)	CSSCI来源期刊主办单位省份分布占比(%)
北京	34.39	41.50	湖南	2.26	2.85	吉林	0.90	2.85
江苏	8.60	4.80	天津	2.26	2.20	云南	0.90	1.43
上海	8.14	8.56	安徽	1.81	1.04	香港	0.45	0.00
陕西	5.43	1.95	重庆	1.81	0.78	贵州	0.00	0.39
广东	4.52	5.71	福建	1.36	1.56	海南	0.00	0.13
湖北	4.07	4.80	甘肃	1.36	1.95	内蒙古	0.00	0.52
四川	4.07	2.59	黑龙江	1.36	1.69	宁夏	0.00	0.78
浙江	4.07	1.82	江西	1.36	0.78	青海	0.00	0.26
辽宁	2.71	1.17	山西	1.36	1.56	西藏	0.00	0.26
山东	2.71	2.20	广西	0.90	1.17	新疆	0.00	0.65
河南	2.26	1.30	河北	0.90	0.78			

为进一步了解期刊主办单位所在省份发文情况与其他省份发文情况,笔者统计了期刊主办单位所在省份排名第一、第二、第三、第四、第五、第六及之后的期刊数量(见图4-1和图4-2)。由图4-1可知,期刊主办单位对其所在省份科研机构发文具有重要影响。81%的期刊主办单位所在地发文总量排名第一,96%的期刊主办单位所在地发文总量排名在前五之列。为排除国内科研大省的影响,笔者在剔除主办单位所在地为北京、上海、江苏、广东四地的期刊之后发现,期刊主办单位所在省份发文总量排名第一的期刊数量占比下降至70%,排名第二、第三、第四、第五的期刊数量占比上升至17%、5%、3%、

4%（见图4-2）。这说明除四个科研强省之外，其他省份科研机构在本省期刊发文总量处于"颈部"和"腰部"位置，与四个科研强省内期刊发文能力对比相对稍弱。

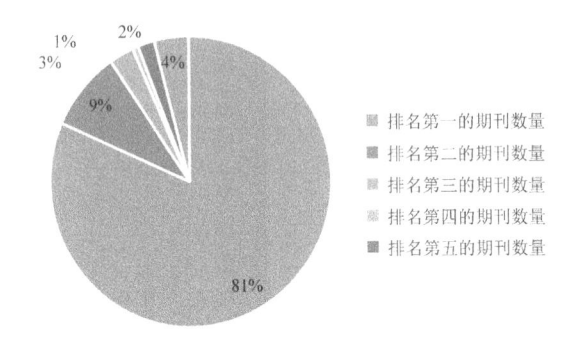

图4-1　2000—2020年CSSCI期刊主办单位所属省份排名统计情况

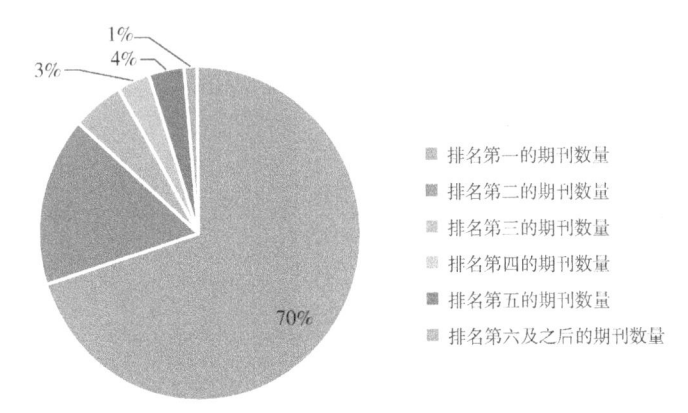

图4-2　2000—2020年CSSCI期刊主办单位所属省份排名统计情况
（除北京、上海、江苏、广东）

通过统计CSSCI来源期刊主办单位所属省份机构发文总量与同一省份CSSCI来源期刊的20年发文总量，本书得到了CSSCI来源期刊主办单位所属省份机构发文占比（见图4-3）。其中，31个省份中有21个省份的CSSCI来源期刊主办单位机构发文占比在20%以上，8个省份的CSSCI来源期刊主办单位机构发文占比在30%以上。这一占比如此之高，说明地缘关系对学术期刊论文发表产生了较大影响：某一省份拥有的一流学术期刊越多，基于这一学术期刊网络建构的学术地缘网络越强大，对于该省份学术期刊头部发文机构而言便无疑发挥着进一步巩固和推动作用。西藏地区需要作为特例进行说明：西藏地区只有一本学术期刊《西藏大学学报（社会科学版）》被收录至

CSSCI来源期刊(2019—2020年)目录,由于西藏地区具有独特的文化性、区域性,该期刊刊发的论文大多以西藏地区的经济、政治、文化和社会等方面为研究对象,所以本地机构更具有研究的地理优势,与本地学术期刊的社会关系也更近,因此本地机构的发文量占比较大。

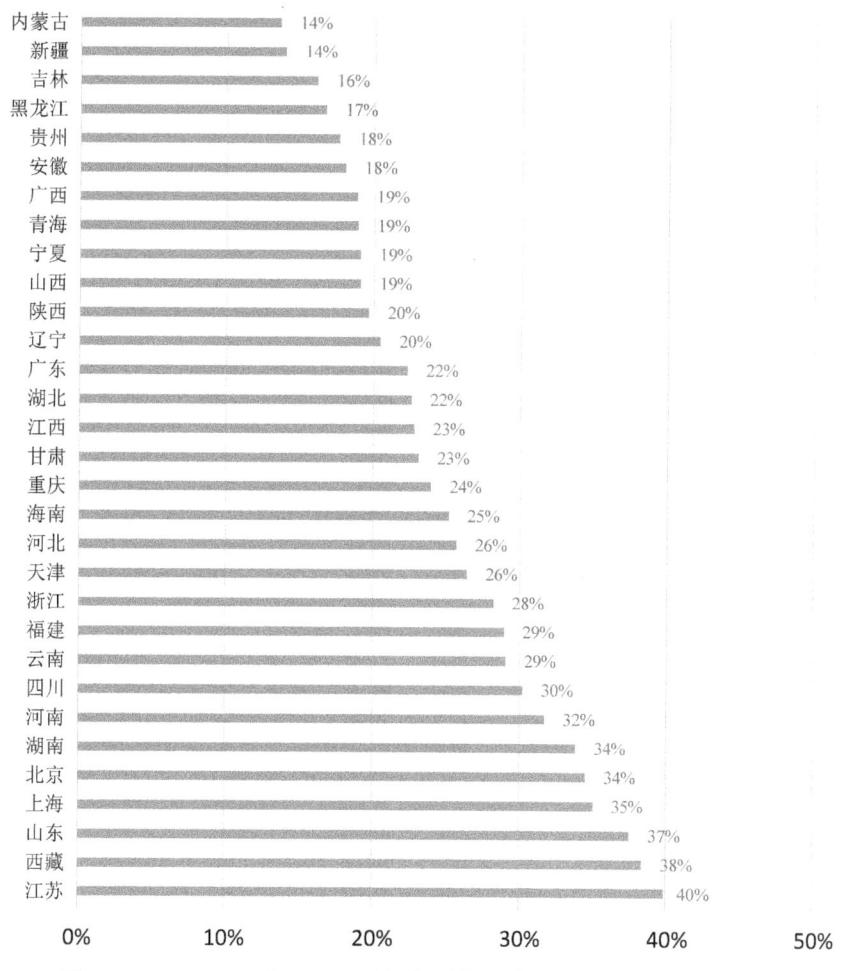

省份	占比
内蒙古	14%
新疆	14%
吉林	16%
黑龙江	17%
贵州	18%
安徽	18%
广西	19%
青海	19%
宁夏	19%
山西	19%
陕西	20%
辽宁	20%
广东	22%
湖北	22%
江西	23%
甘肃	23%
重庆	24%
海南	25%
河北	26%
天津	26%
浙江	28%
福建	29%
云南	29%
四川	30%
河南	32%
湖南	34%
北京	34%
上海	35%
山东	37%
西藏	38%
江苏	40%

图4-3 2000—2020年CSSCI来源期刊主办单位所属省份机构发文占比

地缘关系是学术共同体得以形成社会有机体的纽带之一(除地缘关系外,学术共同体的形成还基于自然意志与情感、习惯,以及血缘关系等[①])。学术共同体具有内聚性、封闭性、排他性、自主性的特征,其成员之间的关系除前文所论述的学缘关系之外,地缘关系也是学术共同体差序格局形成的潜在

---

① 滕尼斯.共同体与社会——纯粹社会学的基本概念[M].林荣远,译.北京:商务印书馆,1999:58-65.

土壤。在同一省份内,高水平学术期刊对于其他学术机构而言是一项重要资源,也是近距离的潜在合作伙伴。学术地缘是学术机构之间开展合作、学术生态系统性运行的重要纽带。国家被行政区划分为不同区域,同样的,学术共同体也可以按照行政区域划分成更小的学术群体。学术群体越小,群体成员之间的联系就越密切,尤其是处于群体中头部位置的学术机构、学术期刊、学术权威,他们之间的交流更加紧密,这是一种常见的社会关系网络。基于地缘形成的学术生态环境,对区域内不同类型、不同学科的机构间合作提供了重要平台,对地区形成稳定、合理、系统的产学研合作模式,乃至对地区经济发展都将形成正向反馈。总体而言,地缘关系拉近了同一区域内不同机构间,包括学术期刊与发文机构之间的关系,而这种合作更倾向于强者与强者之间的合作,即核心期刊与头部发文机构。但是,期刊地缘因素对于 CSSCI 来源期刊头部发文机构地位的稳固更具有积极意义,对同一区域内其他机构 CSSCI 来源期刊发文产生的影响并不显著。这说明 CSSCI 来源期刊对于同一地区非头部发文机构论文的发表影响并不大,两者的合作关系与交流不够密切。换言之,期刊地缘因素对于同地区 CSSCI 来源期刊头部发文机构的固化具有正向影响,但对于同地区其他机构论文发表的帮助或支持作用并不明显。

4.5 论文基金项目因素分析

本书通过统计 CSSCI 来源期刊前 1% 发文机构与其他机构基金论文分布,分析和对比了两者在各学科获得各层级基金项目的论文数量。根据 CSSCI 来源期刊文献的标注信息,基金类别基本可以分为国家级基金(国家社科基金、国家自科基金、国家级其他基金)、部委级基金(教育部基金、其他部委级基金)、省/市级基金、其他级基金。需要说明的是,当一篇论文标注有多个项目时,本书取论文最高级别基金进行统计。由表 4-8 可知,前 1% 发文机构基金论文数量远远高于其他发文机构基金论文数量。以管理学为例,前 1% 发文机构国家级基金论文数量是其他发文机构该级别论文的约 669 倍,前者的部委级基金论文数量是后者的约 1164 倍,前者的省/市级基金论文数量是后者的 5201 倍,前者的其他级基金论文数量是后者的 1373 倍。军事学中前 1% 发文机构基金论文数量与其他发文机构基金数量差距最小,但前者的各级基金论文也几乎是后者对应级别基金论文的 3—7 倍。这充分说明从国家到地方,政府及相关机构的科研经费主要用于支持头部发文机构的研究工作,经费支持对头部发文机构的固化发展趋势发挥了十分重要的作用。利用方差分析得出,不同基金层级样本对于前1%发文机构基金论文数量全部均呈现出显著性(F=3.434,p=0.020),这意味着不同基金层级样本对于前1%发文机构基金论文数量均存在着差异性。通过具体分析可知,不同基金层级样本有着较为明显差异的组别平均值,其得分对比结果为"国家级基金>其他级基金,国家级基金>省/市级基金,国家级基金>部委级基金"。而不同基金层级样本对于其他发文机构均未表现出显著性差异。可见,大部分国家级基金由学科头部发文机构获得,头部发文机构在申请课题项目时也主要追求获得国家级基金。利用Spearman系数检验前1%发文机构国家级基金论文数量与f值之间的关系,得到相关系数值为-0.497,说明两者之间存在显著负相关关系。这说明前1%发文机构国家级基金论文数量越多,其所处的CSSCI来源期刊头部发文机构地位越稳定,f值越小。

表4-8 CSSCI来源期刊前1%发文机构与其他机构基金论文分布情况

学科	基金层级	前1%发文机构基金论文数量（篇）	其他发文机构基金论文数量（篇）	学科	基金层级	前1%发文机构基金论文数量（篇）	其他发文机构基金论文数量（篇）
管理学	国家级基金	27 409	41	社会学	国家级基金	4 469	70
	部委级基金	5 819	5		部委级基金	1 940	34
	省/市级基金	5 201	1		省/市级基金	1 278	58
	其他级基金	4 119	3		其他级基金	1 434	68
马克思主义	国家级基金	1 424	3	民族学	国家级基金	2 559	58
	部委级基金	783	1		部委级基金	1 392	32
	省/市级基金	502	0		省/市级基金	549	25
	其他级基金	384	0		其他级基金	905	36

续表

学科	基金层级	前1%发文机构基金论文数量（篇）	其他发文机构基金论文数量（篇）	学科	基金层级	前1%发文机构基金论文数量（篇）	其他发文机构基金论文数量（篇）
哲学	国家级基金	6 314	47	新闻学与传播学	国家级基金	1 889	29
	部委级基金	3 386	25		部委级基金	1 645	16
	省/市级基金	2 069	24		省/市级基金	1 253	39
	其他级基金	1 902	39		其他级基金	2 234	75
宗教学	国家级基金	1 113	37	图书情报与文献学	国家级基金	9 968	60
	部委级基金	679	18		部委级基金	4 132	41
	省/市级基金	233	20		省/市级基金	3 486	41
	其他级基金	373	26		其他级基金	5 703	75
语言学	国家级基金	4 403	31	教育学	国家级基金	5 943	43
	部委级基金	3 006	49		部委级基金	13 633	143
	省/市级基金	1 974	38		省/市级基金	8 192	148
	其他级基金	2 410	46		其他级基金	6 361	122
外国文学	国家级基金	1 283	16	体育学	国家级基金	3 721	39
	部委级基金	790	10		部委级基金	3 641	33
	省/市级基金	664	14		省/市级基金	2 320	30
	其他级基金	659	24		其他级基金	2 838	59

续表

学科	基金层级	前1%发文机构基金论文数量（篇）	其他发文机构基金论文数量（篇）	学科	基金层级	前1%发文机构基金论文数量（篇）	其他发文机构基金论文数量（篇）
中国文学	国家级基金	4 592	35	统计学	国家级基金	1 392	64
中国文学	部委级基金	2 279	11	统计学	部委级基金	416	19
中国文学	省/市级基金	2 156	30	统计学	省/市级基金	204	29
中国文学	其他级基金	1 736	30	统计学	其他级基金	221	32
艺术学	国家级基金	1 760	13	心理学	国家级基金	5 083	72
艺术学	部委级基金	1 920	18	心理学	部委级基金	2 943	52
艺术学	省/市级基金	1 620	32	心理学	省/市级基金	1 213	39
艺术学	其他级基金	1 811	21	心理学	其他级基金	1 057	69
历史学	国家级基金	3 376	34	社会科学总论	国家级基金	258	33
历史学	部委级基金	2 730	17	社会科学总论	部委级基金	93	16
历史学	省/市级基金	1 295	23	社会科学总论	省/市级基金	79	20
历史学	其他级基金	1 642	40	社会科学总论	其他级基金	71	25
考古学	国家级基金	969	24	军事学	国家级基金	163	29
考古学	部委级基金	676	17	军事学	部委级基金	58	8
考古学	省/市级基金	101	6	军事学	省/市级基金	15	4
考古学	其他级基金	291	20	军事学	其他级基金	43	11

续表

学科	基金层级	前1%发文机构基金论文数量（篇）	其他发文机构基金论文数量（篇）	学科	基金层级	前1%发文机构基金论文数量（篇）	其他发文机构基金论文数量（篇）
经济学	国家级基金	33 784	220	文化学	国家级基金	1 174	33
	部委级基金	10 843	108		部委级基金	596	17
	省/市级基金	8 520	138		省/市级基金	630	55
	其他级基金	8 301	119		其他级基金	457	40
政治学	国家级基金	4 793	49	人文经济地理	国家级基金	1 626	65
	部委级基金	2 773	26		部委级基金	408	17
	省/市级基金	1 581	39		省/市级基金	178	8
	其他级基金	1 652	37		其他级基金	245	25
法学	国家级基金	5 546	34	环境科学	国家级基金	4 389	143
	部委级基金	4 384	36		部委级基金	1 602	93
	省/市级基金	2 337	44		省/市级基金	771	74
	其他级基金	2 953	46		其他级基金	1 325	193

为更加清楚了解学科头部发文机构和尾部发文机构获得基金项目的情况,本书借用布拉德福定律以及维克利对布氏定律的推论,选择将各学科基金论文发文机构按照分区数为4来进行计算;α为平均分散系数,能反映不同区间机构分布的分散情况,α值越大,表示发文机构头部区域n_1与其他区域的机构分布差异越大(见表4-9)。由表可知,各学科发文机构全部基金数量分布与国家级基金数量分布均符合布拉德福定律,呈现出长尾曲线;各学科发文机构全部基金数量分布的$α_1$在2.47—4.06之间、国家级基金数量分布的

α_2 在 2.11—3.69 之间,数据具有明显的布拉德福分布特点。故 CSSCI 来源期刊基金论文的发文机构分布呈现出"集中-分散"的数量分布规律,越是远离核心区的"尾部"区域(n_2、n_3、n_4)发文机构数量分布越多。相比于其他学科,经济学、教育学、管理学、图书情报与文献学的"尾部"区域发文机构数量分布更多,教育学、体育学、宗教学、图书情报与文献学的"尾部"区域发文机构分布更加分散。

表4-9 各学科基金论文发文机构的布拉德福分布表
（按学科全部级别基金 n_1 分区发文机构数量由高到低排序）

学科	发文机构的全部级别基金分布					发文机构的国家级别基金分布				
	n_1	n_2	n_3	n_4	α_1	n_1	n_2	n_3	n_4	α_2
文化学	17	45	136	531	2.83	11	27	67	240	2.47
经济学	15	35	108	2386	2.68	12	24	75	1304	2.50
中国文学	13	28	80	717	2.48	11	21	49	378	2.11
环境科学	13	37	121	1110	3.05	10	31	92	722	3.03
管理学	12	26	73	1625	2.47	8	20	48	973	2.45
语言学	12	26	79	781	2.57	9	17	43	374	2.19
艺术学	12	34	94	623	2.80	7	20	50	253	2.67
政治学	11	32	93	922	2.91	10	28	69	469	2.63
统计学	10	27	75	367	2.74	8	20	51	233	2.52
社会科学总论	10	29	73	153	2.7	10	29	73	153	2.70
马克思主义	9	30	84	433	3.06	7	21	62	242	2.98
哲学	9	20	70	830	2.79	8	17	47	486	2.42
外国文学	9	21	60	367	2.58	7	15	34	175	2.20
新闻学与传播学	9	33	109	835	3.48	4	15	43	266	3.28
图书情报与文献学	9	36	119	1341	3.64	4	17	54	642	3.67
历史学	8	18	64	725	2.83	7	17	49	392	2.65
教育学	8	35	132	2118	4.06	5	17	68	577	3.69
社会学	7	24	91	885	3.61	6	17	60	455	3.16
法学	6	16	51	867	2.92	5	11	32	385	2.53
体育学	6	25	95	875	3.98	5	20	56	404	3.35

续表

学科	发文机构的全部级别基金分布					发文机构的国家级别基金分布				
	n_1	n_2	n_3	n_4	α_1	n_1	n_2	n_3	n_4	α_2
军事学	6	23	61	88	3.19	4	18	38	48	3.08
民族学	5	16	65	587	3.61	4	16	47	334	3.43
人文经济地理	5	13	52	352	3.22	5	10	42	244	2.90
宗教学	4	16	54	345	3.67	5	15	41	191	2.86
考古学	4	12	38	296	3.08	4	11	26	155	2.55
心理学	3	9	29	713	3.11	2	7	18	356	3.00

大科学时代,课题基金是科学家和科研机构开展科研活动的重要支撑。现如今科研创新投入已经构成国家财政支出的重要组成部分。国家将有限资金投入到科学前沿领域,以支持科研工作者从事开拓性、创新性研究,以提高国家科技发展水平、缩小甚至赶超与发达国家之间的差距。各层级基金资助对科学工作者而言都是一种肯定,将鼓励并推动他们在研究领域从事有利于解决当前社会出现的热点、难点和痛点的问题,他们的研究成果也被期待具有一定的创新性、可持续发展性、技术路线合理性及可行性。在我国科学事业重点建设政策的支持下,具有学科优势的机构也获得了更多的财政拨款和各类重大专项建设工程经费,如"世界一流大学和一流学科建设"工程、哲学社会科学创新工程、高校哲学社会科学学报名栏建设工程等。科研机构充足的课题经费可用来购买先进的设备仪器、招揽更高水平的科研人才、扩大科研合作网络等。在各方面学术资源的支持下,学科优势机构的发展将迈上新的台阶。

学术期刊重视并倾向于支持基金论文的发表,因为各类国家级基金项目代表着国家发展规划战略中大力支持和推动发展的研究领域,而能成功申请这些课题的学者和机构经过同行专家严格评审后被认定具有能力和潜力产出创新性成果[1]。因此,学术界普遍认为刊载基金论文数量越多的期刊,学术影响力越大[2]。因此,许多学术期刊不仅在篇首页脚注增加了作者简介,包括作者的主要研究方向、学历信息、任职机构等等,还要求写明本研究是否收到资金资助的具体信息[3],以便日后根据课题价值开展连续性、拓展性、专题性

---

[1] 郭红,潘云涛.中国科技论文产出发展状况[J].科技管理研究,2008(1):72-74.
[2] 李晓红,于善清,胡春霞,孙培芹.科技期刊评价中应重视"基金论文比"的作用[J].科技管理研究,2005(10):138-139.
[3] 常文静,王宝茹,杜玉环.科技期刊编辑应关注基金资助课题论文[J].编辑学报,2005,17(1):35-36.

报告。此外,编辑可通过各种渠道收集并获取国家、部委、基金委等资助的研究课题及重大课题的详细资料,将它们作为选稿、组稿的重点[1],通过与作者保持紧密的联系与沟通,帮助作者及时发表最新的研究成果,同时提高期刊的知名度和影响力,吸引更多高质量作者来稿。期刊编辑重点关注课题基金支持论文也体现了其宣传素质,将国家整体利益观贯穿于选稿工作中,引导期刊作者和读者聚焦国家发展战略和社会现实需求。目前,已有学术期刊评价体系引入了基金论文比这一指标,并认为该指标比评价与比较论文作者的学术地位更加公平,也比单纯以影响因子或总被引频次排序更加客观[2]。可见,论文承载的基金项目是学术期刊选稿时考虑的因素之一,这类具有基金支持的论文发表既是对国家科研资金投入的明确显现,也是学术期刊提高其质量的重要途径。但从CSSCI来源期刊基金论文发文机构分布来看,少数头部发文机构获得的各级别基金项目数量远远超过尾部机构所获基金项目数量。以此观之,头部发文机构作为学科优势机构在申请并获得各级别基金项目上本就占据先赋地位,在学术期刊看重基金论文发表的倾向下,学科优势机构的头部发文地位将更加稳固,这一现象也将进一步拉大与其他发文机构之间的差距。

4.6 被引和下载因素分析

论文的被引量是引文指标的基础数据,直接反映了期刊的文献资料价值,也间接反映了期刊的学术影响力。虽然,业内许多研究人员对将被引量作为论文或期刊学术水平的评价指标持有不同的声音,但被引量这一指标的确是一种同行之间对学术成果质量的肯定,而且这种肯定也与论文质量存在着比较明显的正相关关系[3]。论文下载频次可以反映论文的线上传播力度与范围,能够在较短时间内反映出论文作者的学术影响力,也能在长时间内反映出学术论文的质量[4]。下载量指标的出现弥补了传统学术交流模式下不全面、不及时的缺陷,下载量指标较之替代计量学指标更具有稳定性[5]。总体来

---

[1] 潘学燕,郭柏寿,杨继民.拓宽稿源渠道 提高期刊质量——《西北农业学报》稿源状况及建设的思考[J].编辑学报,2002,14(2):130-131.
[2] 马英.学术期刊应客观看待基金论文比[J].天津科技,2009,36(6):90-92.
[3] 加菲尔德.引文索引法的理论及应用[M].侯汉清,等译.北京:北京图书馆出版社,2004:63.
[4] 王超,李书宁,李晓娟.期刊论文下载分布特征及其机制研究[J].情报科学,2016,34(12):59-63.
[5] Glanzel W, Gorraiz J. Usage Metrics Versus Altmetrics: Confusing Terminology?[J]. Scientometrics,2015,102(3):2161-2164.

说,论文的引用量和下载量在一定程度上反映了文章的质量,而增加被引量和下载量则对学术期刊提高影响因子有积极作用。因此,学术期刊十分重视"名校名家"的来稿,并会通过向学术名家约稿、借助名人效应来扩大期刊影响,增加下载量和被引量。

根据CSSCI来源期刊论文被引总量来看(见表4-10),经济学、管理学、教育学、法学论文被引总量较高,均超过百万次,各学科论文被引总量基本与学科论文发表数量成正比;语言学、社会学和心理学的论文数量虽然处于中部位置,但是其论文被引总量却相对较高。从前1%机构发文被引总量占比来看,26个学科中只有社会科学总论和军事学的该项指标低于90%,18个学科的该项指标高于95%。这充分说明,CSSCI来源期刊头部发文机构产出论文在其学科或研究领域具有非常高的影响力,来自头部发文机构的论文学术影响力更广泛,获得同行认可度更高。

从论文下载总量来看(见表4-10),论文下载总量与论文被引总量完全成正比。但是,各学科论文下载总量之间的差值却远远超过各学科论文被引总量间的差值。从前1%发文机构的论文下载总量占比来看,只有社会科学总论和军事学的前1%发文机构论文下载总量占比低于90%,20个学科的该项指标高于95%。这说明头部发文机构产出的论文获得同行关注度更高。据方差分析结果,前1%发文机构论文被引总量与其他发文机构论文被引总量之间呈现出显著差异性($F=11.911$,$p=0.001$);前1%发文机构论文下载总量与其他机构论文下载总量同样呈现显著差异性($F=16.279$,$p=0.000$)。

表4-10 CSSCI来源期刊各学科2001至2020年机构发文被引总量和下载总量情况
(按前1%机构发文被引总量占比由高到低排序)

学科	论文数(篇)	论文被引总量(次)	前1%机构发文被引总量(次)	前1%机构发文被引总量占比(%)	论文下载总量(次)	前1%机构发文下载总量(次)	前1%机构发文下载总量占比(%)
法学	60 739	1 484 588	1 464 373	98.64	5 8720 149	57 929 415	98.65
管理学	91 257	2 280 067	2 247 886	98.59	76 670 759	75 544 961	98.53
哲学	51 657	398 297	391 987	98.42	25 748 255	25 365 479	98.51
中国文学	45 927	242 181	238 039	98.29	17 441 622	17 109 928	98.10

续表

学科	论文数（篇）	论文被引总量（次）	前1%机构发文被引总量（次）	前1%机构发文被引总量占比(%)	论文下载总量（次）	前1%机构发文下载总量（次）	前1%机构发文下载总量占比(%)
语言学	35 179	921 270	905 387	98.28	35 662 912	35 015 687	98.19
经济学	167 970	3 716 030	3 647 910	98.17	125 965 821	123 740 253	98.23
图书情报文献学	87 207	901 501	883 891	98.05	32 628 069	32 009 444	98.10
教育学	120 450	1 956 974	1 917 856	98.00	70 294 074	68 645 909	97.66
政治学	53 373	566 756	553 592	97.68	33 430 148	32 721 711	97.88
心理学	20 207	588 063	573 047	97.45	25 040 163	24 476 811	97.75
体育学	33 415	243 078	236 770	97.40	4 072 852	3 966 331	97.38
外国文学	12 510	91 949	89 367	97.19	7 560 078	7 321 258	96.84
社会学	28 633	658 177	639 036	97.09	27 699 397	26 979 516	97.40
艺术学	38 438	212 043	205 852	97.08	14 775 143	14 370 878	97.26
马克思主义	13 584	92 698	89 556	96.61	7 414 240	7 163 520	96.62
历史学	43 342	29 849	28 773	96.40	1 283 210	1 240 745	96.69
民族学	18 085	171 594	165 348	96.36	9 032 310	8 705 729	96.38
人文经济地理学	6 489	129 242	122 930	95.12	5 656 254	5 388 579	95.27
新闻学传播学	40 939	322 242	305 794	94.90	18 022 220	17 351 182	96.28
宗教学	10 188	54 756	51 917	94.82	3 876 205	3 691 396	95.23
环境科学	14 185	354 579	335 777	94.70	8 570 223	8 083 720	94.32
文化学	11 672	126 450	118 981	94.09	6 767 969	6 381 354	94.29
考古学	10 855	74 966	70 514	94.06	4 482 909	4 210 534	93.92
统计学	4 517	83 293	77 084	92.55	2 932 855	2 723 982	92.88
社会科学总论	2 365	28 487	24 624	86.44	1 395 023	1 212 937	86.95
军事学	1 940	22 047	19 000	86.18	1 058 789	887 941	83.86

发文机构论文被引率和下载率高确能说明机构学术质量和学术水平相对较高。但是，这些量化评价指标不应被异化为提高学术期刊影响因子的工具。基于现行的学术期刊评价指标，学术期刊编辑十分重视知名专家和机构的来稿，希望通过学术名家来实现论文的高被引和高下载。具体来说，对学术期刊办刊水平的评价，主要基于外部评价机构根据期刊历年外生数据独立决定，而被引量、下载量、转载量、半衰期等数据都属于外生数据。外生数据一定程度上能反映刊物整体质量，对编辑具有激励和监督作用[1]。因此，期刊编辑在选稿用稿时将论文预期的被引量和下载量作为参考因素。实际上，相关研究表明，高被引文献更多分布于国家重点实验室或是一流院校，而高被引文章的作者绝大多数是国内相关研究领域核心作者或知名学者[2]。因此，高被引作者及潜在的高被引作者无疑是学术期刊的核心作者。出于工作经验的积累和省力原则，学术期刊编辑也更倾向于优先发表来自知名学术机构高被引作者的文章，因为其被引量和下载量更具有保障性。这使得核心作者所任职的学科优势机构成为期刊主要稿源。在马太效应下，学科优势机构成为期刊头部发文机构的情况将愈加稳定与普遍，这无疑加剧了CSSCI来源期刊头部发文机构固化程度。

上文从学术期刊主动选择的角度解释了CSSCI来源期刊头部发文机构固化现象的出现，而从期刊读者或期刊论文引用者的角度也可以对此现象做出解释。国外学者曾明确指出，"一位知名教授发表的文章不仅比一位不太知名的教授发表的文章更有可能获得关注，而且这位知名教授发表的论文很可能获得其研究生的后续引用，更不用说这位知名教授的成果很可能会被推荐给其他具有学术影响力的朋友"[3]。这表明具备良好专业素养的科研工作者在下载和引用论文时会有选择性地偏向权威刊物、机构和作者。此外，期刊读者和论文引用者为提高研究效率往往需要将有限的研究时间和精力分配给学术声望高的期刊、学者和机构，从而减少研究的误判成本。在这些社会因素和心理因素的共同体作用下，头部发文机构论文的被引量和下载量必然占据压倒性的优势，成为学术期刊提高影响因子的重要基础，这也极大地支撑和稳固了学科优势机构的头部发文位置。

---

[1] 胡浩志,徐雅雯.学术期刊编辑工作的特性及其评价体系构建[J].南通大学学报:社会科学版,2016,32(5):156-160.
[2] 王维朗,游滨,张苹,陈移峰,吕赛英.科技期刊高被引论文对编辑工作的启示[J].编辑学报,2016,28(6):572-574.
[3] KAWA N C, JOSÉ A C, JESSICA L C, DANIEL G, Christopher M. The Social Network of US Academic Anthropology and Its Inequalities[J]. American Anthropologist,2009,121(1):14-29.

第 5 章

CSSCI来源期刊头部发文机构固化对学科创新力的影响分析

学科创新力是学科发展的核心竞争力,对学科建设水平具有重要影响[1]。目前,学界对组织创新力的研究较为广泛和深入,研究对象主要包括企业和大学,但学界对学术创新力和学科创新力的研究仍处于摸索阶段。2010年,苏新宁与杨建林率先提出了人文社会科学学科创新力的研究思路,从学科创新力的内涵与外延出发,建立人文社会科学学科创新力影响因素分析模型和评价指标体系,并通过实例论证评价模型,积累案例逐步形成人文社会科学学科创新力的全面评价[2]。

　　在此基础上,国内学者尝试了多种方法测算并比较学科创新力。例如,钱玲飞、杨建林、张莉以图书馆学和情报学为例,通过文献关键词、共现词和有效新词分析对学科创新力进行了定量评价,并提出了评价学科创新力的具体方法[3]。该方法借助主关键词交叉率评价学科创新潜力,通过共现词生命指数评价学科创新活力,运用有效共现词出现率评价学科创新保持力。借助此方法,学者们进一步建立了基于灰色关联度的学科创新力影响因素权重分析[4]和基于GM(1,1)模型的学科创新力预测[5],提出了对人文社会科学学科创新力的多层次评价体系、综合指标评价、核心指标评价和单指标评价,并以南京大学各人文社会科学学科作为样本开展评价,验证了该评价指标体系的合理性与可行性[6][7][8]。余构雄和戴光全利用上述评价方法和评价体系,以《旅游学刊》2000—2014年载文的关键词为研究对象,测算了旅游学科的创新力。

　　借助学科创新力主关键词测算方法,本书以各学科CSSCI来源期刊论文

---

[1] 王国臣.强化学术创新机制提高学科创新能力[J].公安教育,2007(7):44-45.
[2] 杨建林,苏新宁.人文社会科学学科创新力研究的现状与思路[J].情报理论与实践,2010(2):5-8.
[3] 钱玲飞,杨建林,张莉.基于关键词分析的学科创新力比较——以情报学图书馆学为例[J].情报理论与实践,2011,34(1):117-120.
[4] 钱玲飞,杨建林,张莉.基于灰色关联度的学科创新力影响因素权重分析——以情报学为例[J].图书情报工作,2011,55(16):37-41.
[5] 钱玲飞,杨建林.基于GM(1,1)模型的学科创新力预测[J].情报科学,2012,30(4):530-534.
[6] 钱玲飞,邓三鸿,杨建林.人文社会科学学科创新力综合指标评价[J].西南民族大学学报(人文社会科学版),2013,34(1):227-232.
[7] 钱玲飞,杨建林,邓三鸿.人文社会科学学科创新力核心指标评价[J].图书与情报,2013(1):98-102.
[8] 钱玲飞,杨建林,邓三鸿.人文社会科学学科创新力单指标评价[J].图书与情报,2013(2):93-98.

关键词作为分析对象开展研究。第一,统计不同学科期刊论文关键词的累计词频,将累计词频前2‰的关键词设定为主关键词,这些主关键词可以基本反映学科的主要研究领域和研究主题;第二,将与主关键词在同一篇论文中出现的关键词设定为共现词,共现词可以反映各学科在主要研究领域运用的研究理论、方法等[①]。

5.1 基于关键词交叉率的学科创新潜力

通过对CSSCI来源期刊2001—2020年文献关键词的处理,得到各学科论文主关键词个数(见表5-1)。

表5-1 各学科CSSCI来源期刊论文主关键词个数

学科	主关键词个数	学科	主关键词个数
经济学	378	体育学	89
教育学	231	民族学	73
管理学	227	心理学	68
图书情报与文献学	195	环境科学	57
法学	170	外国文学	50
历史学	166	考古学	49
中国文学	147	文化学	45
哲学	146	宗教学	43
艺术学	145	人文经济地理	33
政治学	139	马克思主义	32
语言学	120	统计学	21
新闻学与传播学	117	社会科学总论	12
社会学	95	军事学	10

一般而言,学科之间或学科内不同领域之间产生的交叉性研究越多,证明学科理论基础的延展性越强,越有可能产生更多的前沿性研究成果,学科创新潜力愈发显著[②]。根据关键词词频数量及其分布,排名前2‰的关键词可以大致反映出学科内部不同研究领域的交叉情况,进而展现出学科创新潜

---

① PEI-CHUN L, HSIN-NING S. Investigating the Structure of Regional Innovation System Research through Keyword Co-occurrence and Social Network Analysis[J].Innovation: Management, Policy & Practice, 2010, 12(1):26-40.

② PFLUEGER J C. A Design Method for Cross-disciplinary Coordination and Innovation[D].Massachusetts Institute of Technology, 1991.

力。关键词交叉率 P 的具体计算方法为：

$$P = \sum_{i=1}^{n} \frac{(J_i - K_i)}{K_i} \quad \cdots\cdots\cdots\cdots\cdots\cdots\cdots （公式二）$$

在公式二中，K_i 为与主关键词同时出现的其他主关键词个数，J_i 为主关键词与其他主关键词同时出现的总次数，n 为主关键词个数。基于关键词交叉率，结合主关键词数量得到平均交叉率，结合各学科期刊论文数量得到相对交叉率。通过分析学科文献的主关键词交叉率可以较为清楚掌握学科的创新潜力。由表5-2可知，图书情报与文献学、经济学、教育学、管理学、政治学创新潜力最高；外国文学、人文经济地理、统计学、军事学、社会科学总论5类学科的创新潜力最低。

学科创新潜力指数除以该学科主关键词数量之后得到的学科平均创新潜力。在平均创新潜力方面，马克思主义、体育学、图书情报与文献学、军事学、政治学排名最为靠前；历史学、中国文学、人文经济地理、艺术学、外国文学排名最为靠后。学科创新潜力指数除以该学科CSSCI来源期刊文献量之后得到相对创新潜力。相对创新潜力排名前五的学科分别是军事学、社会科学总论、马克思主义、文化学、人文经济地理；排名末位的五个学科是中国文学、法学、教育学、管理学、经济学。

总体而言，图书情报与文献学、经济学、教育学、管理学、政治学、哲学、马克思主义、体育学、新闻学与传播学的学科分支较多，学科交叉领域较多，具有较强的创新潜力。但由于不同学科主关键词数量和CSSCI来源期刊载文量差异较大，因此学科创新潜力、平均创新潜力与相对创新潜力之间的分布差异较大。相较而言，军事学、社会科学总论、人文经济地理、宗教学、考古学、文化学领域虽然产出期刊论文总量远远少于经济学、教育学、管理学、图书情报与文献学等学科，但是前6个学科产出的论文平均创新潜力和相对创新潜力更高，更具有研究潜力；而经济学、教育学、管理学、图书情报与文献学等学科虽然因内部不同研究领域的交叉点较多，学科创新潜力强，但这些学科CSSCI来源期刊文献的平均创新潜力和相对创新潜力相对较低。

表5-2　学科创新潜力评价值(按照创新潜力值由高到低排序)

学科	创新潜力	平均创新潜力	相对创新潜力
图书情报与文献学	615.16	3.15	3.62×10^{-5}
经济学	603.57	1.60	9.51×10^{-6}
教育学	593.48	2.57	2.13×10^{-5}
管理学	390.51	1.72	1.89×10^{-5}
政治学	365.53	2.63	4.93×10^{-5}
哲学	326.78	2.24	4.33×10^{-5}
马克思主义	312.20	9.76	7.18×10^{-4}
体育学	295.23	3.32	9.93×10^{-5}
新闻学与传播学	263.33	2.25	5.50×10^{-5}
法学	222.67	1.31	2.16×10^{-5}
历史学	168.51	1.02	2.34×10^{-5}
心理学	167.78	2.47	1.22×10^{-4}
语言学	165.14	1.38	3.91×10^{-5}
中国文学	147.70	1.00	2.19×10^{-5}
艺术学	141.48	0.98	2.54×10^{-5}
社会学	139.45	1.47	5.13×10^{-5}
民族学	95.36	1.31	7.22×10^{-5}
文化学	90.86	2.02	1.73×10^{-4}
环境科学	84.50	1.48	1.05×10^{-4}
考古学	79.33	1.62	1.49×10^{-4}
宗教学	65.15	1.52	1.49×10^{-4}
外国文学	41.27	0.83	6.60×10^{-5}
人文经济地理	33.04	1.00	1.54×10^{-4}
统计学	31.68	1.51	1.11×10^{-4}
军事学	26.33	2.63	1.36×10^{-3}
社会科学总论	22.77	1.90	8.02×10^{-4}

5.2 基于共现词生命指数的学科创新活力

共现词生命指数主要考察共现词年度分布情况,共现词生命指数具体计算方法为:

$$T = \sum_{i=1}^{8} i \times \lg(N_i + 1) \quad \cdots\cdots\cdots\cdots\cdots\cdots\text{(公式三)}$$

在公式三中,i 为共现词跨度年限,N_i 为跨度为 i 年的共现词个数。共现词生命指数 T 越小,反映学科具体研究理论和方法更新越快,由此可以得出学科创新活力越强[1]。在统计分析时,首先排名抽取前2‰的关键词,将所有主关键词的共现词统一处理(不包含主关键词),按共现词出现的年度进行统计(见表5-3)。经济学、教育学、管理学、图书情报与文献学、法学的创新活力较强,但是这些学科的创新活力在除以主关键词数和学科CSSCI来源期刊文献量之后,其平均创新活力和相对创新活力较弱;相反,军事学、社会科学总论和人文经济地理的平均创新活力和相对创新活力较强,但其创新活力较弱。这说明经济学、教育学、管理学、图书情报与文献学、法学5门学科因与社会发展紧密结合,面对不断出现的新情况、新问题需要不断创新研究理论和研究方法;结合学科主关键词数量和论文篇数总量来看,5门学科论文产量高,但是具有创新活力的论文比例并不高。马克思主义、环境科学、外国文学、宗教学、文化学、考古学、人文经济地理、社会科学总论发文量偏少的学科却能在一定程度上保持较高的平均创新活力和相对创新活力。

表5-3 学科创新活力评价值(按照创新活力值由高到低排序)

学科	创新活力	平均创新活力	相对创新活力
经济学	680.44	1.80	1.07×10^{-5}
教育学	648.01	2.81	2.33×10^{-5}
管理学	626.17	2.76	3.02×10^{-5}
图书情报与文献学	617.18	3.17	3.63×10^{-5}
法学	605.12	3.56	5.86×10^{-5}
哲学	590.21	4.04	7.83×10^{-5}
政治学	577.14	4.15	7.78×10^{-5}
中国文学	576.15	3.92	8.53×10^{-5}

---

[1] 钱玲飞,杨建林,邓三鸿.人文社会科学学科创新力单指标评价[J].图书与情报,2013(2):93-98.

续表

学科	创新活力	平均创新活力	相对创新活力
历史学	574.90	3.46	7.99×10^{-5}
语言学	554.20	4.62	1.31×10^{-4}
体育学	553.57	6.22	1.86×10^{-4}
新闻学与传播学	553.10	4.73	1.15×10^{-4}
艺术学	539.31	3.72	9.68×10^{-5}
社会学	529.37	5.57	1.95×10^{-4}
心理学	497.92	7.32	3.62×10^{-4}
民族学	481.55	6.60	3.65×10^{-4}
马克思主义	472.77	14.77	1.09×10^{-3}
环境科学	466.59	8.19	5.77×10^{-4}
外国文学	452.98	9.06	7.24×10^{-4}
宗教学	443.83	10.32	1.01×10^{-3}
文化学	441.55	9.81	8.41×10^{-4}
考古学	421.83	8.61	7.93×10^{-4}
人文经济地理	376.91	11.42	1.76×10^{-3}
社会科学总论	259.77	21.65	9.15×10^{-3}
军事学	220.56	22.06	1.14×10^{-2}
统计学	66.87	3.18	2.34×10^{-4}

5.3 基于有效新词出现率的学科创新保持力

为避免论文作者在给文章添加关键词时具有一定的随机性和变化性，本文将有效新词设定为连续出现2年及以上或者某年出现2次及以上的共现词[①]，并运用这一统计结果分析有效新词词频分布，具体计算公式为：

$$E = \sum i \times \lg(N_i + 1) \ (i \geq 2) \quad \cdots\cdots\cdots\cdots\text{（公式四）}$$

在公示四中，i 为共现词词频，N_i 为词频为 i 的共现次数。有效新词词频的分布在一定程度上能够反映出学科研究的持续性，有效新词出现率越高体现出学科创新保持力越强，前沿领域或交叉领域的研究价值越大，需要相关

---

① 钱玲飞,杨建林,邓三鸿.人文社会科学学科创新力单指标评价[J].图书与情报,2013(2):93-98.

领域科研人员展开持续性关注和追踪。在创新保持力方面,经济学、教育学、图书情报与文献学、管理学、政治学排名前五;宗教学、人文经济地理、统计学、社会科学总论、军事学排在最后五位(见表5-4)。学科创新保持力指数在除以主关键词数和学科CSSCI来源期刊文献量后,可得到学科平均创新保持力和相对创新保持力。马克思主义、教育学、体育学、图书情报与文献学、政治学的平均创新保持力排在前五位,统计学、考古学、社会科学总论、军事学、历史学的平均创能保持力排在最后五位;军事学、社会科学总论、马克思主义、人文经济地理、文化学的相对创新保持力排在前五位,中国文学、管理学、艺术学、历史学、经济学的相对创新保持力排在最后五位。总体来看,经济学和管理学的创新保持力较高但相对创新保持力低,说明这两个学科具有创新保持力的文献比例偏少。

表5-4 学科创新保持力评价值(按照创新保持力值由高到低排序)

学科	创新保持力	平均创新保持力	相对创新保持力
经济学	12 402.46	32.81	1.95×10^{-4}
教育学	11 789.58	51.04	4.24×10^{-4}
图书情报与文献学	8 294.96	42.54	4.88×10^{-4}
管理学	7 557.80	33.29	3.65×10^{-4}
政治学	4 771.86	34.33	6.43×10^{-4}
哲学	4 609.91	31.57	6.11×10^{-4}
法学	4 468.50	26.29	4.33×10^{-4}
体育学	4 184.49	47.02	1.41×10^{-3}
新闻学与传播学	3 382.69	28.91	7.06×10^{-4}
中国文学	2 842.49	19.34	4.21×10^{-4}
语言学	2 341.29	19.51	5.55×10^{-4}
社会学	2 275.53	23.95	8.37×10^{-4}
艺术学	2 022.13	13.95	3.63×10^{-4}
马克思主义	1 988.72	62.15	4.58×10^{-3}
心理学	1 925.99	28.32	1.40×10^{-3}
历史学	1 644.37	9.91	2.29×10^{-4}
民族学	1 221.20	16.73	9.25×10^{-4}
环境科学	1 112.94	19.53	1.38×10^{-3}

续表

学科	创新保持力	平均创新保持力	相对创新保持力
外国文学	1 063.22	21.26	1.70×10^{-3}
文化学	992.77	22.06	1.89×10^{-3}
考古学	593.16	12.11	1.12×10^{-3}
宗教学	588.72	13.69	1.34×10^{-3}
人文经济地理	431.40	13.07	2.01×10^{-3}
统计学	255.36	12.16	8.95×10^{-4}
社会科学总论	142.09	11.84	5.01×10^{-3}
军事学	115.57	11.56	5.96×10^{-3}

结合学科创新潜力、创新活力和创新保持力来看，图书情报与文献学、经济学、教育学、管理学、政治学、哲学具有较高的创新潜力、创新活力和保持力，这与学科规模密切相关：学科规模越大意味着相关研究人员数量越多、文献产出数量越高；在各方面资源的积累作用下，规模越大的学科越有可能激发创新潜力、增强创新活力、拥有创新保持力。但是，经济学、管理学、教育学和法学也是相对创新潜力、相对创新活力、相对创新保持力最低的几门学科。这是由于这些学科的文献发表虽然保持高产，但是这些学科论文的相对创新力较低，其中大部分论文是基于以往的理论和方法展开研究的，具有突破性理论和方法的论文占比偏低。

5.4　头部发文机构固化与学科创新力的相关性分析

CSSCI来源期刊头部发文机构固化主要表现为，某一学科CSSCI来源期刊论文的主要来源集中于少数机构，并且这些机构的发文量常年占据期刊发文量的头部位置。本书第3章测算了CSSCI来源期刊前10%发文机构的净流动率 f 值，将其与学科创新力进行相关性分析，以期了解学术期刊头部发文机构固化对学科创新力的影响。利用相关性检验研究了各学科头部发文机构净流动率与创新活力、平均创新活力、相对创新活力、创新潜力、平均创新潜力、相对创新潜力、创新保持力、平均创新保持力、相对创新保持力共9项指标之间的相关关系，根据分析结果发现：

前10%发文机构的净流动率和学科创新活力之间的相关系数值为0.508,并且 p 值为0,说明净流动率和创新活力之间呈正相关关系;净流动率和学科创新潜力之间的相关系数值为0.494,并且 p 值为0.01,说明净流动率和创新潜力之间呈正相关关系;净流动率和学科创新保持力之间的相关系数值为0.495,并且 p 值为0.01,说明净流动率和创新保持力呈正相关关系。此外,前10%发文机构的净流动率与平均创新活力、平均创新潜力和平均创新保持力之间无显著性相关关系,与相对创新活力、相对创新潜力和相对创新保持力之间无显著性相关关系。这说明,特定学科CSSCI来源期刊头部发文机构净流动率会对学科创新活力、创新潜力和创新保持力产生影响。某学科头部发文机构群体内部的净流动率越低,即头部发文机构群体的固化程度越高,则该学科的创新活力、创新潜力和创新保持力越低。

可见,CSSCI来源期刊头部发文机构固化程度会对学科创新活力、潜力和创新保持力产生较大影响,而固化程度越低越有利于学科创新潜力和创新保持力的保持与提升。总体来说,CSSCI来源期刊头部发文机构固化有碍于学科创新力的提升。值得关注的是,虽然头部发文机构论文量远远超过其他机构发文量,但是头部发文机构产出论文的创新性有待进一步提高,否则学科"繁荣发展"的现象只会停留于一种表象,而无法带来实质性的学科创新。

从客观角度出发,CSSCI来源期刊头部发文机构群体的形成对学科间交叉发展和研究对象的扩大化具有一定积极影响。因为这些头部发文机构往往也是国内各学科建设与发展的"领头雁",他们凭借在学科评估中取得的核心地位,为自身发展赢得了更多资源。头部发文机构在积累了充沛的人力资本、社会资本和学术资本之后,也拥有更多推动学科发展、拓宽研究路径的机会。但是,学科建设与发展不能只依赖头部发文机构的带动。从长尾理论的角度看,头部发文机构和尾部发文机构对学科创新都具有十分重要的作用,头部发文机构在科技创新和技术突破方面拥有强大的优势条件,而尾部发文机构有能力对科学技术、研究理论与方法进行持续性的改进和创新。长远观之,只有将头部发文机构创新与尾部发文机构创新相结合,才能保证学科创新具有极强的潜力、活力和保持力。

第6章

社会科学发展结晶化的理性思考

进入大科学时代,社会科学发展不可能始终保持指数型增长,走向常规化并进入增长饱和期才是大科学时代的必然。社会科学发展结晶化是社会科学发展进入饱和状态的重要表现,适度结晶化对于社会科学稳定发展、有效配置学术资源、学科核心机构的建设具有积极意义;但是,当结晶化已经达到阻碍学术体系上下层级有序流动的程度时,结晶化状态便可能进一步发展为固化状态,导致学术场域的某些运行机制逐渐僵化。这一消极影响不利于学科创新发展,也不利于学术生态的稳定与健康。为此,本文从评价意识转变、资源配置改善和外部管理体制革新三方面出发,为避免社会科学发展出现"固化"迹象并实现学术下层群体向上流动提供了有效应对措施。

6.1 社会科学发展结晶化的客观分析

6.1.1 社会科学发展结晶化的历史必然性

社会科学发展结晶化是社会科学在效率导向下发展的一种客观趋势,也是一个长期的历史过程。从发展逻辑来看,在常规科学阶段,社会科学在其固有范式指导下对现状做出整理与阐述,其中大部分发现均是可预期的。但科学史表明,被人们发现的新事物总存在一些无法用既有理论解释之处。这些"反常"意味着原有范式的危机,也意味着以原有范式的内涵与特征为中心建构的学术体制与相关模式需要做出转变,以适应新的变化。但库恩认为"不同理论支持者之间所能彼此交流的内容存在着极大的局限性","个人从效忠于一种理论转向效忠另一种理论,与其说是选择,不如说是改变信仰"[1]。可见,理论的转变关键在于人们头脑中的观念转变。若共同体难以采纳或接受新的范式与理念,那么旧有的范式以及基于后者而建立的学术体系将在原有轨道上继续运行。在此情况下,与旧范式相关重要理论、重点研究领域、核心机构和学术精英群体将继续获得大比例的资源支持,而围绕新范式发展的一系列要素可能在萌芽阶段或初期生长阶段便会遇到资源短缺的

---

[1] 库恩.科学革命的结构[M].金吾伦,胡新利,译.北京:北京大学出版社,2003:94.

瓶颈。新旧范式的转换，从相关的争论产生直至新范式完成对旧范式的超越，代表着一个长期的转换过程，而范式变更既意味着依托旧范式形成的建制被撼动，也意味着旧范式所产生的科学发展结晶开始出现"消融"的迹象。

从现实需求看，在新范式的科学性尚未得到完全证明之前，学术共同体依然会选择向现有研究范式的框架投入更多资源，以保持社会科学的繁荣与发展。在理想状态下，推动科学发展的根本目的是为了实现人的全面解放与全面发展，大科学建制下的社会科学也应直接服务于社会经济发展。任何国家建设与发展社会科学都不会为了满足某一个体或某一群体的好奇心，而是将目标落在促进人类与社会的进步上。所以，社会科学的发展具有目标导向性和效率导向性。为达到预期目标和高效率，学术共同体在长期发展和经验累积下也形成了特定惯例，以便更快速地分辨出哪些学术机构、科研人员、研究领域、研究要素等能够在同等支持条件下，产出质量更高、体量更大的研究成果。的确，实践证明这些惯例和经验具有一定的合理性、正确性，大大提高了社会科学运行和管理的效率。可见，结晶化现象是社会科学学术共同体经济行为产生的结果。而社会科学发展结晶化不仅具有"经济学意义"，也具有"政治意义"。社会学家兹纳涅茨基将知识人分为如下几类：技术顾问、为政治倾向提供辩护的哲人、学者、知识的创造者[1]。无论是为政治决策提供技术意见的技术专家，还是为决策提供理论基础研究的学者、创造者，他们的工作内容和层级定位都依赖于政治所赋予的资源分配和角色评价。他们获得的职级和资金在学术共同体内具有"政治意义"。在这一背景下，学术层级中上下层的地位差异更加明显，被赋予的功能与角色定位也具有显著差异，由此社会科学发展所需资源通常被优先分配给学术上层群体，以保持其科研实力，这是历史和现实的必然选择。

6.1.2 社会科学发展结晶化的积极意义

对于国家而言，科研人员和科研机构是一项重要的政治工具——由于现实中出现的新问题和新需求，国家机器需要科学的力量来做出答复、解决问题。因此普赖斯也提出，科学家应该"只谋其政而不谋其位"[2]。科学家和科学工作地位的日益提高使得他们相对于国家也更为重要，而国家也越来越依

---

[1] 兹纳涅茨基.知识人的社会角色[M].郑斌祥，译.南京：译林出版社，2000：20.
[2] 普赖斯.小科学，大科学[M].宋剑耕，戴振飞，译.北京：世界出版社，1982：98.

赖科学技术人员辅助其决策。面对旺盛的需求,学术资源如何配置已成为国家科学管理部门无法回避且需要时刻关注的问题。学术资源是从事科学研究活动的组织发展学术事业的关键。学术资源的有限性和各学科、各机构对学术资源需求的无限性是一对永恒的矛盾。目前,虽然学术资源的概念尚未有统一界定,但可以肯定的是,能够被用来促进学术发展,加强学术竞争力的各种有形、无形的支持条件都可以成为学术资源。这些资源则具体包括学术职位、建制、人员、经费、设施、项目、奖励、学术刊物等[①]。

在学术竞争中处于有利地位者掌握着更多的学术资源,这本质上是学术权力和行政权力以效率为导向处置学术资源的结果。统筹学术资源配置是一项非常复杂的工作,在理想状态下,资源配置最基本的原则是促进学术发展。一般而言,学术资源会交由学术权力处置或行政权力分配。学者、学术组织、科研机构都拥有一定的学术权力。而在学术资源配置的过程中,由于学术主体对学术资源有着强依赖性,这些主体也因此会为自身发展而努力争取更多资源,比如,科研人员需要通过发表大量的核心期刊论文、SCI论文、SSCI论文等才能在学术共同体中获得一定的知名度和认可,才有更大地概率申请到国家级基金项目,获得更加充裕的科研资金支持;他们在拥有资金支持之后便可以扩大研究团队,支撑更多科研成果的产出。在这种正反馈的推动下,这类科研人员便会在科研竞赛中跑在前列。再看从事科研工作的相关机构,以高校为例,高校学术能力的提高离不开科研人才,招揽科研人才的物质基础离不开科研经费和各项补助,这笔数目不小的经费需要国家予以支持。显然,国家在决定予以支持前一定会考察、评价申请机构的学科优势、科研水平和发展潜力等综合因素。而国家投入少数全国一流院校的资金比例一定比投向普通高校的资金比例更大。全国一流院校拥有雄厚的物质基础以招揽高水平科研人才,而人才则能为机构产出更多高水平成果。这意味着学术资源在很大程度上影响着学术机构的发展机遇,以及在某些学科和研究领域的发展优先权。

社会科学发展结晶化是学术资源配置追求效率的重要表现。在目标导向、效率优先的原则下,我国社会科学的发展出现以下积极特征:

第一,学科优势机构高端资源集聚优势明显。各学科优势机构拥有最多

---

① 查永军.学术资源配置中的大学学术权力与行政权力[J].黑龙江高教研究,2011(3):5-8.

的两院院士、长江学者、国家杰出青年基金获得者等高层次人才,也被批准设立了较多的硕博士点以及科技创新与成果转化平台,如"教育部人文社会科学重点研究基地""国别和区域研究基地"。以经济学为例,26家经济学类教育部人文社会科学重点研究基地来自21家高校,而这21家高校全部在本书所研究的CSSCI来源期刊经济学前1%发文机构之列,历史学、宗教学、语言学等规模比之较小的学科情况也十分类似。实践证明,重点、优先发展各学科优势机构是较为正确的学术资源管理路径。日本高校曾经采取了典型的平均主义学术资源分配模式,教职员不分工作优劣享受相同的待遇,政府对高校的资金支持也是平均分配。但事实证明,这样无法调动科研人员和科研机构进行良性竞争、共谋发展的积极性。因此,二十一世纪初期,日本开始采取"重点项目中心主义"政策——在预算、补助金上优先配置科研表现较为突出、社会大众十分认可的大学。在之后的五年里,政府将在10个学术领域选出30所重点大学,并为其提供特别的财政支持[①]。总体来看,学科内一流机构或被动或主动地在接收、吸引和转化资源,这对此类机构积极开展学科建设、增强学术竞争力和影响力都产生了重要的促进作用。

第二,"集中力量办大事"。社会科学各学科一流机构优先发展有利于进一步缩小与同一领域"领跑者"之间的差距,甚至实现赶超、赢得更多的学术话语权。以我国社会科学的发展为例,党的十八大以来,习近平总书记高度重视中国话语体系建设。随着我国经济快速发展、综合实力迅速增强、国际地位不断提升,"中国崩溃论"或"中国威胁论"的谣言甚嚣尘上,亟需专家学者们的群策群力讲好中国故事,树立良好的大国形象。这项重要任务需要具有国际学术影响力,理论创新、对外传播等能力的知名专家来完成,而他们绝大多数供职于所在学科或研究领域的权威机构。在各方面学术资源集聚和支持下,他们科研工作的效率和成果产出的"质"与"量"都将有所提升。换句话说,集中力量率先发展学科优势机构对提升我国社会科学的国际地位具有积极意义。学科优势机构承担着率先发展的责任,需要向世界展现我国社会科学发展的最先进水平。社会科学发展结晶化有利于学科优势机构稳定发展,也有利于对同领域其他机构形成示范效应。在客观上,鼓励和支持学科优势机构在学术竞赛中"领跑"可以创造一定的学术机遇、带来一定的学术资

---

① 丁妍.日本大学评价制度建立的背景、现状及问题的研究[J].复旦教育论坛,2003(5):48-52.

源和社会资源,对其他机构的未来发展打下了坚实基础。

6.1.3 社会科学发展结晶化的消极影响

社会科学发展结晶化的消极影响是其发展走向"固化"所带来的。在学术共同体中,不同层级的主体发展定位不同,也承担着不同的功能,国家也以此对不同主体投入不同量级的资源支持。在理想状态下,学术层级中的上下层之间保持着相互共存、相互竞争的动态平衡关系,社会科学发展结晶化本身不会阻碍上下层之间的流动。但是,学术资源的有限性和稀缺性,则很可能导致发展壮大中的学术上层挤压中层、下层的生存资源。一个团体越是强大,它越能获得更多的力量。当社会科学发展表现出结晶化,并且学术上层的封闭性加剧、惯常学术资源配置机制僵化时,社会科学便从"结晶"状态逐渐走向"固化"状态。这将阻碍学术中层与下层向上流动,科研机构、科研人员、学术期刊等的层级跃迁将难以实现。

（1）学术层级上下流动受阻,学术上层地位固化

本书发现CSSCI来源期刊头部发文机构的固化趋势已经出现。通过在学术评价活动中发挥作用,这一现象将对学术层级的上下流动产生影响。CSSCI来源期刊评价体系是我国学术评价体系的组成部分,而学术评价结果则是学术层级自然形成与人为划分的主要依据。我国学术层级的产生与形成基于现有的权力体系,一是科研人员的发展受到学术共同体中制度与规范的调节,二是我国学术评价体系与政府权力之间存在明显依附性特征[1]。

学术评审的权力一方面由政府相关部门掌握,另一方面由学术权威掌握,这项活动以选优择优为目的进行,但在实际过程中,最终获得评审优势的科研工作者或机构往往来自精英群体,这也导致行政精英与学术精英之间形成了相当紧密的、正式或非正式联系[2]。行政权力参与学术管理会加重学术权力的行政色彩,也会更加稳固学术上层的地位。比如,政府部门在课题立项、结项和项目评审的过程中,几乎全权决定了评审专家名单、评审程序的安排、评审结果的公布时间和方式等。参评人的行政职务、学术职务、学术地位、所在院校层次、学术影响力、学历信息等都将成为其能否担任评审专家的重要参考依据。在类似的学术竞争场合中,年纪尚轻、资历尚浅、学历背景不

---

[1] 卢盈.学术评价体系与学术阶层的形成[J].江苏高教,2020(11):9-17.
[2] 张斌.学术共同体中的特殊主义及其运行空间[J].中国高等教育评论,2012,3(1):263-275.

够亮眼、学科或研究方向偏小众的学者将难以脱颖而出。换句话说,相对处于下层的学术机构和学者更难获得行政权力部门的认可,其获得更多学术权力的通道也受到阻碍。

此外,在差序格局社会结构的影响下,同行评议专家在学术评价中难以避免受私人关系在项目申报、职称评审、论文发表等活动中产生的影响。对CSSCI来源期刊头部发文机构固化形成的相关因素分析也证明,编委、发文机构、学科评估结果、学缘、地缘与期刊机构发文占比之间存在明显的相互关系。学术系统中"差序格局"的形成是学术层级产生的基础,该体系下学术上层享有更高的学术声望和更多的学术资源。例如,头部发文机构及其学术领袖更加受到国家和地方科研管理部门的重视。他们不仅接受了大量国家级课题基金,地方学术资源也会因其学科评估优势向其倾斜。根据期刊地缘因素分析结果,"CSSCI来源期刊主办单位省份分布占比"和"前1%发文机构省份分布占比"之间具有显著正相关关系,说明各省CSSCI来源期刊对本省学科头部发文机构起到了一定的支持作用。客观上讲,头部发文机构获得更多资源支持对于加快学科优势机构发展速度、形成学科建设示范具有积极意义。但是,学术资源持续向上层集聚则有可能导致学术上层资源饱和甚至过剩,而学术下层却一直处于资源短缺状态,总体上则造成了学术上下层级流动受阻。

实际上,掌握主流学术话语权的学术精英群体成为学术系统的领袖和守门人[1],有权把持学术系统的认可机制、主导学术系统的运行与发展[2]、拟定和引导研究主题和方法的运用趋势。他们有制定并诠释标准的能力,而领域内的其他成员大多只能在既定框架和标准之下开展研究。当来自学术中层和下层的成员提出了与已有认知相异的创新观点时,学术上层群体难以在短时间内接受,甚至会批判新论点,这将导致学术秩序难以发生变化、学术上层地位进一步固化、学术下层向上流动的积极性持续降低,而下层人员甚至面临着被淘汰的风险。

(2)学术资源浪费,影响学术生态持续健康发展

社会科学固化发展倾向所造成的学术资源浪费可分为两个方面:一是学

---

[1] 游玉佩,李桂平.利益、精英和信任:大学学术系统运行的框架分析[J].大学教育科学,2015(5):34-39.
[2] 克兰.无形学院:知识在科学共同体的扩散[M].刘珺珺,顾昕,王德禄,译.北京:华夏出版社,1988:32.

术上层资源集聚达到饱和甚至过剩,而学术下层资源不足;二是学术下层数量庞大导致资源分布分散,有效利用率较低。

第一,学术上层机构已成为高层次人才的"磁场",科研人才分布不均衡的情况不断加重。本文在第4章研究CSSCI来源期刊头部发文机构固化形成的相关因素时已发现,2001—2020年,CSSCI来源期刊编委专家资源、硕博士研究生资源等有限资源,已经长期、大量流向头部发文机构。这意味着尾部机构的生存与发展势必会受到影响。其他学者的研究也支持了这一论点:欧美发达国家以优质的学术资源、优越的社会环境、高额的奖学金、高端人才移民政策等吸引了大量博士去求学和就业[1][2]。科研机构的学术声望对于高层次人才十分具有吸引力,不仅因为此类科研机构具有优良和完善的研究平台,还因为科研机构的权威性在一定程度上能为其科研人员带来更多同行的认可。据前文数据,各学科CSSCI来源期刊编委供职于头部发文机构的比例均高于52%,管理学、语言学、中国文学等9门学科的CSSCI来源期刊编委均就职于头部发文机构。从某种程度上说,学术领袖与学术机构两者的声望是相互促进、相得益彰的。普赖斯在《小科学,大科学》一书中举例说明了激励条件和物质保障对科研人员的吸引力之大——"其实,导致土耳其、南斯拉夫、加拿大和巴西科学家移居美国的动机与诱使有可能攻读医学的学生攻读物理学博士是完全一样的。'大科学'国家和'大科学'学科必须提供额外的激诱以保持正常的发展,但如果这么做了,那往往对小科学和小国家发生反作用。"[3]换句话说,越是地理位置优越、科研平台健全、学科基础完善的机构越容易吸引人才聚集,甚至出现人才饱和与过剩的情况;反之,优势条件越少的机构越容易陷入人才短缺的"窘境"。在这种负面反馈的作用下,缺少高层次人才的科研机构将更加难以实现学术层级的跃迁。

第二,学术下层机构无法形成自我"造血"的科研发展机制,科研经费分配差距拉大。学术团体或学术机构的发展离不开资金保障,科研经费则是其中的一项重要内容。从CSSCI来源期刊前1%发文机构获得的国家各级基金数量,以及各学科发文机构获得纵向项目数量分布来看,头部发文机构与其

---

[1] 束亚男.我国博士生教育培养发展趋势探索——中、美、欧博士生教育培养模式比较与思考[J].高教学刊,2017(20):14-16.
[2] 陈莹莹,黄昱方.发达国家吸引高端科技人才的政策及启示[J].中国人才,2009(3):74-75.
[3] 普赖斯.小科学,大科学[M].宋剑耕,戴振飞,译.北京:世界出版社,1982:62.

他机构获得的国家科研经费差异巨大,学科内部极少数机构占有着超高比例的科研经费,这一现象比二八定律更偏向极端和不平衡。据相关机构统计[①],2007—2016年国家社会科学立项中,第一名中国人民大学的立项数量为677项,北京大学、武汉大学、北京师范大学、南京大学紧随其后,分别获得532、457、451、447项课题。该统计数据包含了90家高校,与CSSCI来源期刊各学科前1%发文机构对比发现,90家高校中有79家高校在前1%发文机构之列,这说明头部发文机构作为各学科发展的"领头雁"获得了更多的国家经费支持,这一马太效应在地方层面将更加明显。因为地方政府投入学术机构的科研经费更加有限,在追求效率的情况下,学科优势机构的优先发展更加重要。此外,在科研竞赛中位居前列的学术机构将会获得更多同行的关注甚至崇拜,许多企业、研究院和基金会等也将慕名而来寻求合作、委托项目,并利用学术机构的优势学科和科研力量解决相关问题。由此,原本就处于头部位置的机构获得了更多科研支撑经费,实现了自我"造血",大大延长了科研生命力,巩固了学术上层地位。但是,学术机构和科研人员的精力往往是有限的,当资源达到饱和甚至过剩时,学术资源的边际回报将呈现递减趋势,造成资源浪费。对学术机构发展而言,科研经费若成为短板,机构软硬件的配置、省级科研人员的招聘、培养都将举步维艰。社会科学学术层级间科研经费配置失衡将导致,同学术上层群体相比,先赋优势不足的学术中下层群体在科研机会获得方面将处于明显劣势,层级分化也会愈发明显,而学术中下层群体也将愈发面临层级固化的危险境地。

第三,学术下层群体数量庞大,学术资源分布分散特征明显,造成资源利用效率下降。本文通过布拉德福定律分析CSSCI来源期刊发文机构的分布发现,所有学科CSSCI来源期刊发文机构的α值均在2.73—5.49之间,说明核心区机构平均发文量与其他区机构平均发文量之间差异相差较大;通过布拉德福定律测算出各学科全部基金论文的发文机构分布的α_1在2.47—4.06之间、国家级基金论文的发文机构分布的α_2在2.11—3.69之间,从侧面反映各层级课题基金在学术机构中分布差异显著。按照机构发文数量排序,头部发文机构与其他发文机构会构成一条长尾曲线。虽然处于"尾部"的科研机构体量有限导致资源获取能力有限,但是当"尾部"机构数量累加之后,其所获资源总量与整体科研贡献很有可能与"头部"机构整体相差无几。但是,人们通常

---

① 本刊编辑.我校近10年国家社科基金立项数据居全国高校70位[J].吉首大学学报:社会科学版,2017(2):130.

将目光聚焦在曲线的"头部",而忽略了曲线的"尾部"。当"头部"集中大量学术资源,而"尾部"由于机构数量庞大导致个体所获资源量少、总体上看过于分散时,这种分布状态将不利于资源的有效整合与高效利用,在一定程度上阻碍了有发展潜力的学术机构实现学术层级的提升。"尾部"机构"小、弱、散"的问题普遍存在,而在马太效应的作用之下,社会科学的"固化"发展趋势将更加明显,从而进一步导致学术生态上下层级之间的失衡。

第四,高校拉大与其他类型机构科研产出差距,牢固掌握主要学术权力,其他类型机构的学术权力逐渐弱化。从 CSSCI 来源期刊发文机构类型来看,在社会科学任意一门学科中,高校已经成为各学科论文发表的中坚力量。即使是军事学这门实践性、应用性极强的学科,CSSCI 来源期刊高校发文占比(46.49%)也高于军队(35.82%)和科研院所(8.45%)。的确,我国高校科研机构体量庞大、学术水平普遍较高,但其他类型学术机构的建设与发展同样重要。高校学术力量壮大、学术成果产量远超其他类型科研机构的根本原因在于二者的机构性质不同,由此造成两者之间的学术资源禀赋差异。根据国家相关政策规定[①],人文社科研究类事业单位属于公益服务类事业单位,其中高校为差额拨款公益二类事业单位,其他科研院所多属于全额拨款公益一类事业单位[②]。因此,高校可以部分参与市场资源配置,面向社会提供公益服务。在市场因素的影响下,高校社会科学研究必须紧密关注社会问题和学科发展的主流趋势,强调科研人员的成果绩效考核,并通过量化评价给予科研人员一定的压力和奖励,以此在激烈的市场竞争中寻求生存与发展的机会。相较之下,科研事业单位获得的科研经费执行"国库集中支付"制度,其经费管理效率确有提高,但机构的经费使用自主权却受到限制,导致科研人员绩效奖励存在"天花板"、政府采购设备和材料周期长等问题,进而影响到科研项目的高效开展、降低了研究人员的科研热情。机构性质的差异是高校与其他科研院所产生发展差距的根本原因,也造成两者在学术层级中的先赋地位具有差异性。加之高校具有跨学科合作研究平台、研究人员(包括研究生)体量庞大、学科建制完善等优势,上述因素也使得高校成为各学科高质量论文产出

[①] 国务院.事业单位登记管理暂行条例[EB/OL].2004-06-27[2022-05-03].http://www.gov.cn/zhengce/2020-12/26/content_5574292.htm.

[②] 中共中央国务院.关于分类推进事业单位改革的指导意见[EB/OL].2011-03-23[2022-05-03].http://www.gov.cn/gongbao/content/2012/content_2121699.htm.

的主要阵地。但其他科研院所、文化机构、学会、协会等机构发挥的研究功能也同样不可或缺。目前，高校与其他类型科研机构科研产出的显著差异势必会造成群体间资源获取能力的差异，以及学术权力的差异。除高校外，其他类型科研机构学术权力出现弱势化趋向。除中国社会科学院、上海社会科学院等体量较大的科研院所以外，其他科研机构总体体量较小，资源获取能力有限，数量却十分庞大。这限制了它们参与学术活动的途径，客观上降低了科研院所在学术领域的参与度。这类处于学术下层的群体无论是在同类型机构中还是与其他类型机构相比，其话语权都十分受限，甚至成为学术"圈子"中"沉默的大多数"。

根据生态学理论，在种群环境的保留过程中，伴随环境选择，组织的形式会出现日益同质化、制度化的倾向，即趋同现象逐渐显现。学术生态同样存在环境选择，在特定学科内，学术机构为生存而进行变异与创新。在理想状态下，学术下层群体有机会通过变异与创新实现层级的跃迁，学术层级保持着上下流动的状态。但是，当学术系统内机制出现僵化、社会科学发展将逐渐走向"固化"时，学术层级上下流动变得困难，拥有优势的学术上层群体最终将被环境所选择，而这些上层群体则最终会出现同质化的倾向，不利于学术生态创新、持续、健康发展。

6.2 避免社会科学发展从"结晶化"走向"固化"的策略

综合前文所述，社会科学发展结晶化有其存在的历史必然性，是科学发展到饱和阶段之后继续发展不可避免出现的状态。适当的结晶化并不会影响社会科学的健康发展。但是，当社会科学发展一旦出现"固化"倾向时，学术层级的上下流动则将受阻，进而影响学术生态的整体发展。因此，必须采取措施，首先转变学术共同体中先入为主的观念；再从外部环境出发，修正学术系统中不甚合理的因素，才能避免社会科学发展"固化"现象的出现。

6.2.1 树立正确评价意识

学术评价既包括基于学术成果内容的评价，也包括对游离于学术研究之外的各项因素发展特征的评价。在不同类型学术评价活动中荣获"一流"的科研机构或研究人员是其学术工作高质量发展的结果和表现。但因学术评价的多样性与复杂性，科研管理部门、高校、科研院所和学术期刊等学术活动参与主体不能简单地将打造"一流"机构和学者看作是学术评价的最高标准，应破除对学术排名身份标签的固有认知，将学术成果质量的评价摆在首要位置。

对于政府而言，学术评价制度应树立质量第一的原则，将学术声誉、学术地位、过往成就等社会性因素作为评价的次要参考条件，以减轻社会关系网络和学术崇拜对学术评价造成的主观影响；以此让发展势头强劲和发展潜力巨大的科研机构、新晋学者和学术创新领域等获得更多的学术资源支持，帮助实现学术层级的上升流动，为学术上层群体注入新鲜血液。

对于高校、科研院所等学术机构而言，学术评价应聚焦成果质量，用长远的眼光看待学科建设与科研人才培养。在学科建设方面，学术机构应优先重点考量各学科学术成果的品质，避免因学术成果量化评价而导致强势学科资源饱和，同时为潜力学科或研究领域的发展提供保障。在科研人才评价方面，学术机构应在青年人才成长的关键阶段给予充分的人文关怀。在学术生涯的初期阶段，大多数青年人才都处于学术下层，他们实现学术层级的上升需要组织的支持与激励。如果缺少外力的干预与支持，生产力分配将随着科学家队伍的老化变得愈加平均[①]。年轻的科研人员将面临"期望危机"，陷入职业机会不足的困境。因此，学术机构应从加强青年科研人才队伍建设体系的角度出发，建构合理的科研人员绩效考核体系与标准。

对于其他学术参与主体而言，应准确理解各类学术评价体系的丰富内涵，聚焦质量评价，避免将评价结果简单化。以学术期刊为例，学术期刊的一切活动都体现了自身的核心诉求，即传递学术前沿信息、展示研究者最新学术成果，因此，学术期刊选文用文应以论文创新性为第一评价要素，而非论文其他信息。名目繁多的学术评价结果仅应作为论文质量评价的参考因素，最终决定论文是否录用的关键性因素应回归到论文品质上。学术领袖发表的期刊论文确实会吸引一批读者下载和引用，但从长期来看，科学工作者会对论文价值做出较为客观地评价。试想，如果一本学术期刊在很长一段时间内将全部或90%以上的版面资源分配给学术精英群体，其他大量学者则将长期面临"发文难"的困境，而学术共同体内部观点的一致性将更加明显，有价值的理论思辨、必要讨论将减少。因此，学术活动参与主体应重视学术成果质

---

① ALLISON P D, STEWART J A. Productivity Differences among Scientists: Evidence for Accumulative Advantage[J]. American Sociological Review, 1974(4):596-606.

量评价,克服先入为主的偏见,避免习惯性思维和省力原则发挥作用,并敢于扶持学术新生力量。这将有利于实现学科长期、稳定和健康发展。

学术评价活动的参与者众多,各主体需要就不同诉求达成共识。政府、研究机构和其他参与者应就"学术成果质量是学术评价的首要和主要内容",形成相互认同的价值空间和文化环境,才能破解现行学术评价惯例带来的困境,使学术评价回归到促进学术创新的道路上来,减少马太效应在以学术评价为依据的学术资源配置中施加的负面效应,避免在资源堆积作用下学术上层产生固化现象。

6.2.2 调整资源配置方式

导致社会科学发展从"结晶化"走向"固化"的重要原因在于,学术资源长期集中流向学术上层致使其地位固化,而学术下层欠缺实现向上流动的有利条件。因此,科研管理部门和不同层级科研机构应相互协调、达成合作,有效整合学术资源,增强学术资源配置的均衡性,提高资源使用效率,为学术下层群体实现向上层流动提供更多机会。

(1) 科研管理部门通过课题设置,支持潜力机构和青年人才发展

不同层次的学术资源可用于支撑不同层级的机构发展,地方学术资源分配应适当向当地潜力机构倾斜。以政府部门科研投入为例,课题基金分为国家级、部委级、省(市)级、校级、院级等等。根据本书第4章对各学科头部发文机构论文基金来源分析可推断,前1%发文机构获得的任一层级基金数量都是其他发文机构所获基金数量的几十倍,甚至几百倍。国家级、省部级课题是国家发展最迫切需要解决的问题,需要各研究领域高、精、尖科研人才和团队投入大量的时间和精力共同推进。但是,省(市)级发布的课题不应将目光局限于当地学科排名最靠前的机构和科研团队,而应重视区域学术力量的整合,为跨机构合作创造更多条件。学术下层群体中不乏具有强劲发展潜力的学术机构,也不缺少尚未受到广泛关注的边缘性研究领域。地方学术力量的发展需要重视并满足潜力机构多样化的发展需求,支持学科优势机构与相关潜力机构的共同合作。此外,地方学术管理部门可组建覆盖全学科的专家数据库、科研成果数据库和青年学者库,根据科研成果价值和学者发展潜力,在年度课题立项时设置贴合优秀青年学者进一步探究的项目,予以充裕经费支持,并破除项目限制头衔和研究基础要求的阻力。当潜力机构和学者有条件产出更多优秀成果时,他们才有机会获得同行认可,在学术层级中实现向上

流动。

（2）学科优势机构提供资源帮助，实现"头尾"共同发展

学术上层群体作为"领头雁"应有所担当，帮助学术下层群体实现共同进步。普赖斯曾说："当我们已进入科学的逻辑发展阶段，通过指数型的增加由科学发现而得到的私人财富的那种相当自私和自由地扩展应予以修正。从长远来看，拼命要跑在别人前面去的做法，最终是一种要不得的和不负责任的行动。若一个国家在科学上已经到达逻辑成熟的饱和阶段，那它必须尽可能地做出一种成熟和明智的表现以指导正迅速发展并将在科学优势上超过自己的那些年轻国家，这必须作为一项原则强调。"[①]这表明拥有更多权力和更高地位的学术领袖对于学术共同体的发展肩负着重大责任。此外，从系统论的角度来看，任何事物的发展都会经历一个"自组织"的过程，即在系统内在机制的驱动下，自行从简单变化到复杂、从低级演化到高级的发展过程。这一过程意味着破坏与构建在不断地交替发生，它包含并符合差异协同论的思想：没有差异就没有世间一切的存在，没有多元的世界，也没有人类的进步[②]。学科学术共同体的长久发展不能仅依靠学科优势机构的发展与带动，还需要其他机构围绕发展目标发挥协同作用。为实现学科学术共同体的协调发展，学科优势机构可通过战略合作、项目合作、科研人才培养等方式，向潜力机构提供适当资源支持，包括制度资源、经费资源、人才资源、科研平台资源等，帮助其打通科研工作上存在的难点和痛点，助力其科研管理水平提高。这项工作既需要国家学术管理部门出台引导性政策，也需要学科优势机构发挥带头作用，带动有潜力的学术下层群体实现层级跨越，增强学术共同体内部的流动性与活力。

6.2.3 改善外部管理体制

伴随着科研工作者、科研经费总量、各类型科研平台数量等不断增长，社会科学进入饱和发展阶段，无论是学术发展还是学科建设都形成了一定的"制度性依赖"。在以效率为导向的学术管理制度下，社会科学发展结晶化出现，并在多方面表现出固化倾向。为避免"制度性依赖"阻碍社会科学的创新发展，学术治理主体必须转变观念，探索社会科学发展新道路，促进学术层级

---

① 普赖斯.小科学，大科学[M].宋剑耕，戴振飞，译.北京：世界出版社，1982：99.
② 和杰.系统哲学与邓小平"先富带动后富"的区域经济发展观[J].系统科学学报，2011，19(3)：10-13.

之间的有序、公平竞争,保持适当的垂直流动。

(1) 让渡学术管理权力,减轻更多制度性压力

目前,我国学术治理已形成庞杂的科层制体制,行政权力代表的权威力量既成为治理主体,也是学术群体主要依赖的外部治理力量。行政权力学术治理以追求效率为首要任务。而当行政权力为追求效率,将效率目标转化为学术产出要求,这将为相关责任主体施加不断累积的压力,在很大程度上违背了学术发展的规律性和可持续性。承受过多科研压力的研究机构和科研人员最终为了达到绩效目标,可能不得不背离纯粹的学术精神,在原有研究的基础上进行内卷化创新工作。当现代科学进入产业化发展阶段,大多数学者已经很难坐得住"冷板凳",他们需要为保障基本生活质量和追求学术荣誉展开激烈竞争。在学术锦标赛中落后的人难以获得充足的科研资源支持,支持创新性成果产出的条件较为薄弱,不利于科研人员的职称晋升与职业生涯发展,即不利于科研人员在学术层级中向上的流动。为此,行政权力必须向学术权力让渡,形成符合学术发展规律的学术自治模式。政府始终需要平衡好有效管理与学术创新两者之间的关系,尽力克服和避免两种需求之间产生矛盾和冲突,引导学术评价工作服务于科学本身而不是行政管理工作[①];学术组织应根据职能定位发挥学术研究、决策咨询、社会服务、人才培养等多种功能,并依据功能发挥制定分类、分级、分学科的科研人才评价体系,转变绩效量化评价导向,向科研人员充分释放绩效评价以成果质量为导向的"信号"。这有利于科研人员有精力面对更多科研挑战,而疲于应对制度性压力带来的阻碍。

(2) 采用开放式评价,增强学术竞争的公平性

经过多年实践检验,同行评价制度确实是学术治理的有效工具。相比于原始的记分公式量化评价,同行评价更强调学术研究的质量和创新性。但是,同行评价确也存在主观性强、易受人际关系影响的弊端。同行评议并不完美,而有时甚至阻碍了颠覆性创新成果的出现。由于学术共同体是一个相对封闭的群体,群体中学术领袖拥有较大的学术话语权和庞大的学术关系网络,这意味着围绕学术领袖将形成规模更小、力量强大且团结一致的小群体。小群体对于学术共同体内新出现的、不一致的学术观点往往会在开始持习惯

---

① 孟溦,张群.科研评价"五唯"何以难破——制度分析的视角[J].中国高教研究,2021(9):51-58.

性的批判态度,甚至对其进行否定。这导致具有颠覆性的创新成果缺少曝光并难以获得进一步论证其正确性的机会。为解决这一问题,学术评价活动可采用"互联网+代表作"的开放式评价,为突破性研究成果提供更多曝光和评价机会,并通过评价公开、规范展示代表作来提高学术评价的客观性与公正性[1]。开放评价包括规范展示、规范确认、规范推荐、规范胜出等机制,其核心是"展示""定位""查新""挑错""荐优""比较""综合"的七大要素。在这样的机制下,开放式评价相对而言更具有程序公信力[2][3][4][5]。在此过程中,同行专家负责"挑错",其他工作由评估专家和相关专家承担。这有利于体现评价主体的多元性,挖掘科研成果多重价值,有效提高科研人员的创造积极性;同时,这也有利于让不同层级的学者和机构开展平等竞争,减弱学术评价制度中马太效应的负面影响,增强学术上下层级流动的公平性。

(3) 坚持"两条腿"走路,激发社会科学创新活力

党的十八大以来,习近平总书记多次在不同场合勉励各领域专家学者,强调要把论文写在祖国大地上。社会科学的理论研究和实践探索一直受到学界的广泛关注,两者之间的契合度有待进一步加强。理论界学者习惯用理论裁决话语体系,有可能脱离中国特色社会主义实践进行纯理论研究的问题,这将对话语体系现实状况的研究造成一定影响[6]。为实现中华民族伟大复兴的中国梦,社会科学研究必须扎根中国大地,"承担记录新时代、书写新时代、讴歌新时代的使命,勇于回答时代课题……"[7]由此可见,社会科学坚持学理性研究与应用性研究"两条腿"并行发展是历史的选择与必然。

与此同时,坚持"两条腿"并行发展社会科学,也是避免社会科学发展出现"固化"倾向的重要途径之一。第一,学理性研究与应用性研究的并行发展将改变固有的科研成果评价体系。应用性成果与学术成果在研究方法、撰写方式、传播受众、价值体现等方面存在显著差异。应用性研究成果评价更注重政策影响力和社会影响力两方面,这意味着科研成果评价要增加以下三方

---

[1] 刘益东.用"互联网+代表作"落实代表作评价制度——并论开放评价引发的开放教育革命[J].情报资料工作,2020,41(3):14-19.
[2] 刘益东.试论超越同行评议的复合型学术评估法[J].自然辩证法研究,2004(1):98-102.
[3] 刘益东.开放式评价与前沿学者负责制:胜出机制变革引发的云科学革命[J].未来与发展,2013,36(12):2-11.
[4] 刘益东.开放式评价:替代同行评议的新方案[J].甘肃社会科学,2015(4):27-31.
[5] 刘益东.外行评价何以可能——基于开放式评价的分析[J].河南大学学报(社会科学版),2016,56(5):145-150+156.
[6] 刘希岩,谢玉环.国内学界关于中国哲学社会科学话语体系研究述评[J].理论界,2017(10):75-83.
[7] 习近平.记录新时代、书写新时代、讴歌新时代[N].大众日报,2019-07-07(2).

面内容:(1)将政策制定与推广的工作、政策评估与决策反馈环节的横向项目、政策研究成果的批示等纳入指标体系,引导社会科学应用研究渗透到政策研究全过程[①];(2)将"技术支援能力""技术志愿服务"作为社会科学研究机构和科研人员评价的重要指标,重视、引导、提高机构和学者的"数据驱动型"政策研究能力;(3)将媒体影响力、新媒体影响力和网络舆论影响力等作为衡量科研机构和科研人员社会影响力的指标,促进社会科学研究成果的重要价值通过媒体渠道突出显现。科研成果评价体系的转变意味着科研资源分配方式也将随之发生变化,这将增强资源配置合理性,以及资源投入的目标性、针对性和功能性,也为处于学术中层和下层的群体提供了更多在细分领域和垂直领域向上流动的可能性。

第二,学理性研究与应用性研究的并行发展有利于培养复合型人才培养。应用性研究涉及政策研究、实地调研、内参撰写、数据分析、媒体运营等多方面工作,纯粹学术型人才难以做到样样精通。而学术型人才向复合型人才的转变需要外部环境的支持与引导。这意味着科研机构要改变原有的学术型科研成果绩效考核方式,以成果质量为导向建立多样化的绩效考核方式,让复合型人才在应用型研究的多个环节中发挥才能。建立多样化的科研成果绩效考核体系意味着,复合型人才在资源获取、人才评价、绩效奖励等多方面拥有了更多上升途径,这将大大增强学术上下层级的流动性,能在很大程度上激发社会科学工作者的创新活力

第三,学理性研究与应用性研究并行发展有利于塑造科研机构的社会影响力,为学术层级的跨越寻找新路径。若要在专业领域逐步树立学术话语权,科研机构需要转变思维,主动拉近与决策部门之间的距离,积极承担应用性研究工作。应用性研究成果的学术影响力虽然可能比较有限,但往往具备较大的社会影响力。对科研机构而言,学术机遇是其学科发展的重要窗口,政策机遇对学科发展也至关重要。在学术成果评价中处于弱势地位的机构不妨在应用性研究中寻找新的发展机遇、努力提高成果质量,以此提升社会影响力,通过这种方式同样能够实现学术层级的向上流动。

---

① 王传奇,李刚,丁炫凯.智库政策影响力评价中的"唯批示论"迷思——基于政策过程理论视角的研究[J].图书与情报,2019(3):11-19.

第7章 结语

7.1 总结与思考

本书首先从全球范围内社会科学的大科学发展趋势这一研究背景出发，进而聚焦并探索了中国特色哲学社会科学的发展与转变，以及当前科研人员面临着"发文难"的普遍困境。在此研究背景下，本书尝试扩展普赖斯所提出的"科学发展结晶化"概念，并借此阐述社会科学发展结晶化理论的基本内涵与主要特征。

本书在阐述社会科学发展结晶化理论时主要依据普赖斯对科学发展结晶化现象的论述，结合社会科学家库恩和克兰的相关思想，讨论了科学发展结晶化理论中的基本问题，包括其概念来源、含义与特征等。基于过往科学家的理论成果，本书通过辨析自然科学与社会科学的区别，继续深入讨论了社会科学发展结晶化的含义、产生原因及体制基础、特点和具体表现等方面。理论创新需要实证验证，本书以CSSCI来源期刊头部发文机构固化现象为例，首先论证了新中国成立以来，社会科学文献增长趋势符合普赖斯所提出的科学发展"逻辑蒂斯曲线"，大多学科文献增长现已进入饱和阶段；然后，探究了期刊头部发文机构固化现象及各学科头部发文机构的固化程度；再次，辨析了促成CSSCI来源期刊头部发文机构出现固化现象的相关因素；最后，从学科创新力的角度出发，分析了CSSCI来源期刊头部发文机构对其产生的主要影响。文章最后回归到社会科学发展结晶化现象本身，对其历史必然性、积极意义和走向"固化"之后产生的消极影响进行客观分析，并针对问题从意识转变、资源整合和体制改革三方面提出规避"固化"风险的策略。

社会科学发展结晶化是科学进步的必经阶段，具有重要的经济价值和政治意义。面对社会科学发展结晶化所带来的影响，科学工作者们与科研管理部门应该秉持兴利除弊的态度，在支持学术上层群体保持领先发展的同时，兼顾学术下层群体的发展需求。事实上，科学界追求效率的态势已经不可扭转，以此为导向形成的科学管理体制也具有一定的合理性和科学性，也正是科学家们对效率的追求加速了现代科技的更新速度。但是，在追求效率同时，科学工作者和科研管理者都应该多加审视和思考学术管理追求效率的意义所在。社会科学发展结晶化现象实质上代表着,在以效率为导向的学术管理体制下,学术资源分配出现了高度集中的态势。若这一趋势持续下去,将造成学术层次的固化,以及与之相随的学术资源分配模式固化、学术管理体制僵化和学术生态发展的失衡。工业革命以来,人们对"效率"的追求早已表露在生活的方方面面,提高工作效率的高效工作法和时间管理工具比比皆是。学术界也受到这股社会潮流的影响,对"效率"的崇拜与追求之风也渐渐盛行。玛吉·伯格和芭芭拉·西伯在合著的《慢教授》一书中指出:"在当前的大学校园里,生活变得太过匆忙,人人事务缠身,不堪其扰……那些制造出这种浮夸忙碌而狂热的过程,目前已经威胁到大学机构自身存在的目的。"[1]旧时学者对待学术研究的沉静态度在如今已经非常少见,而"如何快速发表SCI或SSCI论文"此类提高科研效率的讲座反而更加常见。可见,学术研究已经逐渐褪去了原本的悠游色彩。学术机构和研究人员被科研绩效考核制度这根绳索紧紧牵制,几乎所有的学术管理制度安排都以追求更高的效率、更多的科研成果作为最终目标,学术创造沦为"知识工业"生产中的一个环节,研究人员难以享受科研本身带来的惊奇和乐趣,而渐渐沉迷于流程化的知识成果制造,对成果数量的追求意愿渐渐大于对成果质量的追求。这不利于创新型科研人才的培养,也不利于学术的创新与发展,有碍于学术共同体整体学术水平的提升。

在古希腊人眼里,效率是政治和社会运转的方式,而不是目的[2]。那么,学术管理体制包括其内部的学术资源的分配机制都应该明确——追求"效率"只是为了达到目的而采用的一种相对便捷、理性和公正的手段。学术研究活动与经济生产活动不同,学术成果不能以量计数,科研工作者们的付出更不能"计件付费",学术评价系统对"量"的追求应该让位于对"质"的追求、对创新的追求。学术资源配置在保持和提升学术上层群体科研生产力的同时,也应该同时着力培养和发挥其他机构的科研潜力和创新力,防止学术生态中出现"流水不腐,户枢不蠹"的困境,并以此释放学术生态中不同层级群体的创新活力。

---

[1] 刘超.在效率异化中重审人类知识[EB/OL].2021-08-24[2022-05-21].http://www.cssn.cn/zx/bwyc/202108/t20210824_5355250.shtml.

[2] 斯坦.效率崇拜[M].杨晋,译.南京:南京大学出版社,2020:13.

本文遵循"理论探究—实证研究—研究启示"的研究范式,得到以下主要研究结论:

(1) 在阐释、延展普赖斯科学发展结晶化概念中发现:社会科学发展也存在结晶化现象。促使社会科学发展结晶化现象产生的内因是其进入常规科学阶段,并走向饱和发展状态;外部推动力则源于国家对社会科学的发展效率、应用性和技术性等方面提出了更高的要求,并建立了以发展效率为导向的社会科学管理体制。在内外两重动力的推动之下,社会科学内部多方面出现结晶化趋势,具体表现包括学术上下层级之间的竞争力差异愈加明显,科研经费、科研人才和期刊资源在学术上下层级之间分布不平衡加剧,学术上层中某些群体长期占据头部位置等。

(2) 在以 CSSCI 来源期刊发文机构为研究样本,论证社会科学发展结晶现象时发现:CSSCI 来源期刊头部发文机构已经出现固化现象。具体而言,第一,在分析 CNKI 社会科学期刊论文增长态势中发现,新中国成立之后我国社会科学学术期刊论文增长数量上升趋势符合普赖斯提出的科学发展"逻辑蒂斯曲线",通过曲线拟合发现社会科学大多数学科论文增长基本符合二次曲线和三次曲线(只有体育学和文化学论文增长的对数曲线拟合效果更好),说明我国社会科学论文增长总体已进入饱和发展阶段。第二,从各学科 CSSCI 来源期刊发文机构论文量的基本统计特征可知,各学科发文机构之间论文量差异巨大,相较于人文性、理论性更强的学科而言,应用性更强的学科发文机构之间的论文量差距更加显著。第三,从发文机构的类型来看,高校在各学科 CSSCI 来源期刊发文占比中占据着绝对优势的地位,远超其他类型科研院所与偏重业务工作机构的发文占比。第四,统计各学科前 1% 发文机构数量及其发文占比、发文机构基尼系数,以及根据布拉德夫定律测算的发文机构"集中—分散"程度发现,前 1% 头部发文机构与其他发文机构在论文发表方面的"贫富差异"巨大,其中新闻学与传播学、教育学、体育学、宗教学、图书情报与文献学发文机构"头部集中、尾部分散"的差异特征更为明显。第五,借用人力资源管理理论,通过对各学科前 10% 发文机构的净流动率测算发现,经济学和哲学前 10% 发文机构的变化程度最小,头部发文机构固化程度最高。从学科性质来看,应用性较强的学科头部发文机构净流动率更低、固化程度更高。应用性强的学科往往与社会现实问题和社会经济效益联系更加紧密,更容易获得政府和社会的关注和资源供给,头部发文机构和学术权威也能更快积累优势条件和资源,"结晶化"现象也因此逐渐发展成为"固化现象"。

(3)在CSSCI来源期刊头部发文机构固化形成的相关因素分析中发现:CSSCI来源期刊主办单位存在"自办自发"的倾向,绝大多数CSSCI来源期刊主办单位也是学科优势机构,以期刊主办单位为基础形成的学缘关系网络对于来自同一机构的作者发文具有正向影响,设有硕博士学位点的机构尤为明显。各学科期刊学缘关系发文占比与期刊主办单位设有硕博士学位点占比存在显著正相关关系;期刊编委是联系CSSCI来源期刊与头部发文机构的重要纽带,编委平均发文量与非编委平均发文量之间存在显著性差异,且各学科期刊编委发文占比越高,学科头部发文机构的净流动率越低,头部发文机构固化程度越高;各学科具有学科优势的机构(本书中指教育部学科评估中的A类机构)与CSSCI来源期刊前1%发文机构的重合度极高,A类机构与非A类机构的平均发文量存在显著性差异,且A类机构平均发文量与学科头部发文机构的净流动率之间存在显著负相关关系,一定程度上反映出学科优势因素加剧了头部发文机构的固化程度;在期刊地缘因素上,同一省份内CSSCI来源期刊数量与前1%发文机构数量之间存在正相关关系,意味着省份内学术资源的优势积累和集聚效应明显,在地缘关系的强大影响之下,头部发文机构地位将更加稳固;在基金论文的分布上,尤其是获得国家级基金项目支持的论文,头部发文机构与其他发文机构之间存在显著性差异,总体而言,前1%头部发文机构的国家级基金论文数量与头部发文机构净流动率之间存在显著负相关关系,头部发文机构发表的国家级基金论文量占比越高,越有利于保持其头部地位;头部发文机构与其他发文机构的论文在被引量和下载量方面存在显著性差异,反映出期刊论文读者和引用者在社会因素和心理因素的影响下,会重点关注和引用头部发文机构论文,这间接促使期刊编辑更加重视发表头部发文机构来稿,以保持和提高期刊影响因子,在这一反馈机制下,头部发文机构地位则更加稳固。

(4)在CSSCI来源期刊头部发文机构固化对学科创新力的影响分析中发现:头部发文机构固化现象会对学科创新潜力、活力和保持力产生一定的负面影响。学科的建设与发展需要学科优势机构发挥带头作用,也需要其他学术机构的努力建设与发展,从而实现学科学术共同体的整体进步,保持学科创新力。

基于以上结论,本书回归社会科学发展结晶化现象本身,分析并阐释了其出现的历史必然性、积极影响和继续发展继而陷入"固化"困境的消极影响。具体而言,其积极意义在于结晶化一定程度上满足了国家对社会科学发展"提质增效"的要求,是学术资源高效配置的具体表现。但是当社会科学学术上下层级之间的流动受阻、层级固化现象加剧时,社会科学发展也将从"结晶化"状态进入"固化"状态。一方面,这将导致学术上层群体始终主导着学术系统的运行与发展,学术上层的封闭性也逐渐增强,不利于提高学术成果的创新性,颠覆性成果也将更加罕见;另一方面,固化现象背后的社会科学发展的不平衡性主要表现为,学术上层资源集聚逐渐达到饱和甚至过剩,而学术下层群体则面临发展资源不足的瓶颈,并且数量庞大的学术下层群体将造成学术资源分散且利用率较低等问题。为避免社会科学发展从"结晶化"状态发展到"固化"状态,针对目前的现实情况,本书从评价意识、资源配置方式和学术管理体制三方面提出转变和改善策略。从学术活动中各类参与者的角度来看,需要树立质量第一的学术评价意识,纠正先入为主的偏见,消除学术评价惯例带来的消极影响,进而减少马太效应在以学术评价为依据进行学术资源配置中的负面效应,降低学术下层群体向上流动的先赋性和结构性障碍。从科研管理部门和学术上层群体的角度来看,需要通过调整经费、人力、项目等资源配置方式,加强区域学术整体力量,协调发展学术共同体的"头尾"两部分,帮助处于学术下层的潜力科研机构和青年学者实现学术层级的跨越,增强学术层级的垂直流动性。从学术管理体制层面来看,需要促使行政权力向学术权力让渡,转变科研绩效量化评价导向,为科研人员"减负松绑",减轻学术下层群体向上流动的制度性压力;采用开放式评价弥补同行评议体制的局限,进一步增强学术上下层级群体之间竞争的公平性;坚持社会科学理论性研究与应用性研究并重发展,为学术潜力机构和复合型人才提供更多实现学术层级跃迁的途径和机会。

7.2 局限及展望

本书基于普赖斯有关"科学发展结晶化"概念的论述,结合库恩范式理论和黛安娜·克兰"无形学院"理论中的思想,阐述了科学发展结晶化理论的基本内涵,延伸论述了社会科学发展结晶化理论。在此基础上,通过CNKI社会科学期刊论文数量(1949—2020年)统计、分析并论证了中国社会科学各学科文献增长已进入稳定的平缓发展阶段;同时,按照CSSCI来源期刊目录(2019—2020年),利用Python爬取了CSSCI来源期刊数据库中的论文背景数据,论述并测度了学科头部发文机构固化现象;通过补充收集期刊主办单位硕博士点信息(对应期刊所在学科)、期刊编委信息、发文机构学科评估等级信息、期刊主办单位所在地信息、论文被引量和下载量数据,相对全面地从学术期刊论文发表活动参与主体的角度,考察了各项因素对学科头部发文机构固化产生的影响;利用学科创新力测算方法,分析了头部发文机构固化对学科创新力的影响。尽管如此,受限于人力、物力、财力、精力等因素,本书难免存在一些局限和不足之处,有待未来进一步完善。

(1) 在CSSCI来源期刊论文数据爬取时,为了更好地呈现学科头部发文机构与学术期刊之间的关系,本书按照CSSCI来源期刊目录(2019—2020年)开展论文爬取工作,但这种数据收集方式在一定程度上降低了以往来源期刊增减所产生的影响(本书在研究准备阶段统计了CSSCI来源期刊目录的变化情况,期刊增减幅度较小,基本不会对后续分析产生影响)。

(2) 在分析CSSCI来源期刊头部发文机构固化的相关因素时,对于期刊编辑、论文读者、论文引用者的心理分析尚处于理论探讨阶段,后续研究将通过问卷调查、专家访谈等方式采集相关数据,进行更加深入地分析与探讨。

(3) 在探讨CSSCI来源期刊头部发文机构固化现象的影响时,本书聚焦于学科创新力这一方面,其解释效力仍有提升的空间。学术期刊论文发表涉及多方面主体和学术系统中的多种要素,因此,CSSCI来源期刊头部发文机构固化现象带来的影响也牵涉到多个方面。后续研究将进一步讨论CSSCI来源期刊头部发文机构固化现象对科研经费、科研项目、科研人才等资源配置的影响,以及对学科学术层级上下流动的影响等。

参考文献

中文参考文献

[1] 惠特利.科学的智力组织和社会组织[M].赵万里,陈玉林,薛晓斌,译.北京:北京大学出版社,2011.

[2] 兹纳涅茨基.知识人的社会角色[M].郏斌祥,译.南京:译林出版社,2000.

[3] 滕尼斯.共同体与社会——纯粹社会学的基本概念[M].林荣远,译.北京:商务印书馆,1999.

[4] 斯坦.效率崇拜[M].杨晋,译.南京:南京大学出版社,2020.

[5] 阿吉翁,霍依特.内生增长理论[M].陶然,倪彬华,汪柏林,等译.北京:北京大学出版社,2004.

[6] 威尔逊.社会生物学:新的综合[M].毛盛贤,译.北京:北京理工大学出版社,2008.

[7] 克拉克.高等教育系统:学术组织的跨过研究[M].王承绪,徐辉,殷企平,等译.杭州:杭州大学出版社,1994.

[8] 罗斯.美国社会科学的起源[M].王楠,刘阳,吴莹,译.北京:生活·读书·新知三联书店,2019.

[9] 马尔库塞.单向度的人[M].刘继,译.上海:上海译文出版社,1989.

[10] 卡尔霍恩.变革时代的社会科学[M].李述一,等译.北京:社会科学文献出版社,1989.

[11] 科尔J,科尔S.科学界的社会分层[M].赵佳苓,顾昕,黄绍林,译.北京:华夏出版社,1989.

[12] 加菲尔德.引文索引法的理论及应用[M].侯汉清,等译.北京:北京图书馆出版社,2004.

[13] 野家启一.库恩:范式[M].毕小辉,译.石家庄:河北教育出版社,2002.

[14] 德兰迪.知识社会中的大学[M].黄建如,译.北京:北京大学出版社,2010.

[15] 齐曼.元科学导论[M].刘珺珺,张平,孟建伟,译.长沙:湖南人民出版社,1988.

[16] 贝尔.第二次世界大战以来的社会科学[M].范岱年,等译.北京:中国社会科学院情报研究所,1982.

[17] 迪尔凯姆.社会学方法的准则[M].狄玉明,译.北京:商务印书馆,1995.

[18] 默顿.科学社会学:理论与经验研究[M].鲁旭东,林聚任,译.北京:商务印书馆,2003.

[19] 白云.新闻学与传播学国家社科基金项目及其研究成果统计分析[J].中国出版,2017(18):36-41.

[20] 卜长莉."差序格局"的理论诠释及现代内涵[J].社会学研究,2003(1):21-29.
[21] 霍尔,罗森伯格.创新经济学手册[M].上海市科学学研究所,译.上海:上海交通大学出版社,2017.
[22] 布鲁克斯,西索斯.编辑的艺术[M].北京:中国人民大学出版社,2003.
[23] 蔡英田.关于科学与生产的关系的几个认识问题[J].哲学研究,1992(1):16-23.
[24] 曹进克.对高校学报功能与定位问题的思考[J].中国科技期刊研究,2010,21(3):325-327.
[25] 曾德聪.论科技人才群落[J].科学学研究,1984(1):97-107.
[26] 常文静,王宝茹,杜玉环.科技期刊编辑应关注基金资助课题论文[J].编辑学报,2005,17(1):35-36.
[27] 沈律.小科学,大科学,超大科学——对科技发展三大模式及其增长规律的比较分析[J].中国科技论坛,2021(6):149-160.
[28] 沈新尹.美国国家科学基金会同行评议系统及与中国国家自然科学基金委的比较和评注[J].世界科技研究与发展,1997(6):85-86.
[29] 陈玲,邹栩.影响科技期刊潜在作者投稿的因素分析及编辑对策[J].编辑学报,2011,23(5):384-387.
[30] 陈秀兰.我国科研人员流动初探[J].科学管理研究,1999(6):45-47.
[31] 程瑛.竞争条件下大学资源集中现象形成的实证分析——以国家社会科学基金立项为例[J].现代大学教育,2013(5):51-58.
[32] 崔延强,段禹.新文科究竟"新"在何处——基于对人文社会科学发展史的考察[J].大学教育科学,2021(1):36-43.
[33] 楚宾,哈克特.难有同行的科学:同行评议与美国科学政策[M].谭文化,曾国屏,译.北京:北京大学出版社,2011.
[34] 克兰.无形学院:知识在科学共同体的扩散[M].刘珺珺,顾昕,王德禄,译.北京:华夏出版社,1988.
[35] 邓履翔,王维朗,陈灿华.欺诈引用——一种新的不当引用行为[J].中国科技期刊研究,2018,29(3):237-241.
[36] 邓仲华,李志芳.基于情报学视角的科学研究第四范式需求分析[J].情报科学,2015,33(7):3-6+20.
[37] 丁文姚,李健,韩毅.我国图书情报领域期刊论文的科学数据引用特征研究[J].图书情报工作,2019,63(22):118-128.
[38] 丁妍.日本大学评价制度建立的背景、现状及问题的研究[J].复旦教育论坛,2003(5):48-52.
[39] 董国豪,潜伟.普赖斯科学技术观初探[J].科学学研究,2013,31(12):1773-1780.
[40] 董国豪,潜伟.普赖斯与科学史定量研究[J].科学学研究,2017,35(5):667-675+680.

［41］董希望.社会科学遇到合法性危机了吗——"社会科学方法论研讨会"综述[J].浙江社会科学,2006(4):219-223+170.

［42］高慧.中国高校哲学社会科学研究成果评价的演进特征与逻辑——基于政府、市场、学术的视角[J].江汉论坛,2021(11):138-144.

［43］高江勇.大学教育评价中的过度量化:表现、困境及治理[J].中国高教研究,2019(10):61-67.

［44］高杰,丁云龙.基于科学计量的创新研究群体合作网络构型可视化分析[J].科技进步与对策,2018,35(7):9-17.

［45］高娜,江波.一流大学与一流学术期刊融合发展——基于我国42所一流大学建设高校及其主办期刊的数据[J].教育发展研究,2020,40(21):20-27.

［46］古继宝,梁樑.论同行评议人行为问题和监测评估[J].安徽软科学研究,1996(8):15-17.

［47］谷景亮,赵芳,曹先平.3大中文期刊数据库收录期刊重复情况探究[J].医学信息学杂志,2011,32(8):26-28.

［48］郭碧坚,韩宇,赵艳梅.同行评议中的"名人效应"[J].科技导报,1994(7):47-49.

［49］郭碧坚,韩宇.同行评议制——方法、理论、功能、指标[J].科学学研究,1994(3):63-73+2.

［50］郭红,潘云涛.中国科技论文产出发展状况[J].科技管理研究,2008(1):72-74.

［51］郭鸿昌.美国大学图书馆馆员的职称评定综述[J].大学图书情报学刊,2001(1):54-56.

［52］韩磊,邱源.学术期刊须警惕基金论文中基金项目不实标注现象[J].编辑学报,2017,29(2):151-154.

［53］郝广龙,李盛聪,李宜芯.一流学科创新发展:机遇、困境及其突破[J].中国教育科学(中英文),2021,4(4):120-129.

［54］何精华."科学有为":创新型国家建设中政府作用的一个行政学解释[J].上海师范大学学报(哲学社会科学版),2006(3):27-33.

［55］何亚平.科学社会学教程[M].杭州:浙江大学出版社,1990.

［56］胡茂连.社会科学研究成果重在转化[J].郑州大学学报(哲学社会科学版),2008(4):86-87.

［57］黄华新,唐礼勇.社会科学知识的"反身性"——兼与自然科学知识反身性的比较[J].浙江大学学报(人文社会科学版),2005(2):88-94.

［58］黄炜,程慧平.我国人文社会科学学科学术论文产出的效率研究[J].情报杂志,2016,35(4):137-140.

［59］黄育馥.美国社会科学的四个经费来源[J].国外社会科学,2000(6):21-27.

［60］黄振羽,丁云龙.小科学与大科学组织差异性界说——资产专用性、治理结构与组织边界[J].科学学研究,2014,32(5):650-659.

[61] 黄中文.科技进步与经济增长的理论与实证分析[J].中国科技论坛,2000(3):40-42+49.
[62] 贾永堂.我国高等教育发展中的弱势高校问题[J].教育发展研究,2010,30(1):23-27.
[63] 姜春林,郭琪琴,张光耀.人文社科学术著作评价指标体系构建及实证研究[J].情报杂志,2022,41(2):198-207.
[64] 姜春林.普赖斯与科学计量学[J].科学学与科学技术管理,2001(9):20-22.
[65] 金强,刘瑶.基于科学评价的社科类学术期刊学术引领思考[J].出版广角,2021(16):18-20+95.
[66] 金吾伦.托马斯·库恩的理论转向[J].自然辩证法通讯,1991(1):21-27.
[67] 克里斯坦森.创新者的窘境[M].胡建桥,译.北京:中信出版社,2020.
[68] 安德森.长尾理论[M].乔江涛,译.北京:中信出版社,2006.
[69] 孔艳,张铁明.学术期刊论文基金项目的不当标注——基于林业行业学术期刊论文基金项目标注的调查统计[J].编辑学报,2020,32(4):413-417.
[70] 李东辉.论学术期刊的编辑独立[J].中国科技期刊研究,2006,17(5):700-703.
[71] 李贵存.论医学学术期刊的思想导向与学术导向[J].编辑学报,2003,15(1):9-11.
[72] 李明德,陈盼盼.第五轮学科评估指标变化对学术期刊转型发展的影响研究[J].科技与出版,2021(12):40-47.
[73] 李文华.社会科学与自然科学的五个差异——兼论进一步繁荣发展哲学社会科学的现实意义[J].科学学研究,2006(6):834-839.
[74] 李侠,李格菲.大科学工程建设面临的双重危机[J].中国科技论坛,2018(10):16-22.
[75] 李晓红,于善清,胡春霞,等.科技期刊评价中应重视"基金论文比"的作用[J].科技管理研究,2005(10):138-139.
[76] 梁徐静.新时代我国学术期刊转型发展问题研究——基于改革开放40年的思考[J].中国出版,2019(19):50-54.
[77] 林强.谈科学研究工作中的同行评议制度[J].研究与发展管理,1992(1):57-59.
[78] 刘碧坚.社会科学成果转化机制研究[J].科技管理研究,2002(6):65-68.
[79] 刘崇俊.科学精英的科学生产功能定位研究[J].科学学研究,2010,28(8):1122-1127.
[80] 刘翠霞.普赖斯:悠游于科学与人文之间的使者[J].自然辩证法通讯,2013,35(5):115-121+124+128.
[81] 刘大椿,潘睿.人文社会科学的分化与整合[J].中国人民大学学报,2009,23(1):141-150.
[82] 刘凤良,郭杰.资源可耗竭、知识积累与内生经济增长[J].中央财经大学学报,2002(11):64-67.
[83] 刘建滔,陈智平,邓丽琼等.生物医学期刊作者投稿行为的影响因素[J].编辑学报,2008(3):245-246.
[84] 刘进,王艺蒙,孔繁盛.科研院所的人才是否在流向高校——基于科研院所与高校教

师简历的大数据分析[J].高教发展与评估,2021,37(5):89-101+125.
[85] 刘青,张海波.引用行为初探[J].情报杂志,1999(3):64-66.
[86] 刘素民."无中生有"与"有无相生"——从爱留根那之"无"看"存有"的绝对性与非限定性[J].哲学研究,2016(4):78-83.
[87] 刘西忠.贯通融合自然科学与社会科学:新型智库高质量发展必由之路——兼论智库科学的构建[J].中国科学院院刊,2022,37(2):168-176.
[88] 刘雪立,张诗乐,盖双双.基于论文产出的科研绩效评价——ESI和InCites应用研究综述[J].现代情报,2016,36(3):172-177.
[89] 刘益东.开放式评价:替代同行评议的新方案[J].甘肃社会科学,2015(4):27-31.
[90] 刘益东.试论超越同行评议的复合型学术评估法[J].自然辩证法研究,2004(1):98-102.
[91] 刘益东.用"互联网+代表作"落实代表作评价制度——并论开放评价引发的开放教育革命[J].情报资料工作,2020,41(3):14-19.
[92] 刘宇,叶继元,袁曦临.图书情报学期刊的分层结构:基于同行评议的实证研究[J].中国图书馆学报,2011,37(2):105-114.
[93] 刘则渊,陈悦,朱晓宇.普赖斯对科学学理论的贡献——纪念科学计量学之父普赖斯逝世30周年[J].科学学研究,2013,31(12):1761-1772.
[94] 刘之葵,周亶.对研究生发表论文规定的探讨[J].现代大学教育,2006(5):41-44.
[95] 卢盈.学术评价系统与学术阶层的形成[J].江苏高教,2020(11):9-17.
[96] 陆朦朦,羊晚成,方爱华.学术期刊编委交叉任职现象的社会网络分析与思考——以编辑出版学中文核心期刊为例[J].中国科技期刊研究,2018(3):284-290.
[97] 罗蒂.后哲学文化[M].黄勇,译.上海:上海译文出版社,2004.
[98] 马克思.马克思恩格斯全集[M].北京:人民出版社,2006.
[99] 马庆国.管理统计[M].北京:科学出版社,2004.
[100] 孟溦,张群.科研评价"五唯"何以难破——制度分析的视角[J].中国高教研究,2021(9):51-58.
[101] 潘雄锋,潘仙友,李昌昱.中国政府R&D资助对技术创新的影响效应研究[J].管理工程学报,2020,34(1):9-16.
[102] 潘学燕,郭柏寿,杨继民.拓宽稿源渠道 提高期刊质量——《西北农业学报》稿源状况及建设的思考[J].编辑学报,2002,14(2):130-131.
[103] 普赖斯.小科学,大科学[M].宋剑耕,戴振飞,译.北京:世界科学社,1982.
[104] 钱玲飞,杨建林,邓三鸿.人文社会科学学科创新力单指标评价[J].图书与情报,2013(2):93-98.
[105] 钱玲飞,杨建林,邓三鸿.人文社会科学学科创新力核心指标评价[J].图书与情报,2013(1):98-102.

[106] 秦成磊,章成志.大数据环境下同行评议面临的问题与对策[J].情报理论与实践, 2021,44(4):99-112.

[107] 秦长江,吴思洁,王丹丹.我国社科学术期刊科研数据状况分析——国家社会科学基金资助的CSSCI论文的调查[J].中国科技期刊研究,2022,33(4):478-486.

[108] 商丽浩,谢佳璐.美国国家科学基金会社会科学研究资助政策:酝酿、启动和影响[J].高等教育研究,2021,42(9):86-95.

[109] 尚虎平,叶杰,赵盼盼.我国科学研究中的公共财政效率:低效与浪费——来自国家自然科学基金、社会科学基金项目产出的证据[J].科学学研究,2012,30(10):1476-1487+1475.

[110] 尚智丛.科学社会学:方法与理论基础[M].北京:高等教育出版社,2008.

[111] 申丹娜.大科学与小科学的争论评述[J].科学技术与辩证法,2009,26(1):101-107+112.

[112] 宋梅梅,何卓铭,王晓峰,等.中文光学期刊作者投稿关注点调查及分析[J].中国科技期刊研究,2015,26(5):460-464.

[113] 宋旭红,沈红.学术职业发展中的学术声望与学术创新[J].科学学与科学技术管理,2008(8):98-103.

[114] 苏新宁.学术资源库建设和学术评价[J].数字图书馆论坛,2018(12):2-10.

[115] 孙小礼.交叉科学时代与自然科学和社会科学的联盟[J].哲学研究,1991(3):16-19.

[116] 谭捷,张李义,饶丽君.中文学术期刊数据库的比较研究[J].图书情报知识,2010(4):4-13.

[117] 陶范.科技期刊编辑独立性论析[J].编辑学报,2012,24(1):22-24.

[118] 童星,瞿华.差序格局的结构及其制度关联性[J].南京社会科学,2010(3):42-48.

[119] 库恩.科学革命的结构[M].金吾伦,胡新和,译.北京:北京大学出版社,2003.

[120] 比彻,特罗勒尔.学术部落及其领地:知识探索与学科文化[M].唐跃勤,蒲茂华,陈洪捷,译.北京:北京大学出版社,2015.

[121] 王超,李书宁,李晓娟.期刊论文下载分布特征及其机制研究[J].情报科学,2016,34(12):59-63.

[122] 王传奇,李刚,丁炫凯.智库政策影响力评价中的"唯批示论"迷思——基于政策过程理论视角的研究[J].图书与情报,2019(3):11-19.

[123] 王春磊.交互式学术评价与人文社科学术期刊的发展之路[J].出版广角,2021(16):15-17.

[124] 王福生,杨洪勇.作者科研合作网络模型与实证研究[J].图书情报工作,2007(10):68-71.

[125] 王红丽,刘苏君.身兼护理学术期刊多家编委的弊端及对策[J].编辑学报,2009,21(5):431-433.

[126] 王宏鑫.知识论情报测度基础[J].情报科学,1994(4):38-41+74.

[127] 王建华.一流学科评估的理论探讨[J].大学教育科学,2012(3):64-72.

[128] 王莉华.同行评议科研评价的运行管理:英国RAE案例的启示[J].中国高教研究,2012(5):53-57.

[129] 王维朗,游滨,张苹,等.科技期刊高被引论文对编辑工作的启示[J].编辑学报,2016,28(6):572-574.

[130] 王志标.学术期刊论文引用失范表现、原因及治理[J].中国出版,2020(21):46-50.

[131] 文兴吾.加强地方社会科学技术创新体系建设[J].科学学与科学技术管理,2000(10):21-22.

[132] 吴校连,饶敏,吕鲜凤.再谈科技期刊的级别划分[J].医学情报工作,1999(6):44-46.

[133] 习近平.在哲学社会科学工作座谈会上的讲话[M].北京:人民出版社,2016.

[134] 谢立中.当代中国社会结构的变迁(一)[J].南昌大学学报:人文社会科学版,1996(2):10.

[135] 谢宇,齐沃德.美国科学在衰退吗?[M].北京:社会科学文献出版社,2017.

[136] 熊志军.试论小科学与大科学的关系[J].科学学与科学技术管理,2004(12):5-8.

[137] 徐书荣.科技期刊编辑对提升论文创新性的作用[J].中国科技期刊研究,2014,25(6):761-764.

[138] 徐顽强,李华君.科技奖励边际激励效用的影响因素及其优化对策[J].华中科技大学学报(社会科学版),2009,23(1):93-98.

[139] 徐雨衡.试论学术期刊审稿权的分配机制[J].中国编辑,2017(12):62-66.

[140] 徐志霖.中国工业产业结构与企业技术研发行为的实证分析[J].财经问题研究,2006(9):26-32.

[141] 严建新,王续琨.中国科学技术期刊的学术分层机制[J].科学学研究,2008(1):52-57.

[142] 阎光才.学术共同体内外的权力博弈与同行评议制度[J].北京大学教育评论,2009,7(1):124-138.

[143] 颜惠,黄创.ESI评价工具及其改进漫谈[J].情报理论与实践,2016,39(5):101-104.

[144] 杨丹丹,胡心婷.学术期刊对稿源质量的影响研究[J].出版科学,2017,25(3):10-15.

[145] 杨建林,苏新宁.人文社会科学学科创新力研究的现状与思路[J].情报理论与实践,2010(2):5-8.

[146] 杨利军,万小渝.引用习惯对我国期刊论文被引频次的影响分析——以情报学为例[J].情报科学,2012,30(7):1093-1096.

[147] 姚利民,史曼莉.研究生发表论文的调查研究[J].现代大学教育,2008(1):95-99.

[148] 叶桂仓,马陆亭.文化影响与道路选择:我国高教研究学科化的差序格局解释[J].江苏高教,2017(3):10-14.

[149] 叶继元.人文社会科学评价体系探讨[J].南京大学学报(哲学.人文科学.社会科学版),2010,47(1):97-110+160.

[150] 易克信,赵国琦.社会科学情报理论与方法[M].北京:社会科学文献出版社,1992.

[151] 尹玉吉.大学学报"特色论"质疑[J].中国科技期刊研究,2008,19(3):466-471.

[152] 游苏宁,陈浩元.科技学术期刊编辑应承担更多的社会责任[J].编辑学报,2006(2):81-82.

[153] 游玉佩,李桂平.利益、精英和信任:大学学术系统运行的框架分析[J].大学教育科学,2015(5):34-39.

[154] 余英杰.社会科学人才在社会进步中的作用[J].江汉论坛,1993(6):42-47.

[155] 俞立平,沈洁.基于论文下载与被引分区的学术期刊评价研究[J].中国科技期刊研究,2022,33(2):260-266.

[156] 俞立平,江菲.学术期刊论文下载量的年内时间规律研究[J].情报杂志,2020,39(4):140-144+126.

[157] 袁曦临,刘利.从"有形学院"到"无形学院"——高校智库建设的逻辑与组织结构模型[J].情报资料工作,2019,40(3):6-12.

[158] 臧莉娟,朱敏.省域高校主办文科学术期刊与学科建设互动研究——基于江苏与湖北的比较[J].中国编辑,2016(1):58-64.

[159] 张斌.学术共同体中的特殊主义及其运行空间[J].中国高等教育评论,2012,3(1):263-275.

[160] 张冰.审稿人非理性行为的表现及期刊的对策[J].编辑学报,2007,19(4):251-253.

[161] 张伯海.中国科技期刊发展的历史与现状[J].出版发行研究,2002(9):70-73.

[162] 张丛,韩平,严健铭.学术期刊知名度对其载文引用的影响研究[J].中国科技期刊研究,2013,24(6):1174-1177.

[163] 张宏洲.公共科技创新投入与经济增长[M].上海:上海科学普及出版社,2015.

[164] 张济洲.美国高校科研经费分配的同行评议:本质、局限与改进——以美国国家科学基金会(NSF)资助为例[J].中国高教研究,2011(10):40-42.

[165] 张丽华,曲建升.期刊编委比非编委论文作者能更早探测出研究前沿吗[J].情报杂志,2017,36(8):113-119.

[166] 张瑞麟,范敏.论科技期刊编委责任制的建立与完善[J].编辑学报,2013,25(4):361-363.

[167] 张士秋,颜永松,徐庚.学术论文中基金项目标注评价新指标的探索[J].出版广角,2022(6):60-63+76.

[168] 张威.我国翻译研究现状考察——基于国家社科基金项目(2000—2013)的统计与分析[J].外语教学与研究,2015,47(1):106-118+161.

[169] 张鑫,殷杰.论社会科学知识的话语进路[J].科学技术哲学研究,2021,38(4):45-51.

[170] 张怡红,曹如军.差序格局视角下的高校学术评价困境及其变革[J].江苏高教,2019(12):24-29.

[171] 张裕晨,邱均平,赵腾.新时代我国省域人文社会科学研究竞争力与特征分析——基

于2009—2019年国家社会科学基金项目统计数据[J].情报理论与实践,2021,44(8):68-74.
[172] 赵鼎新.社会科学研究的困境:从与自然科学的区别谈起[J].社会学评论,2015,3(4):3-18.
[173] 赵红州."小科学大搞,大科学小搞"——"大科学"国策二则[J].科技导报,1995(1):38-39+45.
[174] 赵均.学术期刊评价中被引量指标及其影响因素分析[J].现代出版,2013(4):67-70.
[175] 赵文义,赵大良.学术期刊编辑素质的内在要求与内生条件[J].出版发行研究,2014(6):36-38.
[176] 郑海燕.英国政府的社会科学管理和政策[J].国外社会科学,2002(1):71-77.
[177] 郑文涛.人文社会科学若干概念辨析[J].首都师范大学学报(社会科学版),2008(3):141-148.
[178] 郑永流.学术自由及其敌人:审批学术、等级学术[J].学术界,2004(1):178-186.
[179] 周廷勇.大学学术评价何以回归学术本质?[J].大学教育科学,2021(5):69-76.
[180] 周新城.哲学社会科学的阶级性问题[J].世界社会主义研究,2016,1(1):44-46.
[181] 朱鸿军,李喆.学术期刊数据库的深层困境与商业模式革新——由知网诉讼案看"双重浸入"问题[J].现代出版,2022(1):81-91.
[182] 朱明,杨晓江.大学学科评价之思辨[J].中国高教研究,2012(5):41-47.
[183] 朱其权,龙立荣.学术刊物审稿公平感与投稿意愿关系实证研究[J].科研管理,2011,32(8):142-150.
[184] 朱勇,吴易风.技术进步与经济的内生增长——新增长理论发展述评[J].中国社会科学,1999(1):21-39.

英文参考文献

[1] ALLISON P D,STEWART J A.Productivity Differences among Scientists:Evidence for Accumulative Advantage[J].American Sociological Review,1974(4):596-606.

[2] ALESINA A,ANGELETOS G M.Fairness and Redistribution[J].NajEcon Working Paper Reviews,2004(12):132-133.

[3] ALPERT H,DUPREE A H. Science in the Federal Government:A History of Policies and Activities to 1940[J].American Sociological Review,1957,22(5):617.

[4] ASIMOV I.Asimov's Biographical Encyclopedia of Science and Technology[M].New York:Doubleday,1982.

[5] BALDI S. Prestige Determinants of First Academic Job for New Sociology Ph.D.s 1985-1992[J]. Sociological Quarterly,1995,36(4):777-789.

[6] BAUMEISTER A A, BACHARACH V R."Big" Versus "Little" Science: Comparative[J]. American Journal of Mental Retardation,2009,102(3):211-217.

[7] BECK J, GJESFJELD E, CHRISOMALIS S. Prestige or Perish: Publishing Decisions in Academic Archaeology[J]. American Antiquity,2021,86(4):669-695.

[8] BERNSTEIN S. Does Going Public Affect Innovation?[J]. SSRN Electronic Journal,2015,70(4):1365-1403.

[9] BERREMAN G D. Power and Privilege: A Theory of Social Stratification[J]. American Anthropologist,1967,69(3-4):388-389.

[10] BOURDIEU P, RICHARDSON J G. Handbook of Theory&Research for the Sociology of Education[M]. New York:Greeenwood Press,1986.

[11] BRENT G. The Effect of Government Contracting on Academic Research: Does the Source of Funding Affect Scientific Output?[J]. Research Policy,2007(9):37.

[12] BURGESS T.The Shape of Higher Education[M]. London: Cornmarket Presss,1972.

[13] BURRIS V. The Academic Caste System: Prestige Hierarchies in PhD Exchange Networks[J]. American Sociological Review,2004,6(2):239-264.

[14] CARILLO M R, PAPAGNI E. "Little Science" and "Big Science": The institution of "Open Science" as A Cause of Scientific and Economic Inequalities among Countries[J]. Economic Modelling,2014,43(12):42-56.

[15] CARR S C, INKSON K, THORN K.From Global Careers to Talent Flow: Reinterpreting 'Brain Drain'[J]. Journal of World Business,2005,40(4):386-398.

[16] COLE J R, COLE S, BEAVER D. Social Stratification in Science[J]. Social Forces,1974,42(10):923-924.

[17] COLE S, MEYER G S. Little Science,Big Science Revisited[J]. Scientometrics,1985,7(3):443-458.

[18] CONZALEZ B C, VELOSO F M, Krackhardt D. Social Capital and the Creation of Knowledge[J]. Ssrn Electronic Journal,2008(1):25.

[19] COQUARD R, MARTIN P, CAUDRELIER V. Advancing Productive Forces with Theories of Scienology[J]. Science of Science and Management of S.& T. 1981,9(1):101-106.

[20] CUI G B.Reflections on Academic Evaluation[J]. Journal of Dalian University,2008(9):8-13.

[21] CUNNINGHAM C M, HELMS J V. Sociology of Science as A Means to A More Authentic, Inclusive Science Education[J]. Journal of Research in Science Teaching,1998,35(5):483-499.

[22] DRUBIN D G. Great Science Inspires Us to Tackle the Issue of Data Reproducibility[J]. Molecular Biology of the Cell,2015,26(21):36-79.

[23] DUS G. Academic Medicine Editorial Board[J]. Academic Medicine,2002(11):77.
[24] EGGHE L. An improvement of the h-index:The g-index[J]. ISSI Newletter,2006(1):8-9.
[25] EGGHE L. Little science,big science.and beyond[J]. Scientometrics,1994(12):31.
[26] EVANS J H. Stratification in Knowledge Production:Author Prestige and the Influence of An American Academic Debate[J]. Poetics,2005,33(2):111-133.
[27] FREEMAN C.Technology and Economic Performance:Lessons from Japan[M]. London:Pinter Publishers,1987.
[28] FUNTOWICZ S O,RAVETZ J R.Peer Review and Quality Control[J]. International Encyclopedia of the Social & Behavioral Sciences,2001(9):79-83.
[29] GARFIELD E.Citation Analysis as A Tool in Journal Evaluation[J]. Science,1972(9):471-479.
[30] GERALD H,ROBERT S M. Limits of Scientific Inquiry[J]. American Academy of Arts and Sciences,1978(1):171-190.
[31] GIBSON R,PAMELA S M.Professional Accountability and Peer Review[J]. The Behavioral and Social Sciences and the Practice of Medicine,1978(5):73-98.
[32] GLANZEL W,GORRAIZ J. Usage Metrics Versus Altmetrics:Confusing Terminology?[J]. Scientometrics,2015,102(3):2161-2164.
[33] GOLDE C M.Preparing Stewards of the Discipline[J]. Carnegie Foundation for the Advancement of Teaching,2006(6):12-16.
[34] GOLDFARB B.The Effect of Government Contracting on Academic Research:Does the Source of Funding Affect Scientific Output?[J]. Research Policy,2008,37(1): 41-58.
[35] GUSTAFSON T. The Controversy over Peer Review: Recent Studies of The Peer Review System Show That Its Critics Have Yet to Make Their Case[J]. Science,1975,190(9):1060-1066.
[36] HAMES I.Editorial Boards:Realizing Their Potential[J]. Learning Publishing,2001,14(4):247-256.
[37] HAN S K. Tribal Regimes in Academia: A Comparative Analysis of Market Structure across Disciplines[J]. Social Networks,2003,25(3):251-280.
[38] HEATH-STOUT L, Hannigan E.Affording Archaeology: How Field School Costs Promote Exclusivity[J]. Advances in Archaeological Practice,2020,8(2):123-133.
[39] HUBERMAN B A.Sociology of Science: Big Data Deserve A Bigger Audience[J]. Nature,2012,482(7385):308.
[40] JENSEN R,THURSBY J,THURSBY M C. University-Industry Spillovers, Government Funding, and Industrial Consulting[J]. International Journal of Occupational Safety & Ergonomics Jose,2010,9(2):211-254.
[41] JING L,LIN Z,YI N,et al. The Impact of the Integration of Academic Power and Admin-

istrative Power on Academic Resource Allocation[J]. Science and Technology Management Research,2017(1):10-16.

[42] KALLIO K P,METZGER J .'Alternative' Journal Publishing and The Economy of Academic Prestige[J]. Fennia- International Journal of Geography,2018,196(1):1-3.

[43] KAWA N C,JOSÉ A C, JESSICA L C, DANIEL G, CHRISTOPHER M.The Social Network of US Academic Anthropology and Its Inequalities[J]. American Anthropologist, 2009,121(1):14-29.

[44] KHAMIS N K,SULONG A B,DEROS B M.A Case Study on Peer Review and Lecturer Evaluations in An Academic Setting[J]. Asian Social Science,2012(11):8-16.

[45] KHAN K. Is Open Peer Review the Fairest System? No[J]. BMJ,2010(2):341-348.

[46] KIRCHMEYER C.The Effects of Mentoring on Academic Careers over Time: Testing Performance and Political Perspectives[J]. Human Relations,2005,58(5):637-660.

[47] LARIVIÈRE V, HAUSTEIN S, MONGEON P. The Oligopoly of Academic Publishers in The Digital Era[J]. Plos One,2015,10(6):e0127502.

[48] LEIMU R, KORICHEVA J.What Determines The Citation Frequency of Ecological Papers?[J]. Trends in Ecology & Evolution,2005,20(1):28-32.

[49] LEWIN K.Field Theory in Social Science[J]. American Catholic Sociological Review, 1951,12(2):103.

[50] LICHTENBERG F R.The Private R&D Investment Response to Federal Design and Technical Competitions[J]. The American Economic Review,1988,78(1):550-559.

[51] LUTZ B, LOET L, JIAN W.Which Percentile-based Approach Should Be Preferred for Calculating Normalized Citation Impact Values? An Empirical Comparison of Five Approaches Including A Newly Developed Citation-rank Approach (P100)[J]. Journal of Informetrics,2013,7(4):933-944.

[52] MARSHALL E.NIH Plans Peer-review Overhaul[J]. Science,1997,276(5314):888-889.

[53] MERTON R K. The Matthew Effect in Science[J]. Journal of Advanced Nursing,1968, 159(3810):56-63.

[54] MINGERS J,FANG X. The Drivers of Citations in Management Science Journals[J]. European Journal of Operational Research,2010,205(2):422-430.

[55] MORAN H,KARLIN L,LAUCHLAN E, et al. Understanding Research Culture: What Researchers Think about the Culture They Work in[J]. Wellcome Open Research, 2020 (5):201-205.

[56] NAUDE F. Comparing Downloads, Mendeley Readership and Google Scholar Citations as Indicators of Article Performance[J]. The Electronic Journal of Information Systems in Developing Countries,2017,78(1):1-25.

[57] NEAVE G.Academic Drift: Some Views from Europe[J]. Studies in Higher Education, 1979(2):30.

[58] NEVIN A D. Academic Hiring Networks and Institutional Prestige: A Case Study of Canadian Sociology[J]. Canadian Review of Sociology, 2019, 56(3):389-420.

[59] NISONGER T D. The Perception of Library and Information Science Journals by LIS Education Deans and ARL Library Directors: A Replication of the Kohl-Davis Study[J]. College & Research Libraries, 2005(9):142-151.

[60] OPRISKO R L, DOBBS K L, DIGRAZIA J. Pushing Up Ivies: Institutional Prestige and the Academic Caste System[J]. Social Science Electronic Publishing, 2013(4):78-91.

[61] PALONEN T, LEHTINEN E.Exploring Invisible Scientific Communities: Studying Networking Relations within An Educational Research Community[J]. Higher Education, 2001,42(4):493-513.

[62] PAUL D A, JOHN A S. Productivity Differences Among Scientists: Evidence for Accumulative Advantage[J]. American Sociological Review, 1974,39(4):596-606.

[63] PAYNE A A, SIOW A. Does Federal Research Funding Increase University Research Output?[J]. Advances in Economic Analysis & Policy, 2003,3(1):1018-1019.

[64] PEI-CHUN L, HSIN-NING S. Investigating The Structure of Regional Innovation System Research through Keyword Co-occurrence and Social Network Analysis[J]. Innovation: Management, Policy & Practice, 2010, 12(1):26-40.

[65] POWELL R, VAGIAS W M.Benefits of Stakeholder Involvement in the Development of Social Science research[J]. Park Science, 2010, 27(1):46-49.

[66] RAFOLS I, HOPKINS M M, HOEKMAN J, et al.Big Pharma, Little Science? A Bibliometric Perspective on Big Pharma's R&D Decline[J]. Technological Forecasting & Social Change, 2014, 81(1):22-38.

[67] RAYMOND C R. Old Scientists Do Not Change Their Minds, They Just Die off[J]. Pharmaceutical Science & Technology Today, 1998(1):11-13.

[68] RICHARD A M. Innovation and Science Funding[J]. Science, 1980(6):881.

[69] RIESMAN D, HOMANSG C. Constraint and Variety in American Education [M]. Lincoln: University of Nebraska Press, 1956.

[70] ROSALYN S Y. Is Subterfuge Consistent with Good Science?[J]. Bulletin of Science, Technology, and Society, 1982(2):401-409.

[71] RUBIN L, COLE S, COLE J. Peer Review in the National Science Foundation: Phase One of a Study[J]. Contemporary Sociology, 1980, 9(2):1-118.

[72] SANG M L, CLAYTON E R.A Goal Programming Model for Academic Resource Allocation[J]. Management Science, 1972, 18(8):395-395.

[73] SCHEIDING T, MATA T.'The Only Disinterested Source of Funds' - Embedded Sci-

ence, Lobbying, and the NSF's Patronage of Social Science in the 1980s[J]. Elizabethtown College of Amsterdam Department of Economics,2010(9):41-47.

[74] SCHERER F M.Firm Sizes, Market Structure, Opportunity and the Output of Patented Innovations[J]. American Economic Review,1965,55(3),1097-1125.

[75] SCHMOOKLER J.Invention and Economic Growth[M].Cambridge, MA: Harvard University Press,1966.

[76] SCHUMPETER J A.The Theory of Economic Development[M].Cambridge: Harvard University Press,1943.

[77] SCOTT D.Deconstructing the Academic Caste System[J]. Science,2019(7):1404-1404.

[78] SHERRY A, PATERSON A.Professional Competence, Peer review and Quality Assurance in England and Wales and in Scotland[J]. Social Science Electronic Publishing, 2008(3):111-123.

[79] SMITH S.Paradigm Dominance in International Relations: The Development of International Relations as a Social Science[J]. Palgrave Macmillan UK,1989(12):81-98.

[80] SPENCER H,JEREMY F.Credential Privilege or Cumulative Advantage? Prestige, Productivity, and Placement in the Academic Sociology Job Market[J]. Social Forces,2015 (3):1257-1282.

[81] STREVENS M.The Role of the Matthew Effect in Sciences[J].Studies in History and Philosophy of Science Part A,2006(2):13-19.

[82] TANG G.Empirical Research on the Use of International Academic Journal Database Between China and America——Taking Sun Yat-sen University and University of California's Wiley-Blackwell Journal Database as Example[J]. Journal of Intelligence,2011(7): 33-41.

[83] TRAVIS G,COLLINS D L.New Light on Old Boys: Cognitive and Institutional[J]. Science Technology & Human Values,1991(3):63-67.

[84] WALTERS G D.Measuring The Utility of Journals in The Crime-psychology Field: Beyond The Impact Factor [J]. Journal of The American Society for Information Science&Technology,2014,57(13):1804-1813.

[85] WEBSTER G D, JONASON P K,SCHEMBER T O. Hot Topics and Popular Papers in Evoluationary Psychology: Analyses of Title Words and Citation Counts in Evolution and Human Behavior,1979-2008[J]. Evolutionary Psychology,2009,7(3):348-362.

[86] WEEBER S C.Elite Versus Mass Sociology: An Elaboration on Sociology's Academic Caste System[J]. American Sociologist,2006,37(4):50-67.

[87] WEINBERG A M. Impact of Large-scale Science on the Untied States[J]. Science,1961 (3473):161-164.

[88] WESSELY S. Peer Review of Grant Application: What Do We Know? Lancet[J]. The

Lancet,1998,352(9124):301-305.
[89] WOOD M. Journals, Repositories, Peer review, Non-peer Review, and the Future of Scholarly Communication[J]. Social Science Electronic Publishing,2013(3):112-120.
[90] ZUCCALA A. Modeling The Invisible College[J]. Journal of the American Society for Information Science & Technology,2010,57(2):152-168.